初中地理"人地协调观"培养研究

天津市中小学教师继续教育中心 编

天津出版传媒集团

天津科学技术出版社

图书在版编目(CIP)数据

初中地理"人地协调观"培养研究 / 天津市中小学教师继续教育中心编. -- 天津：天津科学技术出版社，2021.12

（天津市中小学"学科领航教师培养工程"团队攻坚成果系列丛书）

ISBN 978-7-5576-9810-2

Ⅰ.①初… Ⅱ.①天… Ⅲ.①中学地理课–教学研究–初中 Ⅳ.①G633.552

中国版本图书馆 CIP 数据核字（2021）第 278113 号

初中地理"人地协调观"培养研究

CHUZHONG DILI "RENDI XIETIAOGUAN" PEIYANG YANJIU

责任编辑：陈　雁
责任印制：兰　毅

出版：天津出版传媒集团
　　　天津科学技术出版社

地址：天津市西康路 35 号
邮编：300051
电话：(022) 23332397（编辑室）
网址：www.tjkjcbs.com.cn
发行：新华书店经销
印刷：天津午阳印刷股份有限公司

开本 710×1000　1/16　印张 22.25　字数 360 000
2021 年 12 月第 1 版第 1 次印刷
定价：128.00 元

前　言

　　"人地协调观"是中学地理课程最核心的价值诉求,在初中地理课程中处于愈来愈重要的地位。"人地协调观"如何在教学实践中落实?如何能做到真正帮助初中生构建和谐的人地观念?如何测评学生的"人地协调观"的素养水平?这些实践中面临的直接问题有待系统的研究。当前,一方面,教师虽然认同"人地协调观"的重要地位,但是部分教师对于具体的落实仍然存在困难。究其原因,是因为目前初中地理课程中对"人地协调观"的编排仍然是处于"隐含"式,同时,教师对"人地协调观"素养的认知和理解不够全面,如何在课标的指导下组织相关教学内容,构建学习情境等教学问题还没有明确思路。本项目围绕"人地协调观"的培养,从理论梳理、理论具体指导到教材分析、教学设计分析再到教学实践的具体探索,最后再到测评,均进行了较为翔实的阐释,这是对"人地协调观"培养较为全面而系统的阐释。该书是本项目的核心研究成果,相关研究有助于中学教师对"人地协调观"的系统理解,也可以为教师对其他核心素养的理解与落实提供学习思路。

　　本项目共有 11 位初中地理一线教师参与完成。具体分工如下:葛庆阳老师负责完成子项目 1:"人地协调观"的教育价值及其在初中地理课程中的变迁;王宇老师负责完成子项目 2:基于"人地协调观"的初中地理教材分析;刘俊茹老师和王珊珊老师负责完成子项目 3:"人地协调观"落实课堂教学的现状分析;李秋老师、孙一凡老师、张春艳老师、郭金爽老师、郭金俊老师负责完成子项目 4:"人地协调观"落实课堂教学的实践探索;倪英老师、曹春茹老师负责完成子项目 5:初中生人地协调观素养测评研究。

感谢天津市中小学教师继续教育中心对本项目的大力支持。限于我们的水平和时间，书中难免存在疏漏与不足之处，衷心希望各位同行、专家和广大读者不吝赐教，予以指正。

目　录

第 1 篇

理论篇

专题 **1**

20世纪以来中学地理课程标准中人地关系内容的发展趋势与启示

天津市东堤头中学　葛庆阳

【作者有话说】

　　人地关系是地理学的核心研究论题。"人地协调观"位于地理核心素养——"人地协调观"、综合思维、区域认知、地理实践力四大方面之首,足可以见证其重要性。在我们平时的初中地理课堂上,课程标准主要落实在区域认知和综合思维的培养上,这能初步形成学生的应试能力。但是,在人地关系的落实上却不如人意,在我们真实的地理课堂上很难看到"人地协调"的地理课堂。到底什么是"人地协调观"?我们备课必须参考的教学大纲和地理课程标准中有哪些方面可以落实"人地协调观"?我们备课时应该如何把握和落实"人地协调观"?我通过阅读20世纪以来我国发行的10部教学大纲和全日制义务教育初中地理课程标准,梳理各种版本中教学大纲和课程标准中对人地关系的诠释,分析各自的侧重点,以期为中学地理教学中人地关系的教学提供一定参考。

　　人地关系是指人的生存活动、生产活动、社会活动与自然环境之间的相互联系、相互作用和相互影响。20世纪以来我国共颁布10部中学地理教学大纲或课程标准,包括1956年中华人民共和国教育部颁发的《小学地理教学大纲》和《中学地理教学大纲》两个草案;1963年中华人民共和国教育部颁发的《全日制小学地

理教学大纲》和《全日制中学地理教学大纲》两个草案;1978 年中华人民共和国
教育部颁发的《全日制十年制学校中学地理教学大纲(试行草案)》;1986 年中
国国家教育委员会颁发的《全日制小学地理教学大纲》和《全日制中学地理教学
大纲》;1992 年中国国家教育委员会颁发的《九年义务教育全日制小学社会教
学大纲 (试用)》;2001 年中华人民共和国教育部制定颁发的《全日制义务教育
地理课程标准 (实验稿)》;2011 年中华人民共和国教育部制定颁发的《义务教
育地理课程标准》。这 10 部课程标准对人地关系均有阐释,但是侧重点不同。本
文在界定人地关系内涵基础上,统计分析不同版本的课程标准对人地关系的阐
释特点,并尝试分析其中的社会背景,以期为中学地理教师全面、系统理解中学
地理课程中的人地关系内容提供一定的参考,亦为中学地理中的人地关系教学
提供一定的参考。

一、人地关系的内涵解析

"人地协调观"属于思想、观念层面,是人们分析、处理和解决人地关系问题的
根本想法,也是人们对人地关系的一种理性认识。教学中应以"人地协调观"素养
培养为核心,结合初中地理课程内容和要求,将初中地理课程标准或教学大纲中
涉及的"人地协调观"素养划分为:人对地理环境的影响、地理环境对人的影响和
人地协调三个维度指标。本文将"人地协调观"素养在初中地理课程中的三个维度
指标表现为统计依据,统计分析 20 世纪以来的 10 部中学地理教学大纲或课程标
准内容中涉及的"人地协调观"的内容所占的比例的变化,分析"人地协调观"在初
中地理课程中的变迁。

二、中学地理课程标准中人地关系内容的发展历程

我国关于"人地协调观"的研究起步较晚,随着地理学对人地关系重要性的认

识越来越深入,我国中学地理课程也越发重视人地关系教学。20世纪以来,我国义务教育阶段由中华人民共和国教育部制订和修订的地理教学大纲、课程标准共10部。从关注人地关系中"地对人"的影响、"人对地"的改造利用到可持续发展的"人地协调观",初中地理课程中对"人地协调观"的体现层层深入,呈上升趋势。大致经历了以下几个阶段:

(一)注重阐释"自然资源"和"自然条件",为生产活动提供了物质基础阶段(20世纪初至20世纪70年代末)

新中国成立至20世纪70年代末,这一时期教育部分别于1956年、1963年和1978年制定了3部中学地理教学大纲(草案)(本文节选义务教育阶段内容进行分析)。从内容具体表述和数据分析来看,这一时期初中地理课程中对"人地关系"的关注更多地停留在"人对地的影响""地对人的影响"的关系中。

1.社会背景分析

新中国成立至20世纪70年代末,我国正处于恢复重建、工农业生产蓬勃发展的时期。地理学以服务区域发展和完成国家任务为主要发展机制,20世纪50—60年代,为了解决自然资源的评价与开发,了解与建设相关的自然条件,国家先后组织了多次综合科学考察,为生产活动所需的自然资源和自然条件的利用和开发提供了科学依据[1]。

1960年中国地学会向全国地理界发出"地理学要为农业服务"的号召,我国形成了全国性地理工作者为国家生产建设服务的第一次高潮,这其中也包括中学地理教育。

中学地理教学的宗旨是为了"使学生理解各种自然现象之间、自然界跟人类社会之间的相互关系。"[2]地理教学中要向学生"阐明利用、改造自然的一些主要问题,讲述社会主义建设的伟大成就和征服自然的美好远景,以激励学生向自然开战的雄心壮志。[3]"依托于地理学的发展,这一时期,地理教学以"自然地理知识"为主要内容,教学大纲中对"人地协调观"的关注,重点放在了"自然资源"和"自然条件"为生产活动提供了物质基础这一角度,即"地对人的影响"和"人对地的改造利用"。

这一阶段的地理教学大纲中说明了地理教学应该注意跟国家经济建设和国际形势的发展相结合。根据中学教学计划规定,初级中学各年级的地理教材分配如下:

初级中学一年级学习自然地理。初级中学一年级的自然地理课教授普通的自然地理初步知识。这一课程要给学生打好基础,使他们在以后的各年级里能够运用并继续扩大加深有关自然地理的知识、技能和熟练技巧。在教学普通自然地理的各种概念时要使学生理解自然界各要素之间的相互关系。本课程最后要讲"人类"以及"人类和自然",这两个课题里,要把人口和人种的基本知识介绍给学生,要用具体的教材,使学生认识由于社会制度的不同,人类对自然的利用和改造是有很大差异的。

初级中学二年级学习世界地理。要向学生介绍各大洲和我国以外的若干主要国家的自然地理概况,并对这些国家的政治制度和经济情况做扼要说明。初级中学二年级学习世界地理,是以初级中学一年级所得的自然地理知识为基础的。因此,在教学过程中,要经常利用和扩大加深已经学过的自然地理知识。学习各洲政治地图和各个国家的时候,应使学生了解苏联、各人民民主国家、主要的资本主义国家在地理位置上的特征,同时认识到在不同的社会制度下,人民的生活是不相同的,对自然环境利用和改造的情况也是不相同的,只有在社会主义性质的国家里,生产力才能得到充分的发展,人类才可以合理、充分地利用自然和改造自然,人民才能过幸福的生活。

初级中学三年级学习中国地理。初级中学三年级的中国地理,要让学生学习中国自然地理概况,学习中国各区自然环境和经济特征。中国自然地理这门课程,对于贯彻爱国主义教育具有极其丰富的内容。教师应该充分掌握这一点,培养学生的民族自豪感和对中华人民共和国的热爱,并激励学生自觉地、积极地和创造性地对待祖国的社会主义建设。学习中国自然地理概况是使学生往后认识祖国各区域,认识各区的自然环境、居民和居民生产活动的基础。教学中国区域地理的时候,应该扩大和加深学生的普通自然地理知识。这样才可以使学生进一步理解自然界的各种规律,认识到如何利用自然和改造自然为祖国的社会主义建设服务。

2."人地协调观"在教学大纲中的编排特点分析

1956年版、1963年版和1978年版教学大纲中,对所有涉及人地关系进行归类和统计,分别计算"人地协调观"三个水平、九个等级分别占教学大纲所有内容条目的比例,通过数据分析来厘清"人地协调观"在这个阶段的地理课程中变迁,以下所有统计图表均采用同样的统计标准和方法,以确保数据的可比性。

20世纪初到70年代末,在"自然地理知识"占主导的中学地理教学中,"人地协调观"处于萌生阶段。1956年版、1963年版和1978年版教学大纲中有关"人地协调观"的表述分别占25.3%、31.7%和46.6%,呈不断上升趋势。

表 1-1-1　自然地理知识中有关"人地协调观"的表述统计

教学大纲	自然地理知识中有关"人地协调观"的表述
1956 年版教学大纲	1.流水作用。流水对山地的破坏。峡谷。平坦地区的流水的作用。对河谷的发展应该进行有效的斗争——水土保持。 2.苏联和中国对沙漠的改造。苏联对苔原带的开发。 3.人类和自然。人类从自然界里取得生活所必需的全部资料。人类对自然的改造。资本主义国家横暴地毁灭着天然资源。社会主义国家对天然资源的合理利用。 4.海洋的重要性。海洋在交通运输上的意义。海洋资源的经济意义。 5.中国气候对经济发展提供的有利条件。与水、旱、风灾做斗争。 6.根治黄河水害和开发黄河水利的综合规划。 7.河流的一般特征及其和地形、气候的关系。黄河下游的自然形势及其治理和利用。海河水系——白河(北运河)、永定河、大清河、子牙河、南运河(卫河)——自然形势及其治理、利用。植被。土壤及改良。
1963 年版教学大纲	1.黄河的发源地,流经的省(自治区)。黄河多泥沙及其原因。黄河水害的根治和水利的开发。淮河过去发生水患的原因。淮河的治理。 2.农业生产同地理环境的关系。
1978 年版教学大纲	1.黄河的发源地,流经的省和自治区。长度,流域面积,我国第二大河。晋陕之间的支流对黄河含沙量的影响。"地上河"及其成因。黄河的凌汛。黄河水害的根治和水利的开发。水沙资源的综合利用。 2.低温对农业生产的影响。 3.海河的根治。 4.长江三角洲,崇明岛的变迁。 5.淮河的治理。 6.红壤的利用改造问题。 7.局部地形所产生的有利小气候环境的利用问题。 8.日光强烈与大陆性对农业生产的影响。 9.黄河水利资源的利用和开发。 10.沙漠及其治理,铁路通过流沙地段的成功经验。

续表

教学大纲	自然地理知识中有关"人地协调观"的表述
	11.中华人民共和国成立以来荒地开垦和滩涂造田的成果。土地资源的综合利用和合理利用。农林牧副全面发展。充分发挥土地资源的潜力。我国山区面积广大,建设山区的重要意义。草原保护和牧场建设。 12.造林绿化是人类改造自然的重要手段。采育结合,造管并举,保护森林资源,扩大森林面积。 13.水资源的节约使用、合理使用问题。丰富的水利资源的开发前景。 14.我国的矿产资源非常丰富。 15.因地制宜发展农业。全国农产资源丰富多采。充分利用光、热、水、土资源的问题。地理环境条件是农业发展规划的重要依据之一。

(1)注重人地协调意识的培养

20 世纪 60 年代以来,我国地理学大规模、系统地研究中国地理空间识别与划分,在服务于农业、工业、交通和生态等的国家发展的基础上,进行理论探讨和方法论提升[4]。依托于地理学的发展,中学地理教学的关注点在自然资源和人口方面,据统计这一时期的三部教学大纲中,"具有'人地协调观'意识"的低等级要求——"能关注到各类情境中的资源、人口和环境问题"所占比例分别为 14.2%、8.4%、16.4%,由此可见,对人地协调意识的培养处于萌生阶段。

表 1-1-2 具有"人地协调观"念意识的内容统计

教学大纲	具有"人地协调观"念意识的内容
1956 年版 教学大纲	1.流水作用。流水对山地的破坏。峡谷。平坦地区的流水的作用。对河谷的发展应该进行有效的斗争——水土保持。 2.地球的形状是地球内力和外力相互对立斗争的结果。 3.苏联和中国对沙漠的改造。苏联对苔原带的开发。 4.人类从自然界里取得生活所必需的全部资料。人类对自然地改造。资本主义国家里横暴地毁灭着天然资源。社会主义国家对天然资源的合理利用。 5.土壤的侵蚀和西部防护林的营造。 6.黄河下游的自然形势及其治理和利用。

续表

教学大纲	自然地理知识中有关"人地协调观"的表述
	7.海河水系——白河、永定河、大清河、子牙河、南运河（卫河）——的自然形势及其治理、利用。
	8.黄河中上游的自然形势及其治理、利用。
	9.黄土。跟土壤侵蚀现象做斗争。
1963年版教学大纲	1.黄河多泥沙及其原因。黄河水害的根治和水利开发。
	2.淮河过去发生水患的原因。淮河的治理。
	3.热带和亚热带湿润地区的红壤肥力差,需要大力改良。盐碱土的分布和改良。
	4.东北平原西部的防护林及其作用。
	5.黑土分布广。荒地的开垦。沼泽的形成和改良。
	6.华北平原种植棉花的自然条件的有利方面和不利方面。
	7.海河的治理。
	8.豫东沙荒地的防护林。
	9.黄土的特点和成因,黄土高原的水土流失,水土保持的重要性和成就。
	10.红壤分布广泛,红壤的改良。
	11.长江中下游平原地区造林的必要性和有利条件。
	12.闽粤贵台三省一区:热带作物多种多样,发展前途很大,需要防御台风和偶尔侵入的寒潮。
	13.蒙宁新甘三区一省:日光充足,可垦荒地很多,灌溉十分重要。沙漠广布,治沙工作艰巨。
	14.内蒙古自治区:东部的大兴安岭多落叶松林,中部多草原,西部多沙漠;中部和西部的戈壁。沙漠的改造。
	15.甘肃省:河西走廊中沙漠的改造。
1978年版教学大纲	1.黄河"地上河"及其成因。黄河水害的根治和水利的开发。水沙资源的综合利用。
	2.东北平原东部沼泽地的开垦,西部的风沙和巨大的防护林带。山区的森林。水力资源。辽河的治理。丰富的矿产。
	3.黄土的分布及其成因。水土流失和水土保持。
	4.内蒙古自治区:草原和人工培植牧草问题。
	5.黄河水利资源的开发和利用。

续表

教学大纲	自然地理知识中有关"人地协调观"的表述
	6.沙漠及其治理,铁路通过流沙地段的成功经验。
	7.土地资源的利用:我国领土广大,靠山能修梯田,靠河能打坝造地,靠海能围海造田,扩大耕地面积潜力很大。中华人民共和国成立以来荒地的开垦和滩涂造田的成果。土地资源的综合利用和合理利用。农林牧副全面发展,充分发挥土地资源的潜力。我国山区面积很大,建设山区的重要意义。草原保护和牧场建设。
	8.森林资源和造林绿化:造林绿化是人类改造自然的重要手段。中华人民共和国成立以来,各地营造用材林、经济林、水源林、防护林的成就。采育并举,造管并举,保护森林资源,扩大森林面积。
	9.水资源的开发利用:水资源地区分布的不均匀和时间分配上的不均匀。水资源的调节:时间上的调节和跨流域的开发。南水北调。水资源的节约使用、合理使用问题。丰富的水力资源的开发前景。
	10.因地制宜,发展农业。全国农产资源丰富。充分利用光、热、水、土资源的问题。地理环境条件是农业发展规划的重要依据之一。东部季风区:改土,造田,水土保持。水利化,园田化。改变耕作制度,充分利用光热资源,提高单位面积产量。西北内陆区:开发水源,防治沙漠,合理垦荒,扩大耕地面积,保护草场资源,发展畜牧生产。
	11.青藏高原区:优越的光照资源和丰富的土地资源、水力资源,为高原农牧业生产的发展提供了广阔前景。充分开发利用热资源在农业生产上的意义。

(2)注重分析人地关系能力的培养

这一时期,人口快速增长,生产力发展对各种自然资源的需求量增加,响应"地理学要为农业服务"的号召,1956年版、1963年版和1978年版的中学地理教学大纲中,"从人对地或地对人的角度看待人地关系"的条目分别占所有内容的9.8%、12.2%、19.7%,关注度呈明显的上升趋势。其关注点主要包括自然条件(气温、降水、地形、水源)对中国各分区的农业生产部门、分布、耕作制度、作物等方面的影响;自然资源的开发利用及对工业部门和分布的影响;自然环境对城市分布和交通运输的影响。

"人地协调观"在初中地理教学大纲中所占比重
(1956—1978)

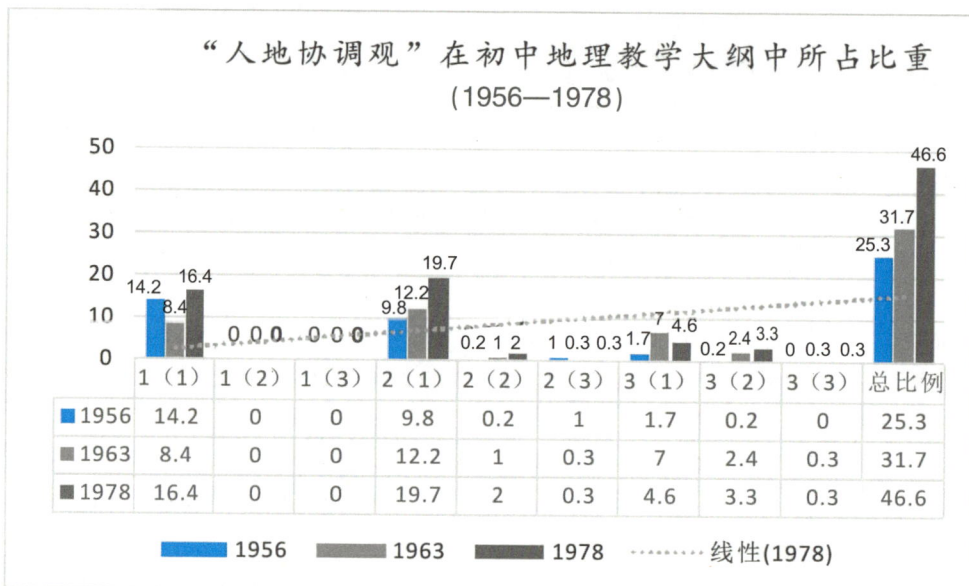

	1 (1)	1 (2)	1 (3)	2 (1)	2 (2)	2 (3)	3 (1)	3 (2)	3 (3)	总比例
1956	14.2	0	0	9.8	0.2	1	1.7	0.2	0	25.3
1963	8.4	0	0	12.2	1	0.3	7	2.4	0.3	31.7
1978	16.4	0	0	19.7	2	0.3	4.6	3.3	0.3	46.6

图 1-1-1

(3)初步涉及协调人地关系发展的策略

这一时期的教学大纲中对"能提出协调人地关系的策略"只是初步涉及,这一水平的内容在三部教学大纲中的比例分别是 1.9%、9.7%、8.2%,所占比例较小,而且绝大部分的等级表现要求较低。内容主要集中在对河流治理、水土流失、土壤改良、沙漠改造、防护林建设几方面。随着 1964 年竺可桢等 24 名地理学家联名致信"关于自然资源破坏情况及今后加强利用与保护的意见",1978 年版教学大纲中提出了关于"草场和森林资源保护"的要求,但以知识目标为主,蕴含着"人地协调观",对于能力的要求较低。

(二)发展阶段:1980 年至 20 世纪末

1981 年召开了自 1949 年以来的第一次人文地理学研讨会,开启了人文地理学的复兴之路。从 1980 年至 20 世纪末,20 年间我国教育部共制定和修订了 4 部中学地理教学大纲。与前一阶段的显著不同在于,教学大纲中不再提出"征服自然""向自然开战"这样的观点,取而代之的是"人类生产活动对地理环境的影响"这样"温和"的说法,同时也明确提出了"使学生懂得如何合理利用地理环境,重视对地理环境的保护"[5]的观点。这一时期,"人地协调观"在中学地理课程中得到了快速的发展。

1.社会背景分析:从"复兴中国人文地理"到"人地关系"回归地理学

从中华人民共和国初期到20世纪80年代,我国经历了30年激动人心的发展历程,社会经济有了明显的进步。改革开放初期,经济快速发展带来的人口问题、环境问题和资源问题开始显现并得到关注。20世纪70年代末,吴传钧、李旭旦和陈传康等在发展人文地理学、人地关系理论等方面有着诸多研究,尤其是吴传钧明确提出人地关系地域系统科学概念及地理学研究的核心是人地关系地域系统观点理论,阐述人地关系地域系统研究范式,提出并努力"复兴中国人文地理",自此人地关系研究开始回归地理学研究。

2."人地协调观"在教学大纲中的编排特点

(1)"人地协调观"从知识目标走向价值观目标

在人文地理学的复兴的大背景下,20世纪70年代以来地理学家开展的环境背景值与环境容量研究,一部分高校开设环境保护的相关专业;20世纪80年代,我国对长江、松花江等多个水系的水质、污染物在地理环境中的迁移转化规律的研究等多方面的环境研究促进了环境教育走进了中学地理课程。1986年版教学大纲中明确提出地理教学要"使学生初步懂得用"人地协调观"点"认识我国的地理国情,第一次提出"使学生受到正确的环境观、资源观、人口观的教育",1990年和1992年版教学大纲中要求地理教学"必须以辩证唯物主义的观点,把地理环境各要素之间的相互关系及其发展变化的规律,以及人类活动与地理环境对立统一的关系在教学内容中体现出来",进一步明确了中学地理教学的要求,"人地协调观"也在这一时期得到了发展。

**"人地协调观"在初中地理教学大纲中所占比重
(1980—1999)**

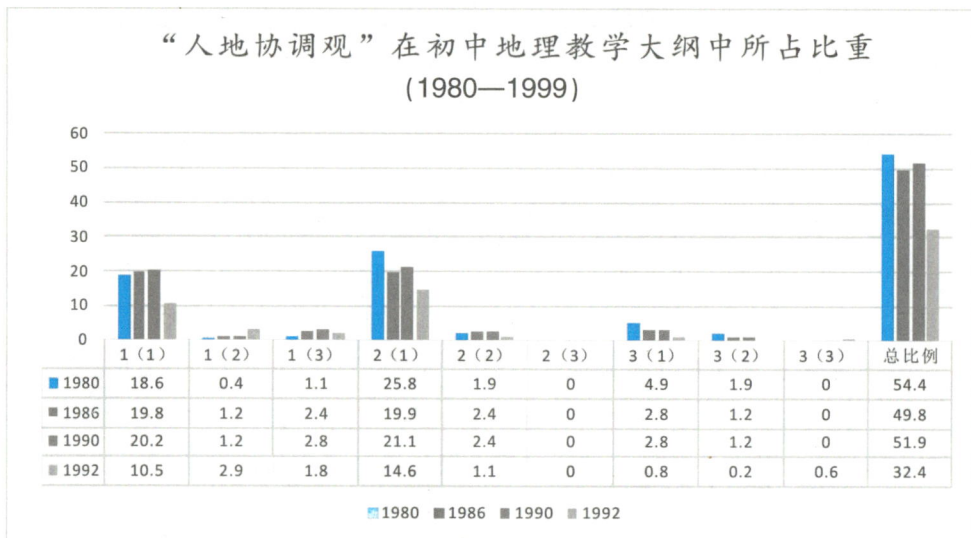

	1(1)	1(2)	1(3)	2(1)	2(2)	2(3)	3(1)	3(2)	3(3)	总比例
1980	18.6	0.4	1.1	25.8	1.9	0	4.9	1.9	0	54.4
1986	19.8	1.2	2.4	19.9	2.4	0	2.8	1.2	0	49.8
1990	20.2	1.2	2.8	21.1	2.4	0	2.8	1.2	0	51.9
1992	10.5	2.9	1.8	14.6	1.1	0	0.8	0.2	0.6	32.4

图 1-1-2

(2)初步明确提出"人地协调观"的培养要求

1980—1990年的三部中学地理教学大纲中,涉及"人地协调观"的内容占50%左右,虽然仍以较低水平的要求,即"能关注到各类情境中的人口、资源和环境问题"和"从人对地或地对人的角度看待人地关系"为主,但关注的深入程度有了本质上的突破。"人口问题"除了关注各地区的"人口数量和分布"外,中国地理部分明确提出了人口问题和政策——"我国是世界上人口最多的国家。人口增长要与经济发展相适应,必须搞好计划生育工作,控制人口的增长"。1986年版教学大纲中第一次提出了"环境污染",并要求学生在学校所在地就环境污染进行调查和提出防治建议,引导学生形成"协调人地关系"的观念意识和行为倾向。1987年,地理学家黄秉维受聘担任《九年义务教育初中地理教材》顾问[6],对中学地理教育产生了深远的影响,1992年版教学大纲中将"资源-环境-人类活动"的辩证统一、人与自然的对立统一关系作为确立教学内容的原则,从行为动词"理解""懂得""树立"人口观、资源观和环境观的角度,本质上对中学地理教师在教学提出了"协调的人地观念"这一价值观的培养要求。

表 1-1-3 "人地协调观"描述的对比

教学大纲	"人地协调观"的描述
1986 年版 教学大纲	地理学是研究人类生存的地理环境，以及人类与地理环境关系的一门学科。这门学科阐明了地理事物和地理现象的分布规律、世界和中国各地区的区域特征和区域差异。地理学与人类的生产和生活有着密切的关系。它在实现我国社会主义现代化建设中具有重要的作用。 正确阐明人地关系。地理教学的内容是人类活动的地理环境，以及人类与地理环境的关系。对社会发展起决定性作用影响的是物质资料的生产方式。但是，地理环境可以加速或者延缓社会发展的历程。地理环境为人类的生活和生产活动提供了必不可少的条件，而人类在其生活和生产活动中又无时无刻不在作用于环境。环境的改变，反过来又对人类发生影响。因此，我们必须以辩证唯物主义的观点，实事求是的科学态度，正确阐明地理环境各要素之间的相互关系及其发展的规律性，以及人类发展与环境对立统一的关系。 中学地理的教学任务：初级中学阶段，是在小学地理教学的基础上，使学生进一步掌握有关地球、地图、中国地理和世界地理的基础知识，掌握阅读和运用地图、图表的初步技能，初步懂得地理环境各要素之间、人类与地理环境之间的相互关系。
1990 年版教 学大纲	地理学是研究人类生存的地理环境，以及人类与地理环境关系的一门学科。这门学科阐明了地理事物和地理现象的分布规律、世界和中国各地区的区域特征和区域差异。地理学与人类的生产和生活有着密切的关系。它在实现我国社会主义现代化建设中具有重要的作用。中学地理的教学目的，是在小学地理教学的基础上，使学生获得比较系统的地理基础知识和基本技能，并积极发展学生的地理思维能力和智力，培养他们学习地理的兴趣、爱好和独立吸取新知识的能力。中学地理教学应使学生进一步受到爱国主义、国际主义、辩证唯物主义、历史唯物主义的思想政治教育以及有关的国情、国策教育，还要对学生进行科学的资源观、人口观和环境观的教育。此外，还应该结合乡土地理的教学，对学生进行热爱家乡的教育，使他们树立把祖国建设成为社会主义现代化国家的雄心壮志。 中学地理的教学任务：初级中学阶段，是在小学地理教学的基础上，使学生进一步掌握有关地球、地图、中国地理和世界地理的基础知识，掌握阅读和运用地图、图表的初步技能，初步懂得地理环境各要素之间、人类与地理环境之间的相互关系。

续表

教学大纲	"人地协调观"的描述
	正确阐明人地关系 地理教学的内容是人类活动的地理环境，以及人类与地理环境的关系。对社会发展起决定性作用的是物质资料的生产方式。但是，地理环境可以加速或者延缓社会发展的历程。地理环境为人类的生活和生产活动提供了必不可少的条件，而人类在其生活和生产活动中又无时无刻不作用于环境。环境的改变，反过来又对人类发生影响。因此，我们必须以辩证唯物主义的观点，实事求是的科学态度，正确阐明地理环境各要素之间的相互关系及其发展的规律性，以及人类发展与环境对立统一的关系。 初中中国地理先学全国地理概况，再学分区地理，最后学区域特征和区域差异，交通运输和贸易，合理开发利用自然资源和保护环境。初中世界地理先学全球的地理概况，再学大洲、洲内各部分、各主要国家地理。最后学世界地理的陆地自然带、海洋和交通概况。这样安排，有利于学生理解区域整体与部分的关系，有利于阐明各种自然条件之间的联系，有利于理解各地区经济建设、国土整治在全国的意义，有利于了解世界主要国家和地区政治经济的世界地位。
1992 年版 教学大纲	地理学是研究人类赖以生存和发展的地理环境，以及人类活动与地理环境关系的一门科学。地理学与人类的生产和生活、社会的进步与发展有着密切的关系，它对实现我国社会主义现代化具有重要作用。 教学目的是使学生受到辩证唯物主义教育、爱国主义教育，国情和国策教育；培养学生实事求是的科学态度和不断追求新知的精神。初步树立正确的资源观、环境观、人口观，懂得要协调人类发展与环境的关系；培养学生具有一定的审美能力和分辨是非的能力，树立胸怀祖国、放眼世界，把祖国建设成具有中国特色的社会主义现代化强国的雄心壮志。 以环境–资源–人类活动为线索，正确阐明人地关系。人类活动与地理环境有着密切的关系。自然环境为人类的生产和生活提供了必不可少的条件，而人类活动又无时无刻不作用于环境。环境的改变，反过来又对人类社会发生影响。因此，我们必须用辩证唯物主义的观点，实事求是的科学态度，把地理环境各要素之间的相互关系及其发展变化的规律，以及人类活动与地理环境对立统一的关系在教学内容中体现出来。使学生受到辩证唯物主义教育、爱国主义教育，国情和国策教育；培养学生实事求是的科学态度和不断追求新知的精神；初步树立正确的资源观、环境观、人口观，懂得要协调人类发展与环境的关系；培养学生具有一定的审美能力和分辨是非的能力；树立胸怀祖国、放眼世界，把祖国建设成具有中国特色的社会主义现代化强国的雄心壮志。

(三)成熟阶段:21 世纪以来

21 世纪以来,我国教育部共制定和修订了三部中学地理课程标准(教学大纲),从教学大纲到课程标准,行为主体从教师转向了学生,也就使得中学地理教学的任务从教师注重培养学生的"人地协调观念"转向学生"人地协调观"素养的形成。

1.社会背景分析:地理学家推动"人地协调观"在中学地理课程中的培养落实

人文地理学家吴传钧在 1992 年义务教育地理改革研讨会上发表《地理学的发展》,1996 年地理教育研讨会上发表《谈地理教育的改革问题》中提到,中学地理教育应该讲清楚"生产建设要因地制宜"和"协调人地关系"的观点,尤其是后者,应该结合 1994 年颁布的《中国 21 世纪议程》论述的"通过协调人口、资源、环境的关系,谋求社会经济持续发展的中心思想来讲",假如"中学地理教育能够帮助学生树立这方面的观点,就算是成功了"[7]。地理学家王恩涌也在研讨会上发表了《地理学发展与地理教育改革》。陆大道、郑度、胡兆量等众多地理学家对中学地理教育改革的关注与指导使得"人地协调观"在中学地理课程中的进一步完善。

2."人地协调观"在课标中的编排特点分析

(1)注重阐释"人地协调观"观念

2000 年版教学大纲第一次提出了"可持续发展"的"人地协调观"内容,并多次提到"因地制宜""协调人地关系""环境意识"等。可持续发展伦理观的飞跃,必然会对教育提出变革的要求,以《国家中长期教育规划纲要(2010—2020)》为指导,2011 年版地理课程标准新增了"尊重自然""与自然和谐相处"等"人地协调观"素养培养的课程目标,整体的内容编排围绕"地理课程突出当今社会面临的人口、资源、环境和发展问题,阐明科学的人口观、资源观、环境观和可持续发展的观念"[7]的思想性性质,更加注重对"人地协调观"观念的阐释。如下图表 1-1-4:

表1-1-4   不同版本课标中"人地协调观"观念的阐释对比

全日制义务教育地理课程标准	"人地协调观"观念的阐释
2001年（实验稿）	当今世界，人口、资源、环境问题日益突出。人类正在重新审视自己以往所走过的历程，总结过去以大量消耗自然资源和牺牲自然环境为代价而高速发展经济所带来的严重教训，努力寻找一条"人口、经济、社会、环境和资源相互协调的"可持续发展的道路。这些都给地理科学以及地理课程的改革提出了富有挑战性的新课题。全面推进素质教育，要求课程的设置必须着眼于学生的全面发展和终身发展。对于地理学科来说，必须变革"学科中心""知识本位"下的地方志式的地理课程，培养学生的地理实践能力和探究意识，激发学生学习地理的兴趣和爱国主义情感，使学生确立正确的人口观、资源观、环境观以及可持续发展观念，这是时代赋予中学地理教育的使命。 地理学是研究地理环境以及人类活动与地理环境相互关系的科学。它具有两个显著特点：第一，综合性。地理环境由大气圈、水圈、岩石圈、生物圈以及人类智慧圈等圈层所构成，是地球表层各种自然现象、人文现象有机组合而成的复杂系统。因此，地理学是一门兼有自然科学性质与社会科学性质的综合性科学。第二，地域性。地理学不仅研究地理事物的空间分布和空间结构，而且阐明地理事物的空间差异和空间联系，并致力与揭示地理事物的空间运动、空间变化的规律。地理学是一门既古老又年轻的科学，在现代科学体系中占有重要地位，并在解决当代人口、资源、环境和发展问题中具有重要作用。 地理课程是义务教育阶段学生认识地理环境、形成地理技能和可持续发展观念的一门必修课程，兼有社会学科和自然学科的性质。
2011年版	现代社会要求公民能够科学、充分地认识人口、资源、环境和社会等相互协调发展的重要性，树立可持续发展观念，不断探求和遵循科学、文明的生产方式和生活方式。这对义务教育地理课程改革提出了新课题。 义务教育地理课程有助于学生感受不同区域的自然地理、人文地理特征，从地理的视角认识和欣赏我们所生存的这个世界，从而提升生活品位和精神体验层次，增进学生对地理环境的理解力和适应能力；有助于学生形成正确的情感态度与价值观和良好的行为习惯，培养学生应对人口、资源、环境与发展问题的初步能力。这将利于为国家乃至全球的环境保护和可持续发展培养活跃的、有责任感的公民。

续表

全日制义务教育地理课程标准	"人地协调观"观念的阐释
	地理环境是地球表层各种自然和人文要素相互联系、相互作用而成的复杂系统。义务教育地理课程初步揭示自然环境各要素之间、自然环境与人类活动之间的复杂关系,从不同角度反映地理环境的综合性。 　　地理课程突出当今社会面临的人口、资源、环境和发展问题,阐明科学的人口观、资源观、环境观和可持续发展观念,富含热爱家乡、热爱祖国、关注全球以及可持续发展的思想教育内容。 　　课程的基本理念之一是学习对终身有用的地理。地理课程引导学生从地理的视角思考问题,关注自然与社会,使学生逐步形成人地协调与可持续发展的观念,为培养具有地理素养的公民打下基础。 　　义务教育地理课程的总目标是:掌握基础的地理知识,获得基本的地理技能和方法,了解环境与发展问题,增强爱国主义情感,初步形成全球意识和可持续发展观念。知识与技能:掌握地球与地图的基础知识,能初步说明地形、气候等自然地理要素在地理环境形成中的作用以及对人类活动的影响;初步认识人口、经济和文化发展的区域差异。了解人类所面临的人口、资源、环境和发展等重大问题,初步认识环境与人类的相互关系。初步形成尊重自然、与自然和谐相处、因地制宜的意识及可持续发展的观念,增强防范自然灾害、保护环境与资源和遵守相关法律法规的意识,养成关心和爱护地理环境的行为习惯。

(2)"人地协调观"从价值观目标走向核心素养

与 20 世纪后半叶制定和修订的七部教学大纲不同,21 世纪以来的三部地理课程标准中涉及"人地协调观"素养的内容所占比例均在 35%左右,低水平能力要求内容所占比例逐年减少,从 2000 年版的 27.4%降至 2011 年版的 12.5%;较高水平能力要求的内容所占的比例明显提高,从 2000 年版的 9.5%增加至 2011 年版的 23%。

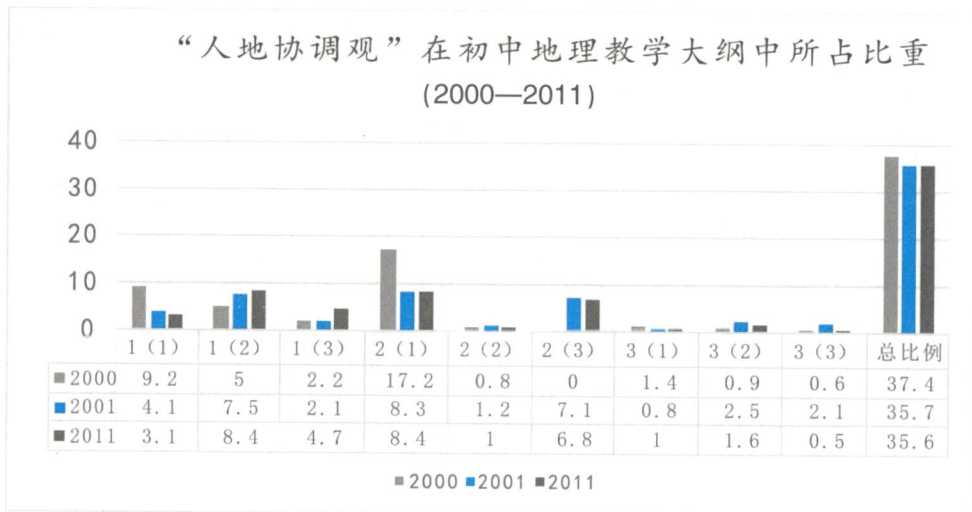

"人地协调观"在初中地理教学大纲中所占比重(2000—2011)

	1(1)	1(2)	1(3)	2(1)	2(2)	2(3)	3(1)	3(2)	3(3)	总比例
2000	9.2	5	2.2	17.2	0.8	0	1.4	0.9	0.6	37.4
2001	4.1	7.5	2.1	8.3	1.2	7.1	0.8	2.5	2.1	35.7
2011	3.1	8.4	4.7	8.4	1	6.8	1	1.6	0.5	35.6

图 1-1-3

作为基础教育课程中唯一将环境教育和可持续发展列为核心论题的课程,为顺应社会、经济、文化发展的需要,中学地理教学必须承担起培养具有环境意识和高度社会责任感的公民的重任。2011版义务教育地理课程标准中增加了"尊重自然""与自然和谐相处""因地制宜的意识""可持续发展的观念""保护环境与资源和遵守相关法律法规的意识"[8]等"人地协调观"念意识形成的课程目标,意味着"人地协调观"从知识目标、价值观目标走向了地理核心素养,并逐步走向成熟。

三、"人地协调观"的育人价值探究

课程标准是学科知识与核心素养的集合体,本部分以《义务教育地理课程标准(2011年版)》为例,探究"人地协调观"的育人价值,旨在为初中地理教学中"人地协调观"的培养提供借鉴。

(一)关注地理国情,厚植家国情怀

"人地协调观"秉承人类活动与地理环境和谐共生、协调发展的价值理念,主张人类正确认识、了解和对待自然,更要关心爱护自己生活的自然环境,厚植家国情怀。《义务教育地理课程标准(2011年版)》着重强调了中学生要"关心家乡的环境与发展,关心我国的基本地理国情,增强热爱家乡、热爱祖国的情感",正好契合了"人地协调观"素养。课标中主要体现在"中国地理"与"乡土地理"这两大模块内容上。其中,"中国地理"部分主要从"疆域与人口""自然环境与自然资源""经济与文化""地域差异"及"认识区域"这五个方面要求学生关心和认识我国的地理国情,热爱祖国,要从了解祖国开始。见表1-1-5。

表1-1-5 "中国地理"和"乡土地理"中有关"人地协调观"育人价值的体现

模块	内容	课标要求	体现的人地协调观	育人价值
中国地理	(一)疆域与人口	1.运用地图说出我国地理位置及其特点 2.记住我国领土面积,在图上指出我国邻国和临海,认识我国是陆地大国和海洋大国	"地理国情"	我国不仅是一个海陆兼备的大国,也是自然资源总量丰富的大国,但更是世界第一人口大国,众多的人口必然会对我国的资源、环境及社会经济发展等带来一定的影响。《课程标准》中渗透了让学生理解我国的人口政策、土地国策及跨流域调水等实施的必要性;渗透了让学生关心家乡的环境与未来发展,引导学生用地理的视角关注国情,关心家乡,正确认识人类社会与自然环境协调发展的重要性,增强国家认同和社会责任感,厚植家国情怀
		3.运用有关数据说明我国人口增长趋势,理解我国人口政策	"人口观"	
	(二)自然环境与自然资源	1.运用地图和资料,说出长江、黄河的主要水文特征以及对社会经济发展的影响	"地对人"	
		2.了解我国是一个自然灾害频繁发生的国家	"地理国情"	
		3.举例说明可再生资源与非可再生资源的区别 4.运用资料,说出我国土地资源的主要特征,理解我国的土地国策 5.运用资料说出我国水资源的时空分布特点及其对于社会经济发展的影响	"资源观"	
		6.结合实例说出我国跨流域调水的必要性	"人地如何协调"	

续表

模块	内容	课标要求	体现的人地协调观	育人价值
	(三)经济与文化	1.举例说明因地制宜发展农业的必要性	"人地如何协调"	
		2.举例说明科学技术在发展农业中的重要性	"人对地"	
	(四)地域差异	用事例说明四大地理区域自然环境对生产、生活的影响	"地对人"	
	(五)认识区域	认识台湾省自古以来一直是祖国不可分割的神圣领土;在地图上指出台湾省的位置和范围,分析其自然地理环境和经济发展特色	"地理国情"	
乡土地理		1.举例分析自然资源、自然灾害对家乡社会、经济等方面的影响	"地对人"	
		2.了解家乡的对外联系现状,认识家乡进一步改革开放的重要性	"区域发展"	
		3.了解家乡的发展规划,关注家乡未来发展,树立建设家乡的志向		

(二)领悟人地和谐,培育审美素养

"人地协调观"蕴含着人与自然和谐之美,以美育提升学生的人文素养。在《义务教育地理课程标准(2011年版)》中也体现出了美育的元素,见表1-1-6。

表1-1-6　"世界地理"和"中国地理"体现"人地协调观"育人价值的对比

模块	课标要求	体现的人地协调观	育人价值
世界地理	1.运用图片描述城乡景观的差别	"人对地"	通过欣赏城市景观与乡村景观、不同自然环境下的聚落形态、特色服饰、饮食、民居以及世界文化遗产等,在学生眼前展现出一幅幅自然与人文景观相互交融的美丽画卷,引导学生感悟人地和谐之美,特别是作为旅游资源的世界文化遗产,其拥有悠久的历史渊源和深厚的文化底蕴,对学生审美情趣和审美意识的培养大有裨益
	2.举例说出聚落与自然环境的关系 3.懂得保护世界文化遗产的意义	"人地如何协调"	
中国地理	1.举例说明自然环境对我国具有地方特色的服饰、饮食、民居等的影响	"地对人"	
	2.说明我国地方文化特色对旅游业发展的影响	"区域发展"	

(三)展示科技成果,激发创新意识

"人地协调观"追求人类活动与自然环境的协调发展,随着科技的发展,人们愈来愈认识到科技创新的重要性。科学技术也逐渐成为沟通自然与人类活动相互和谐的桥梁。而在科学技术发展的过程中,创新意识的培养起着至关重要的作用,因为创新意识的培养有利于实现"立德树人"的教育根本任务,也有利于我们多角度去审视我们所居住的自然环境,从而可以从多方面多角度去查找与自然和谐相处的方式方法,更有利于我们在为环境保护作出多从决策。《义务教育地理课程标准(2011年版)》在"地球与地图""世界地理"和"中国地理"这三大模块中都体现了对学生创新意识的培养。见表1-1-7。

表1-1-7 对学生创新意识的培养统计

模块	课标要求	体现的人地协调观	育人价值
地球与地图	列举电子地图、遥感图像等在生产、生活中应用的实例	"人对地"	通过展示电子地图、遥感图像等科技成果在生产生活中的应用,以及以某国为例,说出高新技术产业对该国经济发展的巨大促进作用,引导学生认识科技进步的重要性,从而加强对学生创新意识的培养
世界地理	用实例说明高新技术产业对某国家经济发展的作用	"人对地"	
中国地理	1.举例说明科学技术在发展农业中的重要性 2.运用资料说出我国工业分布特点,了解我国高新技术产业的发展状况	"人对地"	

(四)立足全球视野,培养世界眼光

"人地协调观"提倡从全球的角度寻求人地协调,树立可持续发展观念,呼吁加强国际经济合作来共同面对全球环境问题。《义务教育地理课程标准(2011年版)》强调要"尊重世界不同国家的文化和传统,理解国际合作的意义,初步形成全球意识",这正好契合了"人地协调观"素养,见表1-1-8。

表1-1-8 对"人地协调观"素养及育人价值统计

模块	课标要求	体现的人地协调观	育人价值
世界地理	1.举例说明人口数量过多对环境及社会、经济的影响	"人对地"	通过展现人口问题以及国际经济合作的加强,让学生在全球视野中,认识世界人口过多对自然环境、资源、经济与社会发展产生的不利影响;认识国际合作的重要性,从而培养世界眼光和全球意识
	2.用实例说明加强国际经济合作的重要性	"发展观"	

(五)倡导节能环保,培养生态文明观

"人地协调观"主张的就是"因地制宜",人与自然协调发展,不能为了发展经济而以牺牲环境为代价。要注重培养生态文明观《义务教育地理课程标准(2011版)》着力强调资源开发与环境保护的重要性,见表 1-1-9。

表 1-1-9 资源开发与环境保护的育人价值统计

模块	课标要求	体现的人地协调观	育人价值
世界地理	1.说出南、北极地区自然环境的特殊性,认识开展极地科考和保护极地环境的重要性	"人对地""人地如何协调"	通过展现两极地区自然环境的特殊性,以及我国西部地区生态环境的脆弱性,引导学生关心爱护自然环境;以某国家或某区域为例,分析其环境保护与资源开发利用方面的成功经验,启发学生要坚持人与自然和谐共生,树立积极向上的生态文明观
	2.运用地图和其他资料,联系某国家自然条件特点,简要分析该国因地制宜发展经济的实例	"科学发展观""人地如何协调"	
	3.举例说出某国家在自然资源开发和环境保护方面的经验、教训		
中国地理	1.根据资料分析某区域内存在的自然灾害与环境问题,了解区域环境保护与资源开发利用的成功经验	"人地如何协调"	
	2.以某区域为例,说明我国西部大开发的地理条件以及保护生态环境的重要性	"人对地"	

(六)防范自然灾害,增强生命意识

2020 年"新冠疫情"突发肆虐,2021 年夏天我国多地遭受山洪、暴雨、台风等自然灾害,很多国民因为自然灾害的突降而损失了很多财产,家园被破坏,甚至丢掉生命。人的生命在自然灾害面前何其脆弱!如何预防自然灾害,保护生命安全是我们面临的严峻课题。突如其来的自然灾害更加突出了在人类与自然界相互共处的过程中人地协调的重要性。地理核心素养之"人地协调观"秉承人地和谐共生的

理念,倡导人类与地理环境协调发展,科学防灾减灾,保障人类生命健康。《义务教育地理课程标准(2011年版)》从板块构造学说的基本观点出发,让学生"说出世界著名山系及火山、地震分布与板块运动的关系",又以我国为例,要求学生"了解我国是一个自然灾害频繁发生的国家",认清我国国情,旨在增强学生的生命健康意识,凸显生命教育的重要性。见表1-1-10。

表1-1-10　人地协调发展,科学防灾减灾,保障人类生命健康的育人价值

模块	课标要求	体现的人地协调观	育人价值
地球与地图	知道板块构造学说的基本观点,说出世界著名山系及火山、地震分布与板块运动的关系	"自然观"	通过了解火山、地震等灾害的分布及自然灾害带来的巨大影响,引导学生增强生命健康意识,正确看待生命
世界地理	了解我国是一个自然灾害频繁发生的国家	"地对人"	
中国地理	举例分析自然资源、自然灾害对家乡社会、经济等方面的影响	"地对人"	

《义务教育地理课程标准(2011年版)》是地理学科知识与地理核心素养的集合体,地理核心素养是地理学科最关键的价值体现,而"人地协调观"又是地理核心素养最核心的价值观念。因此,随着"立德树人"这一社会主义教育事业根本任务的全面推进,"人地协调观"的育人价值必将在发展学生核心素养中发挥越来越重要的作用。

四、对中学地理中人地关系教学的启示

(一)将"地对人的影响性质"外显于课堂教学中

地对人的影响性质在我国颁布的各种版本课程标准中历来受到关注,是教学重点。但教材中一般是隐性处理,建议教学中将"地对人的关系"外显于课堂。中关

于"地对人的影响"内容有十条之多,具体涉及"自然地理环境"的气候、地形、河流、自然资源、自然灾害等各要素对人类生产、生活的影响,但没有涉及不同尺度的地理空间中"地理环境对人类活动"的"决定性"和"非决定性"影响。

例如,在学习人民教育出版社七年级下册《地理》第八章第三节《撒哈拉以南非洲》时,我们在讲解本区经济落后的原因时,课本原文重点强调该区的历史遗留问题,即长期受制民主义者占领和侵略,而忽略了自然环境对该区域经济发展的制约,因此制约撒哈拉以南非洲经济发展的因素,除历史上遗留人为因素以外,还有当地的自然环境影响因素,讲课时应认真分析自然环境对人的影响,而不是一带而过。

(二)注重辩证阐释"科学技术在人地关系中的媒介作用"

《义务教育地理课程标准(2011 年版)》中关于"技术"作为人地相互协调的调节措施这一内容,只有两个方面:"用实例说明高新技术产业对某国家经济发展的作用"和"科学技术在发展农业中的重要性"。一方面,技术水平提高后,人类更加深入地利用自然,更加自觉地运用规律,人类与自然环境的关系更加密切,人类对自然环境的依赖性相对减少;另一方面,技术的运用不当也在诸多方面带来了负面影响。

(三)注重阐释"'人地协调观'的策略"

培养学生的"人地协调观"是当前阐释人地关系的终极目标。中学阶段是引导学生形成正确的价值观念,是落实立德树人根本任务的关键时期。《义务教育地理课程标准(2011 年版)》在引导学生具有"人地协调观念"的同时,更重要的是帮助学生在遇到具体地理问题尤其是不良结构问题时,能依据"人地协调观"的指导去认识、分析和解决问题,从而引导学生能正确分析人地关系中存在的问题,思考产生的原因,并能从社会、经济、环境等方面系统地分析出人地协调的对策措施。

教学中需注重阐释"策略"。比如在学习人教版八年级地理下册第六章第三节《世界上最大的黄土堆积区——黄土高原》黄土高原水土流失的原因及其治理措施时,应注意使用提高学生学习兴趣、创设情境;小组对比试验,自主探究水土流失原因;合作探究,明晰水土流失的治理措施等人地协调策略。黄土高原的治理侧重"人"与"地"的协调发展,教师在课堂上应注重这方面的引导,使学生形成正确的"人地协调观",人类既要发展经济也要注重环境保护,使两者平衡地可持续发展。

案例:凸显"人地协调观"和信息技术整合的《自然特征与农业》教学设计

课　题	《自然特征与农业》		
学科(版本)	人教版	章　节	第九章第一节
学　时	1 学时	年　级	八年级下册

一、教学目标

1.了解青藏地区的位置、范围、山脉、河流等基本情况。

2.掌握青藏地区的地形、气候特征。

3.理解青藏地区自然环境对农业生产的影响。

二、学生学情分析

八年级的学生感觉和知觉已经达到较高水平,基本能够进行抽象思维和纯符号思维,正处于经验性思维向理论性思维发展的关键期,具有假设-演绎推理能力和组合分析能力,经过将近两年的地理学习,对区域地理的认知方法已基本掌握;基本具备读图能力、提取信息、处理信息的能力,具有强烈的好奇心和求知欲,此时是"人地协调观"念形成的关键时期。教学中要运用直观生动的形象,引发学生的兴趣,使他们的注意力始终集中在课堂上,另一方面,要创造条件和机会让学生发表见解,发挥学生学习的主动性。

三、教学重难点分析及解决措施

(一)重点与难点

重点:掌握青藏地区的自然环境(地形、气候、河流等)特征。

难点:探究青藏地区自然地理特征对人类农业生产活动的影响。

(二)解决措施

1.利用最近热点人物与本节内容的学习结合起来,通过帮助丁真规划拉萨之旅激发学生学习兴趣和参与热情。

2.利用地理信息技术补充教材地图资料和数据资料,帮助学生更好地认识青藏地区的自然环境,理解地理环境对农业的影响,从青藏地区"整体"来看,发展畜牧业为主,从"河谷"局部来看,发展种植业,理解不同角度下"地对人"的决定性和非决定性影响。

四、教学准备

1.用 Arcmap 将教材地图矢量化处理,并提取相应地点的海拔、气温、降水、气压、人口密度等数据,可视化处理并输出地图。

2.视频、景观图片资料。

3.多媒体课件。

4.学生任务书。

续表

五、教学设计				
教学环节及时间	活动目标	教学内容	活动设计	媒体应用及分析
导入(4分钟)	激发兴趣,导入新课,引导学生学会从地理的角度去观察		观看视频《丁真的世界》,引导学生猜测丁真是哪里人?并说明判断依据。地图中找出丁真的家乡——四川理塘(青藏高原东南部)	1.PPT 2.Arcmap中提取青藏地区的DEM高程数据,叠加省、县矢量数据输出青藏地区地形图(加入四川理塘县)
自主学习及展示(4分钟)	学会阅读地图,提取地理信息来描述区域的位置和范围。	1.描述青藏地区的地理位置和范围	阅读"青藏地区地形图",说出青藏地区的位置及范围、主要地形区及河流	
小组探究及展示(25分钟)	1.通过对青藏地区农业生产特点与分布、人口与城镇的分布特点的学习,突出"地对人"的影响性质:"整体"和"局部"的决定性与非决定性 2.通过自然环境与农业、饮食习惯的分析,理解"地对人"的影响方式包括"直接影响"和"间接影响"	2.青藏地区的自然特征: (1)描述地形特征 (2)描述气候特征 3.自然环境对人类活动的影响 (1)归纳人口、城市的分布特点	学习小组分别选择任务,共同帮助丁真制定"拉萨之旅"的攻略: 1.物品准备及理由。 2.游:青藏铁路出行,沿途可以看到哪些景观?体验哪些活动? 3.吃喝:可以享受到哪些青藏美食?这与你平常的饮食习惯有哪些差异?为什么? 4.结合材料及P90活动材料,从不同角度分析雅鲁藏布江谷地发展农业的条件	1.Arcmap中提取的青藏地区DEM数据导入Surfer,将青藏地区地形立体显示,结合地形图,用于描述青藏地区的地形特征,以及多大江大河发源地 2.Arcmap:"多值提取至点",获取成都、西宁、拉萨的海拔、气温、降水、气压、氧气含量、年日照时数等相关数据资料,用于描述青藏地区的气候特征

续表

教学环节及时间	活动目标	教学内容	活动设计	媒体应用及分析
	3.通过对"生态环境"的关注,引导学生关注"人对地"的影响,即人类活动要顺应自然,也可以改造自然,但一定要因地制宜,形成人地协调的观念 4.培养学生读图、析图,获取和解读地图及资料中的地理信息,解决实际问题的能力 5.在小组探究中培养学生合作学习意识	(2)说出农业的分布、特点及原因	5.青藏地区的人口和城镇分布在哪里?为什么? 6.旅行中可以看到,藏民的衣着和住房都与成都不同,为什么? 7.在青藏地区旅行和生活,面对这样的生态环境,我们应该注意什么?为什么?	3. Arcmap:矢量化教材上的农牧业分布图,提取青藏地区土地利用类型分布数据及典型的农牧业分布地(嘉黎、墨脱、乃东、民和)的气候和海拔数据,用于分析农业分布在青藏地区大部分以畜牧业为主,河谷地带受热量条件影响,以种植业为主 4. Arcmap:提取青藏地区2017年人口密度数据,叠加"县城"数据,用于归纳人口、城市的分布特点 PPT展示不同的景观图片,帮助学生直观形象地认识青藏地区
课堂小结 (4分钟)	通过整理和完善思维导图,理解青藏地区自然地理要素的相互作用和相互影响,以及对人类活动的影响		独立整理和完善本节课的思维导图,形成对青藏地区自然特征与农业生产的整体认知	
课堂检测 (6分钟)	检测本节内容的学习落实情况		独立完成检测习题,交换互阅,精讲习题	
总结升华 (2分钟)	通过观看视频,培养学生的家国情怀		观看视频《丁真的世界》,感受丁真那颗热爱家乡的赤子之心	

续表

板书提纲	位置与范围 青藏高原地区 → 海拔高 → 高寒缺氧气压低 → 草原广阔 → 畜物业为主; 农业 → 河谷农业(热量); 雪山连绵冰川广布; 大江大河发源地 → 人口城镇沿河谷分布; 生活 → 服饰、民居、饮食
教学效果及反思	1.教学效果 整节课围绕理塘男孩丁真这条主线贯穿整节课,通过丁真位于青藏地区东南部的家乡导入新课,将本节的内容用作丁真规划一次"拉萨之旅"的知识背景,引导学生思考和探究,激发了同学们的学习兴趣,充分调动了同学们的积极性和主动性。 利用 Arcmap 获取成都、西宁、拉萨的海拔、气温、降水、气压、氧气含量、年日照时数等相关数据资料,提取青藏地区土地利用类型分布数据及典型的农牧业分布地(嘉黎、墨脱、乃东、民和)的气候和海拔数据,提取青藏地区人口密度数据,将教材上的农牧业分布图和青藏铁路沿线景点分布图等进行矢量化,地形图立体化显示等,为教材内容做了必要的资料补充,更方便于学生开展探究学习活动。从课堂效果来看,学生讨论中资料充足,运用地图和资料解决问题效率更高。 本节课的学习活动围绕"人地协调观"设计,注重阐明"地对人的影响""人对地的影响",引导学生形成"人与地相互协调的观念"。通过青藏地区的自然特征对农业生产特点与分布、人口与城镇的分布特点的影响学习,注重引导学生认识"地对人"的影响性质:"整体"和"局部"的决定性与非决定性。通过自然环境与农业、饮食习惯的分析,理解"地对人"的影响方式包括"直接影响"和"间接影响"。通过对"生态环境"的关注,引导学生关注"人对地"的影响,即人类活动要顺应自然,也可以改造自然,但一定要因地制宜,形成人地协调的观念。 通过小组合作探究学习的形式,促进了学生之间的交流与合作,促进了学生个体的发展,学生的主动性、创造性也得以充分的发挥。 随着课堂中加深对理塘男孩丁真的了解,培养了学生热爱家乡,关注家乡,服务家乡的家国情怀。

续表

2.教学反思
但也有两点不足之处,应该在以后的教学中改进:
一是在提出问题时,应站在学生的角度,从学生的身心特点和实际出发,而不是一味把学生的思路往自己设计的思路上引,缺乏灵活性和学生的发散思维。笔者课堂中的问题设计不宜过长和烦琐,应站在学生的认知角度带领学生逐层剖析和引领。教学中的问题设计层次性应该符合每个班的实际情况,以起到化解学生疑虑和激发学生浓厚的学习兴趣的作用,以培养学生的综合素养。
二是在教学中,应该随时关注学生的反馈,关注预设与生成,对于没有达到预期的教学内容,老师要善于观察、呵护、引导、点拨,从而催生新的精彩之处的生成,同时也要给予学生及时的评价,在这方面还有提升的空间。

跟随地理学曲折发展的历程,中学地理课程中"人地协调观"经历了二十世纪初期的萌生阶段、改革开放以来的发展阶段和 21 世纪以来的成熟阶段。在思想日益成熟、技术不断创新、信息日渐发达的今天,社会发展要求学生在地理学习中成为具有人地协调意识、具备分析人地关系的能力和能提出协调人地关系的策略的公民,这无疑对中学地理教学提出了更高的要求,教师在教学活动中应着重培养学生的"人地协调观"素养,为社会培养具有环境保护意识和可持续发展观念、有社会责任感的和谐社会的建设者。

参考文献

[1]潘玉君.地理学思想史——通论和年表[M].北京:中国社会科学出版社,2019.

[2]中华人民共和国教育部.1956 中学地理教学大纲(草案)[S].北京:人民教育出版社,1957.

[3]中华人民共和国教育部.1978 全日制十年制学校中学地理教学大纲(试行草案)[S].北京:人民教育出版社,1978.

[4]潘玉君.地理学思想史——通论和年表[M].北京:中国社会科学出版社,2019.

[5]中华人民共和国教育部.1980 年版全日制十年制学校中学地理教学大纲(修订版)[S].北京:人民教育出版社,1980.

[6]吴传钧,谈地理教育的改革问题[OL].(1996-12-23)[2009-05-09].http://www.doc88.com/p-736455558293.html.

[7]中华人民共和国教育部.义务教育地理课程标准:2011 年版[S].北京:北京师范大学出版社,2012.

[8]袁孝亭,等.地理课程与教学论[M].长春:东北师范大学出版社,2020.

专题 **2**

基于"人地协调观"的初中地理教材研究

——以现行人教版教材为例

天津市红桥区教师发展中心　王宇

【作者有话说】

地理学科核心素养由高中向义务教育阶段推进，以及人类面临的环境问题与发展危机，都要求人地协调观要在义务教育地理教材中得到良好体现。现实中教师容易对人地协调观看得比较简单，这正是没有全面平衡地认识人地协调观及其教学的表现。《基于"人地协调观"的初中地理教材分析》的研究，就是研究初中地理教材对人地协调观的体现与渗透，我们以目前天津市初中学生学习地理课程使用的人教版教材为例开展研究，以此提高对教材"人地协调观"内容的认识，为总课题《初中地理"人地协调观"培养研究》中的教学研究与评价研究提供依据和支持，为地理教育教学实践提供参考。本文依据教材如何全面平衡地呈现人地协调观的理论成果，选择了较为详细的体现教材结构的统计指标，不仅梳理统计了教材本身的文字、图表，也统计了教学内容通常要求的教学时间，而且论述了此教材研究统计教学时长或学习工作量的原因。依据统计指标，全面梳理统计现行人教版义务教育地理教材对人地协调观内容的体现，并以此对教材进行了分析，进而给出了教材对于人地协调观结构及内容的相应建议。

由于研究水平和精力有限,研究中难免有疏漏和不当之处,敬请大家谅解并给与指正。

人地关系是贯穿于地理学发展的永恒主题,随着人类文明的发展和地理学的发展,人地关系在不断发展变化,如今人地协调观早已成为人地关系思想的主旋律。在地理学科中,人地关系日益成为地理学研究与学习的重点内容。我国基础教育改革已进入核心素养时代,学科核心素养的研究与培养成为各学科教育发展的主题。地理教育提出发展学生地理学科核心素养,地理课程旨在使学生具备人地协调观、综合思维、区域认知、地理实践力等地理学科核心素养[1]。《普通高中地理课程标准(2017 年版 2020 年修订)》,中也已明确提出了这四大地理学科核心素养,2019 年国家教材委员会专家委员会审核通过的各版本普通高中地理教科书明显以地理学科核心素养的发展为目标做出了相应的修订,高考的改革也在向考查学生学科核心素养的指针转变。目前新一轮的义务教育地理课程标准正在修订,义务教育地理教科书的修订也将展开。这些都要求我们研究人地协调观在义务教育地理教科书中的现状,并思考需要做哪些改进更利于学生人地协调观的全面平衡发展。

一、研究的出发点

在当前立德树人的总要求下,地理学科思政也在地理教育中摆在了更加突出的地位。人地协调观是地理学科核心素养的重要组成,以往就被很多人看作是现代地理教育德育目标的重要载体,现今更是地理学科落实学科思政的重要载体与灵魂内容。地理教育的发展和未来社会的需求要求我们做好基于"人地协调观"培养的初中地理教材研究。

(一)学生核心素养发展的需要

世界飞速发展的同时,人地关系紧张到了危机的地步。学生是国家未来的建设者和接班人,我们无法想象未来的公民如果不具备人地协调观会是什么样。即便是在教育中比我们更早重视"人地协调观"教育的国家,也不是一提出重视就把学生的"人地协调观"都培养到位了的。面对危机,人类社会仍无视可持续发展的公平性、持续性与共同性原则的现象比比皆是。只有让未来的公民都树立起"人地协调观"的思想意识,并迅速地、自觉地按照可持续发展的原则行动,才有可能让人类摆脱发展与生存的危机。

(二)发挥核心素养统一引领作用的需要

地理学科核心素养的培养已经贯彻到《普通高中地理课程标准》和高中地理教科书中,义务教育阶段的地理课程标准和教科书修订也将贯彻地理学科核心素养内容体现其中。新的一轮义务教育教材编写不再仅仅从知识能力的培养上考虑初高中内容的衔接,而是要站在地理学科核心素养培养的角度上,打通初中教材与高中教材在学生地理学科核心素养发展水平上的衔接。这其中当然包括"人地协调观"的水平衔接。

义务教育地理课程标准和教科书的修订需要基层教师提出有价值的建议,而提出有事实依据的建议必须做好现有教材的研究。为初中教材的修订和撰写人员提供可能的参考,为地理教材分析提供视角;对初中地理教师如何使用教材培养学生的"人地协调观"素养提供参考。

(三)初中地理教材体现"人地协调观"的需要

随着人地关系认识的发展,地理教材反映的人地关系也在不断调整,我们多数学生使用的是人教版义务教育地理教科书。它是对当前学生"人地协调观"培养的最重要的载体。它对中学生的"人地协调观"培养发挥关键的作用。现今的教材倡导的人地关系就是"人地协调观",从教材发展看,教材为树立学生的"人地协调观"做了很多改变。然而初中生的认知能力和理解能力有限,教学中利用教材直接、全面地阐述"人地协调观"收效不会太大。我们要结合其他地理学科素养的培养,将"人地协调观"融入地理学习过程,渗透到学生的思想中,并转化为符合"人地协调观"要求的行为。而"人地协调观"又是宏大的,即便是我们要给中学生培养的"人地协调观"也应该是全面的、科学合理的。我们要使用教材一点一滴地渗透,循序渐进地培养起学生全面、科学合理的"人地协调观"。教材会不会有遗漏?"人地协调观"的方方面面体现的是否全面适当？这远比我们把地理环境决定论换成人地协调的叙述要困难复杂得多。因此，我们除了要总结现行教材用于体现"人地协调观"的素材内容外，还要研究教材在"人地协调观"培养上的结构。

二、研究方向及研究视角的选择

(一)厘清"人地协调观"与地理课程中其他重要观念的关系

首先我们要分清"人地协调观"与其他情感态度价值观内容的区别。地理教育历来有重视德育教育的传统，通过立项前的调查我们也发现，初中地理关于情感、态度、价值观的研究很多。从以往重视环境观、资源观、人口观的培养，到现在新兴的海洋意识、国土观念等。这些内容确实是地理课程包含的情感态度价值观内容，也都与"人地协调观"互相交融。但这些内容很多是地理学科某一部分的观念或地理课程中附带的其他观念，这些内容的学习是促成人地关系认识的重要途径，但不能把它们与"人地协调观"等同起来。地理课程中对于地理学科自身的核心观念应受到核心的关注。地理学科的核心思想，即我们已经明确了的地理学科核心素养之一——"人地协调观"。教师对包括"人地协调观"在内的地理课程中的价值观念都有所认识，但如何把他们协调起来，有条理而不杂乱地处理好是个问题。与"人地协调观"有从属或关联的诸多价值观念如何与"人地协调观"镶嵌或融合好，需要从"人地协调观"的结构入手解决。

(二)"人地协调观"的含义与范畴

关于人地观的内涵，随着地理学的发展，各地理学家有不同的解释。以洪堡、李特尔为代表的近代地理学家对人地关系进行了初步探讨，他们关注人类与自然环境尤其是人类与土地的关系，强调人类与土地综合体的交互关系；陈慧琳、赫维人、潘玉君等著名学者则把人类和地理环境的关系看作是对立统一的,认为人类在面对人地关系时处于绝对的主体地位;吴传钧教授提出:自然资源对人类活动起着促进和抑制的双向作用,主要表现在自然灾害方面,人类对地理环境也有调节的作用;有的专家则认为,除了地对人的影响和人对地的影响外,要注重人地协调,并且指出在地理教学中要重视人地观的渗透。[2]

初中是学生发展地理学科核心素养的启蒙阶段,因而应培养学生正确看待地理和人类之间的关系,培养其科学合理的人地观。我们要给学生什么样的人地观,是国家的教育理念规定的,并以法定文件规定下来,我国现行的地理课程标准规定教师要培养学生的"人地协调观"。

我们研究的"人地协调观"是什么,"人地协调观"尽管是地理学科核心素养之一,但未必所有教师都清楚它的范畴。它并不仅仅代表人与地的协调,还有地理环境对人类的影响、人类对地理环境的影响,这些重要的人地关系内容都是形成完整"人地协调观"的重要内容。例如,我们反对地理环境决定论,但是我们不能回避地理环境对人类及其行为的某些方面是起决定性作用的,这样的认识应该成为学生全面的人地关系认识的一部分,而且也影响着我们对人地协调的准确认识。所以我们应该从地理环境对人的影响、人对地理环境的影响、人地关系协调三个大的方面完整地阐述和体现"人地协调观",防止对"人地协调观"认识和培养的窄化。

(三)阐明"人地协调观"的视角选用

人地关系不仅由三个大的方面构成,而且每个方面还要有正确的视角来研究,我们选择天津师范大学詹秀娣博士多年来研究的重要成果——"地理教科书'正确阐明人地关系'的视角"[3],以此作为我们分析教材人地关系结构的研究视角。表1-2-1就是詹老师此项研究成果的框架。

表 1-2-1　地理教科书"正确阐明人地关系"的视角[3]

需把握的基本维度	"地对人"的影响方式	需阐述的基本内容
阐明"地对人"的影响	"地对人"的影响性质	阐明一般场合下,地理环境是人类活动的重要外部条件
		阐明在特殊场合,地理环境会对人类活动起决定性作用
	"地对人"的影响方式	阐明地理环境对人类活动的直接影响
		阐明地理环境对人类活动的间接影响
阐明"人对地"的影响	"人对地"如何施加影响是合理的	阐明人类可以利用自然规律改造自然,却不可以改造自然规律的道理
		阐明人类违背自然规律改造自然必然接受失败苦果的道理
	"人对地"干预的主要方式	阐明人类通过对空间的占有对地理环境施加影响
		阐明人类通过物质、能量、信息的交流对地理环境施加影响
体现人与地相互协调的观念	技术在人地关系中的媒介作用	阐明技术在人地关系中的正面与负面作用
		阐明科学技术发展的阶段性导致人地关系的阶段性变化
	体现人地关系协调的基本观念	体现人类的发展必须与自然环境的容量相适应的思想
		体现确定一个地区的经济结构,必须同自然环境与资源结构大体上相吻合的思想
		体现利用地理环境既要遵循生态平衡规律,又要遵循社会经济规律的思想

"地理教科书'正确阐明人地关系'的视角"为教材中庞杂的"人地协调观"内容归纳出了清晰明了的结构,地理教师见到后,感觉一下子就找到了全面认识"人地协调观"的角度。这个表格的内容尽管清晰简洁,但却把现代地理学的核心价值观和地理教育的"人地协调观"核心素养做了全面准确的概括。这一"视角"把教材阐明"人地协调观"的内容分成三个基本维度,即阐明"地对人"的影响内容、阐明"人对地"的影响内容和体现人与地相互协调的观念内容。这样分类是紧紧围绕人与地的关系来进行的,分类清晰,基本可以覆盖树立"人地协调观"的所有地理课程内容。这一视角在阐述"人地协调观"的三个维度的同时,还重视阐述方向的全面。教材阐述地对人的影响决定性影响和一般条件性(非决定性)影响两种性质都要有;地对人的影响分为直接影响和间接影响两种方式,教材也要全面考虑;人对地的影响事例也是既要兼顾遵守自然规律和违反自然规律两种影响性质,也要兼

顾人类占据地理环境空间和通过物质能量信息交流影响地理环境两种影响方式；体现人与地相互协调观念的内容也要做到兼顾人类利用科技调节人地关系成功和失败的案例，而且还要全面体现人类与资源环境容量相适应、因地制宜发展思想、可持续发展思想。按照这样的体系，教师可以把"人地协调观"内容认识得更加完整透彻，从而能够更全面地认识和驾驭教材中的"人地协调观"内容，使学生形成较为全面平衡的"人地协调观"，同时也就可以作为我们认识、研究教材的视角和工具。

选用詹老师这一研究视角的原因，还包括中学教师的研究与高校教师研究的分工与合作关系问题。我们作为中学地理教师长久以来善于教材运用的研究，但在考虑教材编写的系统问题时，所具备的研究理论和经验都少。又受研究精力所限，应用高校专家们获得的成果开展我们中学老师擅长的研究是我们尽快取得成果的捷径。我们中学教师对高校教师的研究论证过程理解起来可能有的地方会感到比较复杂，任何成果的鉴定都是有相应的专家把关的，这项成果是经过高水平的鉴定的，只要结论能够理解，便于我们应用实践就可以了。人地关系研究是詹老师读博期间主攻的研究方向，这一视角又是她在东北师范大学博士毕业论文的一项核心内容，这篇论文的指导教师更是当前国内地理教育领域顶级的专家东北师大的袁孝亭教授。东北师大的博士论文是经过一流专家们亲自鉴定的。詹老师研究的"地理教科书'正确阐明人地关系'的视角"，不仅是读博研究学习的结晶，还是向几十位国内著名地理学者、地理教育家咨询问卷推敲过的成果，是经过了国内著名专家群体的思考审视的高质量成果。

这一视角虽来自一篇专业性很强的博士毕业论文，但该成果能得到中学地理教学核心期刊的宣传推广，说明这一成果不仅有重要推广价值，还易于被中学地理教师接受，便于理解和实践。这一成果在地理基础教育领域已有一定的影响，中学地理教师比较熟悉。在我的研究过程中，我找到的参与教师大部分在没有系统学习詹老师的博士毕业论文时，见到这一视角的表格都能较为迅速的理解其内容。实践中老师们对这个视角的理解整体上没有给我们带来明显的困难，后面实践应用过程中遇到的困难主要在如何运用这个思路去体现教材、分析教材上。选用这个视角之前和具体的开展了研究之后，我越来越觉得这个视角的框架是便于操作的，中学教师看了很容易找到疏解教材人地关系内容的入手操作办法。

经过向詹老师本人咨询和学习詹老师的研究过程,发现以上"视角"虽在高中教材研究中开始提出,但这些研究教材阐述"人地协调观"的视角并不是只针对高中地理教材制定的,研究成果在高中教材和初中教材研究中都可以应用。"人地协调观"包含的几个方面,并不会因为是高中教材还是初中教材,就会失去或增加哪个方面;对地理教科书编制人地关系有关内容提出相应的指向性要求,也不会因是高中教材还是初中教材,而突出或淡化哪个维度。

(四)教材梳理统计指标的形成及目的

按照上表"地理教科书'正确阐明人地关系'的视角"中的分类,可以辨别教材内容阐述"人地协调观"的基本维度、阐述方式等,进而去认识、研究教材体现"人地协调观"的结构。那么如何用该表格的分类去量化教材的"人地协调观"结构呢?

首先是将地理教材中"人地协调观"内容依此表分别归类,进而将教材中的每一类内容梳理出来。我们先是设计了这样几个表格供老师们来分类梳理教材:

表1-2-2　初中地理教材人地关系内容归类

七年级上册	阐明"地对人"影响的内容	作用性质	作用方式
1			
2			
*			
*			

此表格和后面几个表格都先按教材的四册书分别填写,最后可以把四册内容合在一起。表格第二列的内容尽量写简短,能让地理教师明白是教材的什么内容就可以,例如"威尼斯水城里船是主要的交通工具"。作用性质根据具体内容填入"决定性作用"或"非决定性作用"。作用方式也根据具体内容填入"直接作用"或"间接作用"即可。如果有个别内容两种作用性质或两种作用方式都有所反映,我们就按这个内容反映的主要方面归类。

表 1-2-3　初中地理教材人地关系内容归类

七年级上册	阐明"人对地"影响的内容	影响性质	影响方式
1			
2			
*			
*			

此表格中的影响性质根据具体内容填入"遵守自然规律"或"违背自然规律"。影响方式根据具体内容填入"物质能量交流"或"空间占有",如果都有体现的按教材的主要意图来归类。

表 1-2-4　初中地理教材人地关系内容归类

七年级上册	体现人地关系协调的内容	协调技术	协调观念
1			
2			
*			
*			

此表格中的协调技术根据具体内容填入"积极促进作用"或"负面影响"。协调观念根据具体内容填入"环境容量"或"因地制宜"或"可持续发展",如果体现两项以上的按教材的主要意图来归类。

通过以上表格将各类内容梳理归类之后,就可以统计各类内容的出现次数,从而反映出教材体现"人地协调观"的结构。统计过程中为了便于操作,我们对四册教材先分别归类统计,最后再汇总,这样既可以看到整体的结构,也可以了解各册教材内部和它们之间的结构。据此可以设计如下的表格来统计:

表 1-2-5　初中地理教材中人地关系内容统计

人地关系相关内容统计		人地关系												
教材		地对人影响				人对地影响						人地关系协调		
		作用性质		作用方式		影响性质		影响方式		技术调节		协调观念		
		决定性作用	非决定性作用	直接作用	间接作用	遵守自然规律	违背自然规律	空间占有	物质能量交流	积极促进作用	负面影响	环境容量	因地制宜	可持续发展
教材中出现次数	七年级上册													
	七年级下册													
	八年级上册													
	八年级下册													
	合计													
	总计													

按各类内容在教材中出现次数梳理统计,能够观察教材反映"人地协调观"内容是否完整全面,也能简单反映出教材体现"人地协调观"内容的结构。而教材出现的每项内容阐述是不均匀的,教材中每一项内容多少详略差别很大,对学生教育影响的程度更是不同,如果从教材发挥作用及对学生影响的角度看,最好是不只统计各类内容出现的次数。怎么能更好应用"正确阐明'人地协调观'的视角"?如何能更准确地体现教材"人地协调观"的结构呢?我们认为教材分类梳理出的每项内容需要量化。如何来量化?通过量化要能体现每项内容在教材中直接阐释了多少。我们按照教材中直接使用的文字量和图表量来量化,把教材的文字化叙述和可视化呈现两种基本形式[4]都量化出来。这样我们不仅可以更清晰地观察教材结构,文字化叙述和图表使用数量还可以用于研究教材呈现形式的关系,于是我们把每项内容教材使用的文字量和图表数量类型也进行了统计。

统计中教材的使用文字除了正文,阅读材料、活动等相关内容中出现的文字是否需要统计呢?现在的教材内容呈现方式越来越多样,教学中教师们明显感到教材正式叙述文字和课上直接学习这些文字的时间越来越少,而阅读材料、活动内容等更强调学生活动的教材内容越来越多,这些文字内容里包含或隐藏的信息及其重要性不断提升。所以,我们觉得统计教材阐述"人地协调观"的文字必须包含阅读材料、活动等教材内容。

地理教材中的图表数量大、类型多样,这在阐述"人地协调观"时也是一贯的。更何况现今教材整体上都强调内容呈现形式的多样,除了各种内容中的文字,各种图标也发挥着更利于引起学生关注,更易于学生接受,表达更加直观传神的作用。因此我们也统计了教材反映"人地协调观"每项内容使用的图标数量和类型。

有经验的中学教师都知道,教材中相同的文字量在教师教学和学生学习过程中所形成的工作量和影响仍然是不同的,甚至差别很大。不同的图表更有难以想象的差别,都是一幅图,一幅简单的图学习过程短的可能用秒来计算,而有的图可以成为一节课甚至多节课围绕的重点。而且这种差别随教师不同的可能远远小于随课标和教材的改变。尽管说这种教学和学习中的影响不像文字、图表属于教材本身,但它基本是受课标和教材决定的,教材内容在教学中的重要性和难易程度一般不会因教师而改变。相同的文字量出现不同的学习工作量也需要一个办法来量化。

教材每项内容的呈现往往使用了正文、活动、地图、景观图、数据图、示意图等不同的组合,每项内容文字和图表两种呈现形式的总和如何表达呢?我想还是一个学习工作量的问题。因为所有的教材呈现形式及其组合,最后都对应着合理教学安排下的相应学习工作量,就像整门课程和每个章节都对应一定的课时量一样。不考虑学生个体的差异,总体而言,学习工作量应该是课程通过教材来体现的,也往往是教师通过教材来安排的,所以可以认为教材决定了学习工作量,可以把教材的各类文字、各种图表的量都用学习需要的时间统一表达出来。统一到学生学习这项内容的时间长度上来进行一项教材内容文字、图表总量的表达。由此我们改进完善了以前的梳理统计内容,下面是以七年级上册为例重新设计的归类梳理表格:

表 1-2-6　初中地理教材人地关系内容归类

七年级上册	阐明"地对人"影响的内容	文字数量	图表类型数量	教学时长	影响性质	影响方式
1						
2						
*						
*						

表 1-2-7　初中地理教材人地关系内容归类

七年级上册	阐明"人对地"影响的内容	文字数量	图表类型数量	教学时长	影响性质	影响方式
1						
2						
*						
*						

表 1-2-8　初中地理教材人地关系内容归类

七年级上册	体现人地关系协调的内容	文字数量	图表类型数量	教学时长	协调技术	协调观念
1						
2						
*						
*						

在这些梳理表格基础上,又增加了如下的几个统计表格:

表 1-2-9 初中地理教材中人地关系内容统计

人地关系相关内容统计	教材	人地关系												
		地对人影响				人对地影响						人地关系协调		
		影响性质		作用方式		影响性质		影响方式		技术调节			协调观念	
		作用性质决定性作用	非决定性作用	直接作用	间接作用	遵循自然规律	违背自然规律	空间占有	物质能量交流	积极促进作用	负面影响	环境容量	因地制宜	可持续发展
教材中使用的阐述文字数量	七年级上册													
	七年级下册													
	八年级上册													
	八年级下册													
	合计													
	总计													

表1-2-10 初中地理教材中人地关系内容统计

人地关系相关内容统计	教材	人地关系												
		人地影响										人地关系协调		
		地对人影响				人对地影响						协调观念		
		作用性质		作用方式		影响性质		影响方式		技术调节				
		决定性作用	非决定性作用	直接作用	间接作用	遵循自然规律	违背自然规律	空间占有	物质能量交流	积极促进作用	负面影响	环境容量	因地制宜	可持续发展
教材相应图片表格使用数量	七年级上册													
	七年级下册													
	八年级上册													
	八年级下册													
	合计													
	总计													

表 1-2-11 初中地理教材中人地关系内容统计

人地关系相关内容统计 / 通常教学时长	地对人影响				人对地影响						人地关系协调		
	作用性质		作用方式		影响性质		影响方式		技术调节		环境容量	协调观念	
教材	决定性作用	非决定性作用	直接作用	间接作用	遵循自然规律	违背自然规律	空间占有	物质能量交流	积极促进作用	负面影响	环境容量	因地制宜	可持续发展
七年级上册													
七年级下册													
八年级上册													
八年级下册													
合计													
总计													

这样我们有了一个较为完善的统计思路,由粗到细,由教材出现次数到对学生持续影响多少的全套教材统计数据。而且这个数据既可以反映各类内容对学生影响大小的教材深度结构,又可以反映不同呈现形式构成的教材表层结构。依照我们统计的这个结果,我们对教材在"人地协调观"体现的深层结构、表层结构,及具体内容进行分析与建议。

三、对现行人教版教材体现"人地协调观"的简单梳理结果

本课题研究的同时,我们还有"双新"课题的研究工作,其中的研究任务也有梳理人教版教材体现"人地协调观"的内容。该"双新"课题研究由笔者担任课题负责人,主要成员还包括天津市第三中学的刘丽老师、第五中学的张玫老师、铃铛阁外国语中学的张志英老师、河北工业大学附属红桥中学的孟丽老师、红桥区教师发展中心的李珍老师,此外西青道中学的梁晓晖老师、佳春实验中学的关春晓老师也为双新课题研究做了较多工作。该课题中以梁晓晖老师、张玫老师、孟丽老师、张志英老师为主做的教材归类梳理较为详细,是笔者与以上教师经过讨论、调查得出的数据,下面以表格的形式呈现教材阐明"人地协调观"内容的部分梳理数据:

（一）教材阐明地理环境对人类影响内容的简单梳理

表1-2-12 初中地理教材人地关系相关内容归类

七年级上册	地对人影响相关内容	文字量（字）	图表类型数量	教学时长（分钟）	作用性质	作用方式
1	威尼斯水城里，船是主要的交通工具	42	景观图1	2	决定性作用	直接作用
2	水资源的状况对人们的生活有影响	19	0	2	决定性作用	直接作用
3	古河道及水井等人类活动遗迹	29	景观图1	3	决定性作用	直接作用
4	天气及其影响	243	景观图4	15	决定性作用	直接作用
5	气候与人类活动	389	0	7	决定性作用	直接作用
6	气候与人们生活的关系	200	0	5	决定性作用	直接作用
7	"这些地区自然条件优越，农业发展较早，历史上就养育了众多的人口。"	31	地图1	5	决定性作用	直接作用
8	人口分布	75	地图1 表格1	10	决定性作用	直接作用
9	环境对人种形成的影响	169	0	3	决定性作用	直接作用
10	聚落与自然环境	131	景观图4 示意图1	20	决定性作用	直接作用
11	云南元阳人们沿山势修筑梯田	42	景观图1	2	非决定性作用	间接作用
12	苏伊士运河，巴拿马运河的景观图片	0	景观图2	2	非决定性作用	间接作用
13	"如果对即将出现的天气状况做出准确预报，就可以及早做好准备，合理安排生活和生产，避免和预防不利天气的危害"	51	0	3	非决定性作用	间接作用
14	江浙气候对养蚕的影响，进而对丝绸服装制造产生间接影响	36	景观图1	2	非决定性作用	间接作用
15	日本岛国对渔业生产的影响，进而形成"渔文化"	40	景观图1	2	非决定性作用	间接作用
16	宗教的产生	49	0	5	非决定性作用	间接作用
17	活动：感受世界发展水平的地域差异与地理环境的关系	40	0	3	非决定性作用	间接作用

表 1-2-13　初中地理教材人地关系相关内容归类

七年级下册	地对人影响相关内容	文字量（字）	图表类型数量	教学时长（分钟）	作用性质	作用方式
1	亚洲不同地区居民生活的差异	100	景观图 4	7	决定性作用	直接作用
2	季风气候对农业生产的影响	30	0	2	决定性作用	直接作用
3	日本多火山、地震，对人们的生活、生产影响巨大	116	景观图 4	3	决定性作用	直接作用
4	热带气候与农业生产	175	分布图 1	5	决定性作用	直接作用
5	山河相间与城市分布，认识河流对城市分布的影响	160	分布图 1	7	决定性作用	直接作用
6	探讨印度自然条件与粮食生产的关系	138	分布图 2	8	决定性作用	直接作用
7	中东水资源匮乏严重影响生产生活	60	分布图 1	3	决定性作用	直接作用
8	活动题：生活中的现象与自然环境的关系	80	分布图 3	5	决定性作用	直接作用
9	活动题：欧洲西部自然条件对发展畜牧业的影响	80	分布图 2	10	决定性作用	直接作用
10	活动题：讨论传统民居与地理环境的关系	68	数据图 1 景观图 1	3	决定性作用	直接作用
11	活动题：分析澳大利亚牧羊带分布与自然条件的关系	180	分布图 3 景观图 1	10	非决定性作用	直接作用
12	美国农业发展的自然条件	125	分布图 3 景观图 2	6	非决定性作用	直接作用
13	热带自然风光利于发展旅游业	45	分布图 1	8	非决定性作用	直接作用
14	日本地域狭小，资源贫乏，影响日本工业的布局	40	表格 1 景观图 6	2	非决定性作用	间接作用
15	活动题：说明工业部门与自然资源的关系	72	分布图 1	3	非决定性作用	间接作用
16	活动题：讨论西伯利亚铁路沿南部山区修建的原因	42	分布图 4	2	非决定性作用	间接作用
17	活动题：分析冶金工业中心分布的条件与自然地理环境的关系	80	分布图 1 景观图 2	3	非决定性作用	间接作用

表 1-2-14 初中地理教材人地关系相关内容归类

八年级上册	地对人影响相关内容	文字量（字）	图表类型 数量	教学时长（分钟）	作用性质	作用方式
1	中国地理位置的优越性	110	分布图 1	8	非决定性作用	间接作用
2	中国疆域辽阔的优势	30	0	5	非决定性作用	间接作用
3	山区面积广大的优势和劣势	60	景观图 2	5	决定性作用	直接作用
4	地势的影响	130	示意图 1	15	决定性作用	间接作用
5	气温差异对生产生活的影响	200	0	6	决定性作用	直接作用
6	降水对生产生活的影响	310	景观图 4	8	决定性作用	直接作用
7	横断山区农作物的分布	0	示意图 1	2	非决定性作用	间接作用
8	自然灾害的影响	50	景观图 7	10	决定性作用	直接作用
9	中国土地利用类型的分布与气候、地形的关系	210	图片 1；表格 1	20	决定性作用	直接作用
10	水资源时空分布不均对社会经济发展的影响	260	0	12	决定性作用	直接作用
11	我国的农业地区分布	310	分布图 1	15	决定性作用	直接作用
12	省区名称的由来	110	0	4	非决定性作用	间接作用
13	地形与民俗	240	0	3	非决定性作用	间接作用
14	河流的作用	50	0	3	非决定性作用	直接作用
15	黄河的贡献	180	0	6	非决定性作用	间接作用

表1-2-15 初中地理教材人地关系相关内容归类

八年级下册	地对人影响相关内容	文字量（字）	图表类型/数量	教学时长（分钟）	作用性质	作用方式
1	秦岭—淮河一线南北两侧自然环境的差异对南、北方农村生产生活的影响	180	景观图2；表格1	8	非决定性作用	间接作用
2	一方水土养一方人，各地形成富有地方风情的生活习俗和文化传统	110	人物图1	3	非决定性作用	间接作用
3	我国饮食习俗的地方差异	190	0	3	非决定性作用	间接作用
4	北方自然环境对当地农业生产的影响	240	地图2	15	非决定性作用	直接作用
5	华北平原的春旱对农业生产的影响	正文60 活动60	图片1	8	非决定性作用	直接作用
6	东北气候、土壤、地形对农业生产的影响	180	景观图2 饼状图1	15	非决定性作用	直接作用
7	南方自然环境对农业生产的影响	正文150；阅读材料270	景观图3 分布图1	15	非决定性作用	直接作用
8	长江对区域（上游和下游）发展的影响	100	地图2；景观图2	8	非决定性作用	间接作用
9	台湾省地形、气候对台湾省人口及农业分布、作物种类的影响	247	分布图3	15	非决定性作用	直接作用
10	西北干旱气候对农业生产的影响	142	景观图4 分布图2	12	决定性作用	直接作用
11	塔里木盆地水源对城市、人口、交通分布的影响	60	分布图1	10	决定性作用	对人口分布为直接作用 对城市、交通分布为间接作用

续表

表 1-2-16 初中地理教材人地关系相关内容归类

八年级下册	地对人影响相关内容	文字量（字）	图表类型/数量	教学时长（分钟）	作用性质	作用方式
12	青藏高寒的自然环境对当地农业生产的影响	正文180；活动90	图片3 分布图1	20	非决定性作用	直接作用
13	青藏高寒的自然环境对当地生活（服饰、饮食、民居）的影响	130	图片5	8	非决定性作用	间接作用
14	东北地区：资源种类与分布对工业分布、结构的影响	220	分布图2	8	非决定性作用	直接作用
15	北京城址变迁与水源的关系	0	地图1	5	非决定性作用	间接作用
16	黄土高原自然环境对当地文化的影响	活动140	图片4	7	非决定性作用	间接作用
17	南方自然环境对日常饮食的影响	100	图片3	5	非决定性作用	间接作用
18	长江三角洲自然条件对当地农业的影响	60	地图1；景观图2	5	非决定性作用	直接作用
19	西北地区的传统民居——蒙古包	130	图片1	3	非决定性作用	间接作用

（二）教材阐明人类对地理环境影响内容的简单梳理

表1-2-17 初中地理教材人地关系相关内容归类

七年级下册	人对地影响相关内容	文字量（字）	图表类型数量	教学时长（分钟）	影响性质	影响方式
1	阅读材料：澳大利亚保护环境的行为	300	0	5	遵守自然规律	空间占用
2	活动题：探讨如何协调农业生产与东南亚热带雨林保护的关系	163	景观图3	5	违背自然规律	空间占用
3	热带雨林的开发与保护	270	景观图3	10	违背自然规律	空间占用
4	极地地区的环境保护及阅读材料	190	图片3	8	违背自然规律	物质能量交流

表 1-2-18 初中地理教材人地关系相关内容归类

八年级上册	人对地影响相关内容	文字量（字）	图表类型数量	教学时长（分钟）	影响性质	影响方式
1	防灾减灾	210	图片 4	8	遵循自然规律	物质能量交流
2	对自然资源的正确态度和行为	210	图片 3	10	遵循自然规律	物质能量交流
3	土地资源的保护措施	250	图片 4	6	遵循自然规律	物质能量交流
4	解决水资源时空分布不均的措施	210	示意图 2	20	遵循自然规律	物质能量交流
5	节约用水，防治水污染	240	图片 3	12	遵循自然规律	物质能量交流
6	农业发展要因地制宜	460	图片 3	18	遵循自然规律	空间占用
7	黄河水土流失及地上河	200	地图 1	15	违背自然规律	物质能量交流
8	可再生资源不合理利用举例	160	图片 2	8	违背自然规律	物质能量交流
9	土地资源破坏	50	图片 4	4	违背自然规律	物质能量交流
10	水资源浪费和污染	160	图片 1	4	违背自然规律	物质能量交流
11	长江黄金水道	120	地图 1	8	遵循自然规律	空间占用
12	长江水能宝库	130	示意图 1	5	遵循自然规律	物质能量交流
13	可循环使用的土地资源	50	图片 3	4	遵循自然规律	空间占用
14	乱占耕地	16	图片 1	1	违背自然规律	空间占用
15	过度放牧	14	图片 1	1	违背自然规律	物质能量交流

表 1-2-19 初中地理教材人地关系相关内容归类

八年级下册	人对地影响相关内容	文字量（字）	图表类型数量	教学时长（分钟）	影响性质	影响方式
1	华北地区应对春旱的措施	90	0	5	遵循自然规律	物质能量交流
2	成都平原修建都江堰水利工程	108	分布图 1；景观图 1	7	遵循自然规律	空间占用
3	香港扩展城市建设用地的方式"上天"和"下海"	50	景观图 2	8	遵循自然规律	空间占用
4	西北地区修建坎儿井	80	景观图 1；示意图 1	6	遵循自然规律	空间占用
5	我国对三江源地区的保护	330	图片 3	10	遵循自然规律	物质能量交流
6	造成黄土高原水土流失严重的人为原因	60	图片 2	20	违背自然规律	物质能量交流
7	过度放牧,乱采滥挖对三江源地区生态环境的破坏	60	图片 3	6	违背自然规律	物质能量交流

(三)教材阐明人地关系协调内容的简单梳理

表 1-2-20　初中地理教材人地关系相关内容归类

七年级上册	人地关系协调相关内容	文字量(字)	图表类型数量	教学时长(分钟)	技术调节	协调观念
1	人们对地球形状的认识	290	图片 4	10	积极促进作用	可持续发展
2	卫星影像反映农作物长势、森林火灾、台风前进路线	91	图片 1	5	积极促进作用	可持续发展
3	阅读材料:地图家族一览	407	0	3	积极促进作用	可持续发展
4	阅读材料:人类探索地球面貌的历程	54	图片 1	3	积极促进作用	可持续发展
5	大陆漂移说	479	图片 5	15	积极促进作用	可持续发展
6	天气预报	135	图片 5	15	积极促进作用	可持续发展
7	气温的观测	82	图片 1	3	积极促进作用	可持续发展
8	降水的测量	213	图片 1	5	积极促进作用	可持续发展
9	大自然赠予我们的多彩世界,而多彩的世界赋予我们多彩的生活	160	图片 4	8	积极促进作用	因地制宜
10	要了解更多地区域特点,因地制宜谋发展的实例,需要迈开双腿走出去看看	74	图片 2	8	积极促进作用	因地制宜
11	民居与自然环境的关系	57	图片 4	8	积极促进作用	因地制宜
12	聚落与当地自然环境融为一体	125	图片 6	10	积极促进作用	因地制宜
13	只有一个地球	197	图片 1	5	积极促进作用	可持续发展
14	可持续发展观	134	0	5	积极促进作用	可持续发展
15	国际合作	86	0	15	积极促进作用	可持续发展
16	人类活动影响空气质量	88	图片 2	5	负面影响	环境容量
17	特色鲜明的乡村聚落逐渐减少	61	0	5	负面影响	环境容量
18	丽江旅游业对自然环境的干扰	45	0	5	负面影响	可持续发展
19	人类在发展过程中也对自己的家园产生了不良影响甚至破坏	26	0	5	负面影响	可持续发展
20	人口容量	64	0	10	负面影响	环境容量

表1-2-21 初中地理教材人地关系相关内容归类

七年级下册	人地关系协调相关内容	文字量（字）	图表类型数量	教学时长（分钟）	技术调节作用	协调观念
1	日本地域狭小资源贫乏影响日本工业的布局	45	分布图 1	8	积极促进作用	因地制宜
2	活动题：说明工业部门与自然资源的关系	72	分布图 1	3	积极促进作用	因地制宜
3	活动题：讨论西伯利亚大铁路沿南部山区修建的原因	42	分布图 4	2	积极促进作用	因地制宜
4	动题分析冶金工业中心分布的条件与自然地理环境的关系	80	分布图 4 景观图 2	3	积极促进作用	因地制宜
5	阅读材料：澳大利亚保护环境的行为	300	0	5	积极促进作用	因地制宜
6	人口、粮食与环境及活动题	210	0	8	积极促进作用	因地制宜
7	活动题：探讨如何协调农业生产与东南亚热带雨林保护的关系	163	景观图 3	5	负面影响	可持续发展
8	热带雨林的开发与保护	270	景观图 3	10	负面影响	可持续发展
9	极地地区的环境保护及阅读材料	190	图片 3	8	负面影响	可持续发展

表1-2-22 初中地理教材人地关系相关内容归类

八年级上册	人地关系协调相关内容	文字量（字）	图表类型数量	教学时长（分钟）	技术调节	协调观念
1	长江流域的生态建设	550	图片 2	12	积极促进作用	可持续发展
2	黄河的治理	280	图片 1	12	积极促进作用	可持续发展
3	防灾减灾	210	图片 4	8	积极促进作用	可持续发展
4	解决水资源时空分布不均的措施	210	示意图 2	20	积极促进作用	环境容量
5	农业发展要因地制宜	460	图片 2	18	积极促进作用	因地制宜
6	对自然资源的正确态度和行为	210	图片 3	10	积极促进作用	可持续发展
7	节约用水，防治水污染	240	图片 3	12	积极促进作用	可持续发展
8	过度放牧	14	图片 1	1	负面影响	环境容量

表 1-2-23　初中地理教材人地关系相关内容归类

八年级下册	人地关系协调相关内容	文字量（字）	图表类型数量	教学时长（分钟）	技术调节	协调观念
1	香港城市用地开发与环境保护	75	图片 2	8	积极促进作用	可持续发展
2	油气开发与塔里木盆地的生态环境保护	正文 270 阅读材料 240 活动 270	图片 1 分布图 2	10	积极促进作用	可持续发展
3	西北地区发展绿洲灌溉农业	0	景观图 4	6	积极促进作用	因地制宜
4	东北北大荒的开发与湿地保护	正文 80 图解 120	图片 1	6	积极促进作用	可持续发展
5	三江源地区生态环境保护，建立自然保护区	330	景观图 2 分布图 1	10	积极促进作用	可持续发展
6	黄土高原环境综合治理和水土保持工作	120	图片 4	10	积极促进作用	可持续发展
7	云南地区修筑元阳梯田	60	景观图 1	2	积极促进作用	因地制宜

四、对现行人教版教材体现"人地协调观"的初步统计

按计划,在教材内容梳理的基础上,我们对教材各部分内容做了统计,并进行了仔细核对,下面是统计的结果:

表 1-2-24　义务教育地理人教版教材中人地关系内容呈现次数分册归类统计

人地关系相关内容统计	教材	人地关系											
		地对人影响				人对地影响				人地关系协调			
		作用性质		作用方式		影响性质		影响方式		技术调节		协调观念		
		决定性作用	非决定性作用	直接作用	间接作用	遵循自然规律	违背自然规律	空间占有	物质能量交流	积极促进作用	负面影响	环境容量	因地制宜	可持续发展
教材中出现次数	七年级上册	10	7	10	7	4	6	8	2	15	5	3	5	12
	七年级下册	12	5	12	5	1	3	3	1	6	3	0	6	3
	八年级上册	8	7	8	7	9	6	4	11	7	1	2	1	5
	八年级下册	2	17	9	10	5	2	3	4	7	0	0	2	5
	合计	32	36	39	29	19	17	18	18	35	9	5	14	25
	总计	68		68		36		36		44		44		

表1-2-25　义务教育地理人教版教材中人地关系内容呈现文字量分册归类统计

人地关系相关内容统计	教材	人地关系												
		地对人影响				人对地影响				人地关系协调				
		作用性质		作用方式		影响性质		影响方式		技术调节		协调观念		
		决定性作用	非决定性作用	直接作用	间接作用	遵循自然规律	违背自然规律	空间占有	物质能量交流	积极促进作用	负面影响	环境容量	因地制宜	可持续发展
文字量（字）	七年级上册	1328	258	1328	258	213	257	85	385	2584	284	213	416	2239
	七年级下册	1312	279	1312	279	300	623	733	190	749	623	0	749	623
	八年级上册	1530	720	1450	800	1880	600	646	1834	2160	14	224	460	1490
	八年级下册	2837	202	1929	1110	658	120	238	540	1565	0	0	60	1505
	合计	7007	1459	6019	2447	3051	1600	1702	2949	7058	921	437	1685	5857
	总计	8466		8466		4651		4651		7979		7979		

表 1-2-26　义务教育地理人教版教材中人地关系内容呈现图片表格使用数量分册归类统计

人地关系相关内容统计	教材	人地关系											
		地对人影响				人对地影响				人地关系协调				
		作用性质		作用方式		影响性质		影响方式		技术调节		协调观念		
		决定性作用	非决定性作用	直接作用	间接作用	遵循自然规律	违背自然规律	空间占有	物质能量交流	积极促进作用	负面影响	环境容量	因地制宜	可持续发展
图片表格使用数量	七年级上册	14	5	14	5	14	2	13	3	35	2	2	16	19
	七年级下册	24	17	24	17	0	9	6	3	9	9	0	9	9
	八年级上册	18	2	17	3	25	11	7	29	21	1	5	2	15
	八年级下册	7	45	29	23	8	5	5	8	18	0	0	5	13
	合计	63	69	84	48	47	27	31	43	83	12	7	32	56
	总计	132		132		74		74		95		95		

表1-2-27　义务教育地理人教版教材中人地关系内容要求教学时长分册归类统计

人地关系相关内容统计	教材	人地关系												
		地对人影响				人对地影响				人地关系协调				
		作用性质		作用方式		影响性质		影响方式		技术调节		协调观念		
		决定性作用	非决定性作用	直接作用	间接作用	遵循自然规律	违背自然规律	空间占有	物质能量交流	积极促进作用	负面影响	环境容量	因地制宜	可持续发展
教学时长（分）	七年级上册	72	19	72	19	41	35	30	46	118	30	20	34	94
	七年级下册	69	18	69	18	5	23	20	8	29	23	0	29	23
	八年级上册	91	31	79	43	91	33	31	93	92	1	21	18	54
	八年级下册	22	141	111	52	36	26	21	41	52	0	0	8	44
	合计	254	209	331	132	173	117	102	18	291	54	41	89	215
	总计	463		463		290		290		345		345		

表 1-2-28　义务教育地理人教版教材中人地关系内容汇总归类统计

人地关系相关内容统计	四册教材	人地关系										
		地对人影响				人对地影响				人地关系协调			
		作用性质		作用方式		影响性质		影响方式		技术调节		协调观念		
		决定性作用	非决定性作用	直接作用	间接作用	遵循自然规律	违背自然规律	空间占有	物质能量交流	积极促进作用	负面影响	环境容量	因地制宜	可持续发展
教材中出现次数	合计	32	36	39	29	19	17	18	18	35	9	5	14	25
	总计	68		68		36		36		44		44		
文字量（字）	合计	7007	1459	6019	2447	3051	1600	1702	2949	7398	921	437	1685	6197
	总计	8466		8466		4651		4651		7979		7979		
图片表格使用数量	合计	63	69	84	48	47	27	31	43	83	7	32	56	
	总计	132		132		74		74		95		95		
教学时长（分）	合计	254	209	331	132	173	117	102	188	291	54	41	89	215
	总计	463		463		290		290		345		345		

五、对现行教材体现"人地协调观"的分析及改进建议

　　本文的教材研究包括人教版义务教育地理教科书关于"人地协调观"内容的教材结构分析和教材内容分析。就教材结构分析而言,有教材深层结构和表层结构之分。深层结构的设计包括基本概念、基本原理、基本技能、基本价值等文化要素的选择与组织。三维目标时代,教材的深层结构主要关注教材所选择的知识技能与情感态度价值观要素构成的体系,就地理学科而言,过去"人地协调观"既是地理学科知识的一部分,也是重要的情感、态度、价值观内容,分析教材结构时不太好把握。当前,我们对教材深层结构的分析应该更多考虑学科核心素养体系的建

立健全。从学科核心素养角度对地理教科书进行深层教材结构分析，更有利于对"人地协调观"内容进行完整地分析。表层结构是教材为了促成师生更合理的教学行为，从而使学生将深层结构更有效内化的表现形式，表层结构的要素与呈现形式是指正文、阅读材料、活动内容、练习等教材功能模块以及相应的文字与图表。

(一)现行教材体现"人地协调观"的深层结构方面

我们按照以上研究视角，对现行人教版义务教育地理教科书体现"人地协调观"的内容进行了梳理归类，从而调查研究该教材体现"人地协调观"内容的教材结构。为了更全面体现教材的深层结构，我们不仅统计了各类内容在教材中出现的次数，考虑到每次出现的内容多少不同给学生留下的学习影响不同，我们还同时统计了每项"人地协调观"内容出现时教材使用的文字量、图表数量。许多统计来自一线教学的老师，他们认为教材的文字与图表等形式体现教材的表层结构，但其在不同内容上使用的数量也反映着教材的深层结构。文字量、图表数量并不完全决定对学生教育影响的大小。学生受到的影响与对应的学习时间长短有更密切的关系。所以我们也统计了老师在每项"人地协调观"内容上使用的教学时间。希望统计数字能更接近教材给学生留下的印象。

从上表教材中出现次数、文字量、图表使用量、教学时长四个方面看，现行人教版义务教育地理教科书在表现"人地协调观"的三大方面上，并不平衡，都是反映地对人影响的内容最多，反映人地协调内容的次之，反映人对地影响的内容最少。原因与初中地理内容中自然基础占比较多有一定关联，自然地理内容较多客观上容易导致地理环境对人类影响的内容多。最主要的原因还是我们对认识自然规律、了解自然环境对人的影响更为重视。这与我们过去盲目相信人类的力量造成的深刻教训有关，现在我们更惧怕人类能够征服自然思想的危害。虽然从行为看，还有人对地理环境并不友好，那主要是缺乏观念向行为转变的动力，还有就是不了解人类对地理环境物质能量交流转化，不了解错误行为的具体危害，但这不等于他们认同人类可以随意征服改造自然。我们应该在"人地协调观"转化为行动上多想办法，增强人类行为对地理环境具体影响的认识，增强对地理环境自身规律及人地系统的物质能量交换的学习。而不应误以为多数人还是从观念上没有认识到地理环境对人类的重要意义。因此，增加人对地理环境的成功影响的相关案例是符合多数人形成更均衡的"人地协调观"念的。

从地理教材中人对地的影响性质看,各种数据都显示人遵循自然规律、积极影响地理环境的内容更多。从对人地关系进行技术调节的效果看,多方面的数据也共同表明产生积极作用的案例更多。以上两个结构关系都更利于树立学生掌握自然规律、正确认识人地关系的信心。教材所选取的"人地关系协调"的"技术调节"视角的相关内容,阐明积极促进作用的实例所占比例过大,教材是否能多选取一些科学技术对人地关系造成负面影响的案例,这样可以使学生更加全面、辩证地看待科学技术在人地关系中所起到的调节作用。

从我们的统计数据看,地理环境对人的决定性影响和非决定性影响在教材中出现的次数等差别不大,但文字量上起决定性作用的占比要明显高。严格讲,初中生不能像教师一样理解地理环境对人的决定性影响和非决定性影响,在没有相应高中地理知识的背景下,对于自然条件对农业的作用等,很容易理解成决定性作用。教材在这两方面使用的材料比例对学生的"人地协调观"认知影响不太大,如何使用这两类案例材料,使之发挥更好的"人地协调观"培养效果是关键。

(二)现行教材体现"人地协调观"的表层结构方面

除了需要的教学时间长短因素,教材体现学习内容的表现形式也深刻影响着学生的学习方式与过程,所以我们不仅重视了文字量与图表量的统计,还对不同类型的图表做了梳理。这为我们分析教材的表层结构提供了一定的依据。

我们统计了现行人教版义务教育地理教科书中有关"人地协调观"内容的文字与图表数量,并对应"人地协调观"深层结构剖析的不同组成与维度进行了归类统计。统计结果印证了教师们多年用此教材教学中形成的印象,即整体上"人地协调观"内容在教材中较多地采用讨论活动的表现形式。这主要是因为情感态度价值观相对于一般的知识,问题答案比较开放,适合学生开展讨论活动。

案例:七下教材"中东"一节的活动"分析中东水资源匮乏的原因及对策"第3、4问

教材活动内容如下:

1.沙特阿拉伯是中东面积最大的国家。读"中东水资源图",概括沙特阿拉伯地表水资源特点。沙特阿拉伯该如何解决水资源问题? 尝试提出你的建议。

2.阅读"关于中东水资源的对话",谈谈你的感想。

图中两位小朋友在对话：

"你看，在中东地区，水资源比石油资源更宝贵。"

"可不是，有人说，20世纪中东曾为石油而战，21世纪，中东将为水而战！我爸爸说，中东一直在为水而战。"

以下为落实该活动的某课堂实录片段：

师：通过活动的前两问，同学们对中东地区的气候分布和其主要气候的气候特征有了基本的认识——中东地区大部分全年炎热少雨。现在我们来看看第三问，先请一位同学读一读问题。

生：沙特阿拉伯是中东面积最大的国家。读图8.7，概括沙特阿拉伯地表水资源特点。沙特阿拉伯该如何解决水资源问题？尝试提出你的建议。

师：现在大家在地图8.7中找到这个国家，你能在地图里了解到其地表状况的哪些信息？

生：这个国家有大量的沙漠分布。

师：你们能用当地的气候情况解释沙特阿拉伯沙漠广布的原因吗？

生：这里常年降水少，地面不容易有水，而且气温高，太阳光强烈，地表的水分干得很快，容易形成沙漠。

师：同学们对沙漠形成的认识包括地表缺水，这已经说明了其地表严重缺乏水资源的状况。和附近的埃及对比，埃及也有大量的沙漠，反映地表水的河流、湖泊或水库状况和沙特一样吗？再看看同样气候干燥的伊拉克，你能说说沙特阿拉伯除沙漠多，还有地表水资源方面的特点吗？

生：从地图上看沙特阿拉伯几乎没有河流，而埃及、伊拉克都有河流。

师：埃及、伊拉克等国家都有从其他国家流入的大河，这些河水成为他们主要利用的水资源。而沙特被称为"无流国"，地表几乎没有河流与湖泊，他们的水资源问题如何解决呢？

生：可以开采地下水，沙漠地下是有水的，我在电视上看过沙漠里人们带的水没有了，就从沙漠地下取水。

师：对，热带沙漠气候气温高、太阳光照强烈，蒸发量大，地下湿润部分一旦暴露在空气中，水分就会迅速蒸发。设法截留这部分水分，可以解决人在沙漠一时的饮水问题。但要解决农业灌溉和城市用水，就要向深处打井。沙特阿拉伯的许多农田就是用地下水灌溉的。现在不仅在沙漠地区,我们天津在市区以外,主要使用的水源也是地下水,过去采的浅而且只采不补,造成一些地区地面沉降。沙特采水层深,海拔高,不宜造成地表面沉降,而且沙漠地区人口密度、建筑密度小。还能有其他的建议吗?

生:沙特是半岛国家,海岸线很长,适合搞海水淡化。

师:这里是世界发展海水淡化最早的地区之一。

生:能不能买其他国家的水?

师:这是个有创意的办法,如果有可能对沙特来讲可以考虑,但周边国家水资源也不足。而且周边国家有的河流与湖泊相连,或位置接近,为了水引起了不少纷争,甚至引发战争。同学们看看第四问的对话,说说你的感想。谁给大家读读题目?

生:(读关于中东水资源的对话)"你看,在中东地区,水资源比石油资源更宝贵。""可不是,有人说,20 世纪中东曾为石油而战,21 世纪,中东将为水而战!我爸爸说,中东一直在为水而战。"

生:水在中东地区太珍贵了,越珍贵的资源越容易引发矛盾。

师:资源不足,难免有矛盾,但需要规则来引导各国解决矛盾问题,不能没有和平解决的办法。一旦发生战争,往往解决不了资源问题,还会迅速地消耗和破坏资源。

生:应该就一些跨国境的河流湖泊等采取协商解决的办法,国际上要商量出解决这类纷争的规则。

师:国际上有了一些国际河流水资源划分利用的规则,但还需发展细化。关键是规则是否大家都承认,都用它解决纷争。

生:能不能想些节水的办法?

师:很对,这是解决水资源短缺必需的办法之一。

学生从材料阅读中,感受水资源紧缺对中东社会的深刻影响,是一种感受输入过程,学生感受到地理环境对人类社会的影响。在谈话交流中,学生又有一个情感和知识输出的过程,把水资源紧缺对中东社会的影响,从直接影响分析到间接影响,在输出过程中,学生感受到了地理环境对人类社会的影响。通过读和讨论、输入和输出两个过程,地理环境对人类社会的影响在学生头脑中更加牢固,由直接到间接随着影响面的扩大,学生对地理环境对人类社会的影响更加全面深刻。

情感态度价值观相对于一般的知识,更注重知行合一,从行为现象中学习,从行动中落实。同样是水资源内容,八年级上册的"水资源"一节,就采取了能体现知行合一的"开展一次用水调查活动,提出节水建议和计划"的活动。下图1-2-1为教材的该活动设计:

活动 ···►

开展一次用水调查活动,提出节水建议和计划

1.根据下表所列项目,调查家乡的水资源利用状况,并对家乡的水资源利用,提出节水的建议和措施(供农村同学选做)。

家乡水资源利用调查

调查项目	调查结果
当地用水水源有哪几类? 清洁卫生状况好还是不好?	
农业生产用水分为哪几类? 是否干旱缺水?程度如何?	
当地以哪种灌溉方式为主? 有没有推广节水灌溉技术?	
当地种植的主要农作物有哪些? 与当地水资源条件是否相适应?	
当地修建了哪些水利工程? 有什么功能和作用?	
有没有过量使用化肥、农药? 有没有推广使用有机肥?	
乡镇企业有没有污水处理设备? 当地水质是否遭到污染?	

对家乡水资源利用作出评价,并提出节水建议和措施:＿＿＿＿＿＿＿＿＿。

图 1-2-1

通过表格的形式,给学生比较明确具体的调查内容,在学生掌握事实依据的情况下,让他们做出评价,在实事中获取真知,再进一步提出节水建议和措施,指导行动。

地理教材历来有图表多的特点。首先,图对于地理"人地协调观"内容很多是必需的呈现形式。地图是地理学习必不可少的,也是阅读时间最长的图,地图包含大量的地理数据信息和关联信息,直观地表达分布信息。地理景观图是地理环境及人类活动的直观生动呈现。包括数据图在内,图可以加深人们对地理内容的理解和记忆。

教材"人地协调观"部分的表层结构还采用了较多的漫画形式。八年级上册的水资源部分,第 79 页的图 3.19"就地取'材'",就是一个典型的案例。

该图不仅生动诙谐地反映了水污染的问题,还发挥了漫画的讽刺、深刻又便于人们接受的特点,使得人类给自然环境带来的负面影响对学生的认知产生了强烈的影响。漫画轻松诙谐的风格对于青少年学生接触负面内容有特殊的功效,从夸张而不失真实的画面中使学生明辨是非。青少年向往真理的光明,但也容易激动。负面的东西容易引发学生不健康的情绪,不太利于课上冷静地学习思考。而优秀漫画既使学生明辨是非,又利于保持健康地情绪,有利于学习。

(三)现行教材阐释"人地协调观"的具体内容方面

以上提到的中东案例材料在内容上就存在两点不足。一是中东节水农业实际上发展得很好,是学生认识自然环境对人类的明显限制作用后,认识技术条件克服自然环境对人类的限制,理解自然环境很多时候并不是对人类起决定性作用的很好的案例。但是这一节教材并没有选用这样的案例。二是战争谈得过多,对于人类在资源紧张情况下出现争端乃至战争的可能性过多聚焦,甚至可能产生必然导致战争的误解,形成人地矛盾必定产生人类内部矛盾无限激化的思想。

在地理教材中,为了了解"黄土高原是否是华夏文明的发源地之一"这部分,可以增加有关黄土高原自然环境演变的相关材料,包括这里气候、水文、植被等自然要素的变化,使学生能够更全面、更深刻地体会到,黄土高原自然环境演变乃至造成严重的水土流失的原因是自然和人类活动共同作用的结果,同时学生通过对该地区历史曾经的生态环境、地貌景观和当前对黄土高原治理前与治理后的生态与自然景观进行比较,认识到随着社会生产力和经济水平的发展,在人类社会发展的不同阶段,人类对自然规律的认识程度是不同的,生活在黄土高原的人们从依赖自然环境到改造自然环境,从不了解自然规律以至于破坏自然环境到保护环境并科学地利用改造自然环境,可见人类活动的表现存在着差异性,从而体会到人地关系的发展是动态的。

在"地形与地势"一节,讲到山区的交通不便,可以增加"通过人类的活动打破这种限制"的案例,比如西成高铁的建成,打破了"蜀道难,难于上青天"的窘境,西成高铁穿越了秦岭这条山高沟深、层峦叠嶂的山脉,更难得的是铁路部门在工程设计、施工中采用一系列严格的自然保护措施,通过高铁在地下穿越、提高桥梁架设高度、设立鸟类防撞网等措施,最大限度地保护了野生动物栖息地,打造了一条绿色环保、人与自然和谐共处的高铁。在"自然灾害"一节,自然灾害的分布和对社会经济的影响篇幅较大,而防灾减灾的内容相对较少,内容比较抽象。初中生的生活经验比较少,可以增加一些防灾减灾的具体做法。寒潮的影响范围非常广,破坏性较大,教材可以增加一些应对措施,比如利用新闻媒体、手机短信等迅速将天气变化过程和防御措施向社会发布,农业、水产业、畜牧业具体的防霜冻、防冰冻等防寒措施也可以出现在教材中。这有利于学生认识到自然环境是人类发展的外部条件,而非决定性条件,形成辩证看待"地对人的影响"的观念。

通过研究我们发现,现行人教版义务教育地理教科书在体现"人地协调观"上基本做到了全面,但是无论现在的教材结构,还是现在人们具备的"人地协调观"结构,都要求我们现行的初中教材为"人地协调观"的培养提供更加均衡合理的案例材料,这样才能为初中生形成全面科学的"人地协调观"提供坚实的基础。

参考文献

[1]中华人民共和国教育部.普通高中地理课程标准:2017 版 2020 年修订[M].北京:人民教育出版社,2020.

[2]陆健.人地观在初中地理教学中的体现[J].福建基础教育研究,2019(5):90–91.

[3]詹秀娣,袁孝亭.高中地理教科书"正确阐明人地关系"的视角及其运用[J].课程·教材·教法,2012,32(04):60–65.

[4]徐乃楠,孔凡哲,刘鹏飞.高中数学教科书中的数学史呈现研究[J].数学教育学报,2015,24(02):61–65.

[5]人民教育出版社课程教材研究所,地理课程教材研究开发中心.义务教育教科书 地理 七年级 上册[M].北京:人民教育出版社,2012.

[6]人民教育出版社课程教材研究所,地理课程教材研究开发中心.义务教育教科书 地理 七年级 下册[M].北京:人民教育出版社,2012.

[7]人民教育出版社课程教材研究所,地理课程教材研究开发中心.义务教育教科书 地理 八年级 上册[M].北京:人民教育出版社,2013.

[8]人民教育出版社课程教材研究所,地理课程教材研究开发中心.义务教育教科书 地理 八年级 下册[M].北京:人民教育出版社,2013.

第 2 篇

教学实践篇

专题 1

天津市初中地理"人地协调观"培养研究

天津市静海区第七中学　刘俊茹

【作者有话说】

　　虽然初中地理课程标准的修订晚于高中,但是《普通高中地理课程标准(2017 年版)》的颁布实施,为初中地理的教学指明了方向。结合 2017 年版《普通高中地理课程标准》提出的地理学科核心素养的理念,考虑到初、高中学业知识以及学生能力评价等方面的平稳交接,就需要初中地理教师思考:如何使"人地协调观"这一学科核心素养理念渗透在初中地理教学中。在确定课题研究方向后,我深入课堂教学,积极探索实践,并调查访问同学科教师,发现问题,并思考解决策略。本研究主要通过问卷调查的研究方法,结合教学实践活动,摸清当前"人地协调观"在课堂教学实践中的落实现状,并且有针对性地提出培养学生地理学科核心素养的一些实践探索思路。

　　"人地协调观"是地理学科核心素养之一,在我国中学地理课程中越来越受到重视。"人地协调观"在实际课堂教学中仍然存在较多问题,本文通过问卷调查的方式,分析当前初中地理相关教学的基本情况。本文具体从教学目标的制定、教学方法的选择、教学环节的设计和教学评价、"人地协调观"思想的渗透,以及教师在教材素材和教学案例的搜集、整合与运用等方面进行调查分析,尝试摸清在初中地理教学中"人地协调观"的培养现状,查找存在的问题,思考解决办法,并提出可行性建议,为初中地理人地协调观的培养提供可供参考的理论和实践指导。

一、问题的提出

在最新的课程改革中,"人地协调观"成为地理学科核心素养之一,居于四大核心理念的统领地位,"人地协调观"在我国中学地理课程中越来越受到重视。随着人类社会进入 21 世纪,部分地区人类与自然环境之间的关系难以调和,全球性的环境问题、资源破坏日益严重,威胁着人类的健康和子孙后代的生存。协调人地关系,促进人类社会可持续发展已经成为国际共识。培养学生人地协调观的意义重大,人地关系、可持续发展,共同构成了当代地理教学思想。因此,了解初中地理课堂教学中,教师对学生"人地协调观"的培养情况,以及学生通过不同途径、方式所形成的"人地协调观"情况,探究学生自身"人地协调观"思想意识等方面,便成为初中地理"人地协调观"培养研究的一个重要课题。地理课程学习的核心即为协调人地关系。随着人类社会进入 21 世纪,部分地区人类与自然环境之间的关系难以调和,全球性的环境问题、资源破坏日益严重,威胁着人类的健康和子孙后代的生存。协调人地关系,促进人类社会可持续发展已经成为国际共识。培养学生人地协调观的意义重大,人地关系、可持续发展,共同构成了当代地理教学思想。"协调"词源于古希腊文 harmonica,英语为 harmony,译为和谐,其原意为匀称、融洽、联系、协调一致。一百多年前,恩格斯在《自然辩证法》一书中指出:"理论自然科学把自己的自然观尽可能地制成个和谐的整体。"恩格斯提出的和谐原理,揭示了自然界作为一个整体的本质特征,是协调理论的先驱。

我国《普通高中地理课程标准(2017 年版)》明确指出"地理学是研究地理环境以及人类活动与地理环境关系的科学",又在其课程的基本理念中指出"培养学生必备的地理学科核心素养"。这些课程标准提醒我们地理教师在教学中必须重视"人地协调观"。关于环境问题的事例实在太多了,如:水土流失、土地荒漠化、生物多样性减、次生盐碱化等生态环境破坏问题;水污染、固体垃圾污染、大气污染等环境污染问题等等,这些环境问题恰恰是人地不协调的真实反馈,它不仅破坏了我们赖以生存的环境,也影响了我们的生活和工作学习质量。作为地球村的一员,我们有责任也有义务,去保护和治理我们的生态环境,最大程度的做到人地和谐共生,树立人地协调观。在初中地理教学中渗透透和谐的人地观,有利于中学生的全面健康发展。在新课程改革下,教育部将立德人的教育目标与培养学生学科核心素养紧密联系在一起。协调人地观是立德树人的重要体现之一,其思想包括了环境观、资源观、人口观。思想决定行动,在初中学生中强调人地观,有利于贯彻落实立德树人的教育根本任务。作为教师,在初中地理课堂教学中,教师对学生"人地协调观"的培养情况,以及学生通过不同途径、方式所形成的"人地协调观"的情况,探究学生自身"人地协调观"的思想意识等方面,便成为初中地理"人地协调观"培养研究的一个重要课题。"人地协调观"是地理课程最核心的价值诉求,居于四大核心素养的统领地位,但在实际教学中如何落实,却还没有系统地研究,该课题研究项目是从当前课堂教学出发,调查分析人地协调观培养的研究现状,分析存在的问题,并思索解决策略。

中学地理课程要求学生树立科学的人口观、资源观、环境观和可持续发展观念。要求学生要认识,并协调好人类与自然环境的关系,必须尊重自然规律,必须秉持正确的人地观。现在,高中阶段"人地协调观"被作为地理核心素养提出,并且要求作为一个即知识与技能,过程与方法,情感态度与价值观的一个完整体系。核心素养关注的是人的能力和品格的培养。所以,在教学中关于"人地协调观"的知识、方法、技能等构成的三维目标应结合起来。基于此,我需要调查当前初中地理教师对"人地协调观"的认识程度,教师通过设计教学各环节,体现"人地协调观"思想的渗透情况;教师在课堂教学中对学生"人地协调观"素养的培养、落实情况;探究教师落实"人地协调观"思想的不同方法策略;以及最终学生形成的"人地协调观"素养的情况。基于此,我设计了关于天津市初中地理"人地协调观"培养研究的教师调查问卷,利用问卷星软件,对天津市部分区初中学校的七年级和八年级地理教师进行了问卷调查。目的在于弄清教师的教学观点以及影响人地协调观的因素,对教学中实际落实"人地协调观"情况进行分析。为今后的初中地理教师的教学,提出实际的可借鉴的思想经验。理清在地理教学中,对学生"人地协调观"的培养和实施"人地协调观"的教学的相关策略。"人地协调观"成为地理核心素养的灵魂和核心。但是在实际教学中,教师在落实"人地协调观"过程中存在一些问题,该项目研究的目的是通过调查发现具体问题,并针对存在的问题思考解决办法,具有理论和实践意义。

二、调查工具、方法与过程

(一)调查工具

在编制调查问卷的过程中,笔者就"人地协调观"素养,阅读了大量的相关文献。比如,我重点阅读了"人地观念素养的构建与培养""初中地理人地观念培养的策略研究""初中地理人地协调观关键能力解读与教学策略"等文献资料,相关书籍,观看课例资源,寻找大量课内、课外教学资源。即使在疫情期间也没有间断教研活动,利用网络(如,QQ、微信、视频等形式)与同学科教师进行教研交流研讨。我做了大量的前期准备工作,设计了关于天津市初中地理"人地协调观"培养研究的调查问卷。问卷分别从教师基本情况。如性别、年龄、毕业院校、任教年级进行调查。重点调查教师对"人地协调观"的认识;在初中地理教学中"人地协调观"培养现状。从教学方式,目标设计,落实目标,相关评价等方面,是否渗透"人地协调观"的意识培养等多方面进行问卷调查。调查问卷设计如下:

调查问卷(教师版)
关于初中地理教学中"人地协调观"教学现状的调查

尊敬的老师:您好!

当前,高中地理课程标准已经开始实施,为了做好初、高中教学工作的有效衔接,作为初中地理教师,应该注重学生的核心素养的培养与提高。尤其是"人地协调观"作为地理核心素养的核心,更应该成为初中地理教师在教学实践中重点关注的问题。然而,在实际的地理教学实践中,对如何培养"人地协调观"仍然存在诸多问题。

本调查问卷,我从教师的基本情况,教师对人地协调观内涵的认识、教学内容和教学素材的选择,教学案例的分析,情境教学的创设,核心素养的培养与落实,学生人地协调观念的形成等不同角度,进行不同方面的调查。希望各位初中地理教师,按照实际情况参与调查,感谢您的配合与支持,谢谢!

一、基本情况

1.性别:(1)男(2)女

2.年龄:(1)30岁以下(2)30~39岁(3)40~49岁(4)50岁以上

3.学历:(1)专科(2)本科(3)硕士及其以上(4)其他

4.毕业院校:(1)地理教育专业(2)地理相关专业(3)其他专业

5.教龄:(1)3年以下(2)3~5年(3)6~10年(4)10年以上

6.职称:(1)三级教师(2)二级教师(3)一级教师(4)高级教师(5)正高级教师

7.专职还是兼职:(1)专职(2)兼职(3)其他

8.已完成几轮的七八年级循环教学?

(1)0 (2)1 (3)2 (4)3轮及其以上

9.工作学校所在地区:(1)城镇(2)农村

10.是否参加过核心素养方面的培训或讲座?

(1)参加过(2)没有参加过

11.你是否希望学校、社会多开展一些相关培训或者外出学访？

(1)非常赞同 (2)赞同 (3)一般 (4)不赞同 (5)完全不赞同

二、选择题

12.您对"人地协调观"内涵的认识。

(1)完全清楚 (2)清楚 (3)一般 (4)不清楚 (5)完全不清楚

13.关于初中地理教学中"人地协调观"落实现状,您的看法

(1)非常满意 (2)满意 (3)一般 (4)不满意 (5)非常不满意

14.你认为初中地理教学中需要向学生渗透"人地协调观"思想吗？

(1)非常需要 (2)需要 (3)没必要

15.在教学中落实"人地协调观",您已经掌握系统的科学依据。

(1)完全符合 (2)符合 (3)基本符合 (4)不符合 (5)完全不符合

16.在初中地理教学中如果渗透"人地协调观",你认为在三维目标中的哪一项中可以落实？

(1)知识与技能 (2)过程与方法 (3)情感态度与价值观 (4)三者都包含

17.在教学中落实"人地协调观"应贯穿课程始终,您的看法？

(1)非常认同 (2)认同 (3)一般 (4)不认同 (5)完全不认同

18.在初中地理教学中,您注重从"地理环境对人类活动的影响"、"人类活动对地理环境的影响",以及"人地关系协调发展"等三个方面选择相关内容落实"人地协调观"。

(1)完全符合 (2)符合 (3)基本符合 (4)不符合 (5)完全不符合

19.您在设计教学时,是否每节课都考虑围绕"人地协调观"进行设计？

(18)每节课都考虑 (2)有的考虑 (3)没考虑过

20.您在课堂教学评价环节中,是否涉及人地协调观的相关评价？

(18)是的 (2)有时 (3)偶尔 (4)没有

21.在选择教学内容时,您认为以下哪些是重点考虑的？（多选）

(1)以"人地协调观"内涵为导向的素材加工内容。

(2)根据教学内容选取能引发学生思考的案例。

(3)素材和案例的选择,应注重典型性或突出性。

(4)自主编写案例,进行观念渗透。

(5)教学内容选取时,应贴近生活实际,学生易于理解。

(6)选取有层次的材料内容,进行素材加工,运用于教学。

三、主观题

1.你认为在初中地理教学中,可以通过哪些教学方式向学生渗透"人地协调观"? 请举至少两例。

2.请选择七、八年级某一节或者某一部分教学内容,谈一下如何在教学目标、教学环节中渗透"人地协调观"教育思想的? (可以写关键词)

本研究主要采用问卷调查法,调查初中地理教师在教学中"人地协调观"培养现状,笔者在天津市静海区第七中学进行了半学期的研究与实践,我在八年级六个班的课堂教学中进行实践,在地理课中注重"人地协调观"素养的渗透与培育,在学期末对六个班的 246 名学生进行评价评估。同时,利用教师教研的时候,或者通过微信群发送答卷信息的方式,运用问卷星软件,教师扫码回答问卷,调查问卷在天津市部分区县的多数初中地理教师中进行发放,我时时关注教师答题情况,尽量做到全面地调查了解问卷情况。

(二)调查过程

首先,我利用自己所任教的八年级六个班进行实践教学,时间为一个学期即半年。实践中,我注重"人地协调观"素养下的教学目标的制定与落实,利用不同的教学方式,在教学实践中促成"人地协调观"教学目标的达成。关注不同章节的教学设计,细心挖掘教材中的材料和搜集课外素材案例,课堂中渗透"人地协调观"思想,并对教学中"人地协调观"落实状况等方面进行评价。其次,学期末,将调查问卷发放到天津市不同区县初中学校。为保障调查问卷的有效性和指向性,调查结果更加严谨,我在发放问卷前,邀请了部分多年从事初中地理一线教学的教师进行测试调查,并邀请区教研员对问卷的合理性和科学性进行评判,最后根据导师和一线教师们,以及区教研员的建议,对调查问卷进行了修改和完善。在正式发放问卷之前,得到导师的认可和通过,并对调查问卷的部分题目又进行修改,最终确定了问卷的终稿。该项调查分五步进行:

第一步:明确研究调查方向;

第二步:设计调查问卷的具体内容,制作调查问卷,修改并确定调查问卷;

第三步:对相关学校的七年级和八年级教师发放问卷,尽量做到广覆盖,使得调查更具代表性,更有意义;

第四步:梳理有效问卷,收集原始数据,并对数据进行分类统计整理;

第五步:进行数据分析,对分析结果给予分类归纳和总结,撰写调查报告。

(三)调查方法

本次调查问卷采用问卷调查法,调查教师在初中地理教学中"人地协调观"培养现状,调查之前,我重点阅读了"人地协调观"素养构建与培养、初中地理"人地观念"培养的策略研究、初中地理教学中如何培养学生的"人地协调观"理解等方面的文献资料,设计了关于天津市初中地理"人地协调观"培养研究的调查问卷。问卷发放时,我利用教师教研的契机或者通过微信群发送问卷信息的方式,运用问卷星软件,教师们可以通过扫码解答问卷,并实时关注教师答题情况,问卷调查覆盖天津市部分市区的部分初中地理教师。

三、调查数据分析

本次调查共收到问卷 124 份,调查问卷的数据主要根据问卷星自动统计数据,并加以整理,使得本次调查更具代表性,更有效。

(一)被调查教师背景分析

表 2-1-1 被调查教师背景分析

基本情况	类别	百分例
性别	男	16.13%
	女	83.87%
年龄	30 岁以下	15.32%
	30~39 岁	41.94%
	40~49 岁	26.61%
	50 岁以上	16.13%
学历	专科	3.23%
	本科	74.19%
	硕士及以上	22.58
毕业院校	地理专业	63.71%
	地理相关专业	22.58%
	其他	13.71%
教龄	3 年以下	12.9%
	3~5 年	4.84%
	6~10 年	12.9%
	10 年以上	69.35%
本年度任教年级	七年级	45.16%
	八年级	50.81%
已完成几轮的七八年级循环教学?	0 轮	11.29%
	一轮	7.26%
	二轮	8.87%
	三轮以上	72.58%
工作学校所在地区	城镇	75.81%
	农村	24.13%
是否参加过核心素养方面的培训或讲座?	参加过	90.32%
	没参加过	9.68%

这部分是整体问卷调查分析的基础,是对教师的年龄、性别、职称、教龄、毕业院校、工作学校所在地区等信息有较全面地了解。下面是教师背景信息汇总数据分析:

经过汇总与分析可以看出:被调查教师的性别差异很大,83%为女性;年龄在 30~39 岁范围内比例最高,为 41.94%,青壮年教师作为教学主力军,其次为 40~49 岁范围为 26.61%, 年龄在 30 岁以下和 50 岁以上范围内比例相当 16.13%左右;学历为本科的占主体,为 74.19%,硕士及以上占 22.58%,专科学历占 3.23%,总体来说教师学历水平较高;毕业院校为地理教育专业的比例为 63.71%,地理相关专业的占 22.58%,可以看出教师专业知识比较具有实力;从教龄来看,在十年以上的比例最高占 69.35%,其他教龄段占比例较低;并且有 72.58%的教师都完成过三个以上七八年级的循环教学,未完成循环教学的占 1.29%,该数据说明大部分被调查教师具有丰富的教学经验,对地理课堂教学,教学方法,教学思想各方面都有一定的经验。但是,还有一小部分教师在教学方面有待提高实践汲取教学经验,提高教学水平。其次,被调查教师所在学校有城镇学校,也有乡村中学,但是大部分位于城镇,占被调查教师的 75.81%,体现出不同区域的教学情况,比较全面地反映了现阶段初中地理教师的基本情况。另外,在被调查教师中有 91%的教师参加过核心素养方面的培训和讲座,对于初中地理"人地协调观"的培养和研究奠定了理论基础。

(二)教师对人地协调观认识的现状分析

表 2-1-2　教师对人地协调观认识的现状分析

你对"人地协调观"内涵的认识	完全清楚	清楚	一般	完全不清楚
	20.16%	58.87%	20.16%	0.81%
关于初中地理教学中"人地协调观"落实现状,您的看法	非常满意	满意	一般	非常不满意
	14.52%	48.39%	35.48%	1.61%
你认为初中地理教学中需要向学生渗透"人地协调观"思想吗?	非常需要	需要	没必要	
	75%	25%	0	

调查的这一部分是对教师目前教学中"人地协调观"认识状况的分析,针对12~14题问卷调查情况如下:

根据数据统计情况,可以直观地看出教师在教学中对"人地协调观"的内涵,有58.87%的教师比较清楚的认识,回答完全清楚和一般的比例相当,均占20.16%,完全不清楚的占0.81%。根据教师答卷情况,可以看出在对于"人地协调观"内涵的认识上有大部分教师有比较清楚的认识,有小部分教师认为一般,个别有回答完全不清楚的情况。由此可以看出,教师在教学中落实"人地协调观"是首要问题是自身对"人地协调观"理解的深度不够,无法把握其包含的要点,从而影响了"人地协调观"在教学中的开展。

调查分析有75%的初中地理教师在教学中认为非常需要向学生渗透"人地协调观"思想;对于初中地理教学中"人地协调观"落实现状,有14.52%被调查教师表示非常满意,有48%的教师持满意态度,回答一般的占一定比例为35.48%,也有1.61%被调查教师持不满意态度。表明在实际教学中大部分教师会渗透"人地协调观"的思想,但现实的教学效果并不理想,在教学中还存在很大的问题,虽然有一部分教师认为效果比较理想,但我们也要清醒地认识到在新课程改革理念下培养学生人地协调观素养的重要性。

(三)对"人地协调观"的定位、目标、操作的分析

表 2-1-3　对"人地协调观"的定位、目标、操作的分析

在教学中落实"人地协调观",您已经掌握系统的科学依据	完全符合	符合	基本符合	不符合
	18.55%	43.55%	35.48%	2.42%
在初中地理教学中如果渗透"人地协调观",你认为在三维目标中的哪一项中可以落实?	知识与技能	过程与方法	情感态度与价值观	三者都包含
	6.45%	4.03%	17.74%	71.77%
在教学中落实"人地协调观"应贯穿课程始终,您的看法?	非常认同	认同	一般	不认同
	66.13%	28.23%	5.65%	

调查问卷的第15至18题,根据对"人地协调观"的定位、目标、操作来调查教师是否对人地协调观有清晰、准确的把握。针对问卷调查情况分析如下:

在15题的选项分析中,结合统计图分析可以直观看出,教师在教学中对"人

地协调观"的思想比较系统的掌握的比例不高,调查显示有 35.48%教师属于初步落实依据,还有 2.42%感觉无依据情况,说明有的教师在教学中无法使用科学的标准去组织教学内容,设计教学目标,选择相应的教学方法。

第 16 题调查"人地协调观"素养下的教学目标到底是什么,调查教师在教学实践中"人地协调观"教学目标的达成效果。从选择结果来看,选择三个维度的都包含的比例最高,分别选择三个维度的也有,但是比例较低,其中选情感态度与价值观的较多,其次是知识与技能,最少的是过程与方法。调查中发现,当前初中地理教学实践中,确实存在着教师淡化"人地关系"的消极现象,因此,探究初中地理教学目标,培养学生"人地协调观"势在必行。地理学科核心素养不仅是对"知识与技能""过程与方法""情感态度与价值观"的落实,更是在此基础上的延伸与升华,其教育内涵更加丰富多彩,所以地理教师应该从课标解读开始,通过调整与细化学习目标,来渗透地理学科核心素养。

第 17 题从教师的答卷可以看出,教师教学思路开阔,教学方法多样,注重发挥学生的主观能动性,引导学生动口、动手、动脑,参与活动,联系实际,对"人地协调观"的培养方式丰富多彩。但是,我们也发现有的教师并没有过多地关注这方面,对学生的培养意识比较淡化。

第 18 题主要考虑教师对"人地协调观"在地理课程中的定位,从数据中可以清楚地看到,大部分教师都认同"人地协调观"在地理课程中的重要地位,有 94%的教师认同和非常认同在教学中落实"人地协调观"应贯穿课程的始终。但还有少数教师觉得不认同或者保持疑惑态度,说明教师对"人地协调观"的相关认识还需深化。

(四)关于教学中"人地协调观"落实情况分析

表 2-1-4　关于教学中"人地协调观"落实情况分析

在初中地理教学中,您注重从"地理环境对人类活动的影响""人类活动对地理环境的影响"以及"人地关系协调发展"等三个方面选择相关内容落实"人地协调观"	完全符合	符合	基本符合	不符合
	42.74%	41.94%	15.32%	0
您在设计教学时,是否每节课都考虑围绕"人地协调观"进行设计?	每节课都考虑	有的考虑	没考虑过	
	31.45%	67.74%	0.81%	
您在课堂教学评价环节中,是否涉及人地协调观的相关评价?	是的	有时	偶尔	没有
	41.94%	42.74%	11.29%	4.03%
在选择教学内容时,您认为以下哪些是重点考虑的?(多选)	(1)	(2)	(3)	(4)
	66.94%	91.13%	83.87%	33.06%
	(5)	(6)		
	82.26	56.45%		

第 19 题至 22 题是此次调查问卷的重要组成部分,此部分问卷主要通过教学设计、教学评价等方面的设计,分析教师在实际教学中的落实情况。

从 19 题调查的结果可以看出,有 42.74%的教师能够完全依照"人地协调观"中的三个方面来选择教学内容,所占比例较高,有 41.94%的教师在教学内容选择时符合要求,有 15.32%基本能够做到以问题中的三个方面为参照,基本符合题目中的要求,没有教师无法做到。表明绝大部分教师虽然了解"人地协调观"中人与地相互作用关系,但还有部分教师能够做到在教学中一直以此为依据来选择教学内容。可见,需要加强相关理论知识和观念的提升。

第 20 题答卷情况如下:认为每节课都考虑的占 31.45%,有的考虑的占 67.74%,没考虑过的 0.81%。分析表明教师知道在教学中需要落实"人地协调观"思想,但是没有引起足够的重视。

第 21 题答卷情况就有体现,在课堂教学评价环节中,有 41.94%会涉及人地协调观的相关评价,42.74%有时会涉及,11.29%偶尔会涉及,4.03%没有涉及。根据统计可以直观看出,很多教师在教学中会渗透"人地协调观",但是落实过程中还存在应付问题,我们也要清醒地认识到,在新课程改革背景下"人地协调观"素养的培养还任重道远。

第22题为多选题,这道题目在于调查教师对改进"人地协调观"教学观点的倾向,以及在教学中制约"人地协调观"培养的因素的调查。在多种选择中,教师更倾向于在教学中能选取贴近学生实际,激发学生共鸣的教学内容,以此来辅助教师的教学。其次,也倾向于教学内容选择真实发生的事件。通过调查分析可以看出,因教师自身原因,影响"人地协调观"的培养情况,教师能挖掘教科书中相关素材,但是获取课外相关案例素材有限,对于课外相关素材案例的应用还不全面,并缺乏合适的呈现方式。同时也取决于教师自身对"人地协调观"的理解程度,从而影响了教学中"人地协调观"培养的落实情况。

"人地协调观"的培养在初中地理课程教学中日益受到重视,但是如何提高教师的思想意识?"人地协调观"怎样在教学实践中落实?如何能做到真正帮助初中生构建和谐的人地观念?如何测评学生的人地协调观念素养水平?这些教学实践中面临的直接问题,尚有待进一步的研究。追其根本,有以下几种表现:

(1)教师对于"人地协调观"的理解不全面、不系统

在教学中,教师对"人地协调观"的理解把握程度,直接影响着教学效果。教师只有深刻理解人地协调观,才能更好地服务于教学。从被调查教师对问卷第12题到第14题的答卷情况看,部分教师没有认识清楚"人地协调观"的内涵。调查表明,有些教师没有与目前面临的新课改理念步调一致,他们需要更新知识和思想。否则,在教学中就不能很好地落实"人地协调观",无法满足新课程改革的需要。结合2017版高中地理课程标准对"人地协调观"的解读,"人地协调观"是一种正确的价值观,能够指导人们正确的处理人地关系。对学生可持续发展的影响是深远的,所以不能单纯存在于观念层面上。需要教师在教学中的知识与技能、过程与方法、情感态度与价值观的三维目标中都能有效落实。通过调查也发现教师受到传统地理教学思维的影响,只把"人地协调观"作为一种观念,而没有去深入的研究其内涵,更没有较好的应用在教学之中。

(2)教师对于"人地协调观"的落实方面不到位

根据调查看出,天津市各区县大部分地理教师虽然对"人地协调观"在初中地理教学中的地位有一定的认识。但是总感到"人地协调观"的落实,应该是高中地理课程中的重要任务。在初中地理教学中"人地协调观"的落实情况却没有得到足

够的重视。在被调查的教师中,认为"人地协调观"落实效果一般和教学目标达成效果一般的,所占比例比较大。从对学生"人地协调观"的培养方面看,学生首先需要从相关的地理基础知识中,去体会人对地、地对人、人地之间的相互影响。学生只有具备了相应的地理知识,才能以此来分析人地关系,明确"人地协调观"的必要性。而目前教师的教学中,比较重视学生对地理基础知识的掌握,比较关注课堂上所讲的内容的理解与认识,这种教学思维直接影响学生观念的形成和技能的运用,最终导致"人地协调观"教学效果不明显。另外,教师在教学中渗透"人地协调观"还没有比较系统的教学思路。在课堂教学中,只能按照传统的教学内容去上课,没有重视学生"人地协调观"的整体设计与规划,所以对学生"人地协调观"的培养和落实效果非常不理想。

(3)教师在课堂教学中渗透"人地协调观"的方法不理想

在调查问卷中,我重点设计了对"人地协调观"教学现状的调查,这也是问卷的重要部分。在分析调查问卷的过程中,发现从答卷的不同方面都或多或少的存在一些问题,具体分析如下:

纵观调查数据统计可以看出,教师在教学中渗透"人地协调观"时,明显存在方法不多,落实不到位,依据不充分等问题。再从被调查教师对答卷情况来分析,大部分教师在落实"人地协调观"是没有扎实的理论基础,教学内容方面,对"人地协调观"的关联比较少。教师在教学中能够运用多种教学方法,但在教学方法的运用中没有结合教学内容较好的渗透"人地协调观"的培养,很多时候教师将对学生地理核心素养的培养只是流于形式,甚至有的教师将其置之不理,完全没有在教学中体现出来。

从当前的初中地理教材框架来看,很多章节不能明确的显示"人地协调观"的思想,在这些"人地协调观"不明显的章节中,教师要善于去发现、去挖掘,利用相关教学内容或者搜集相关教学案例组织教学,体现人和地两个要素的核心,还可以选取相关素材或者进行素材加工,以"地理环境对人类活动的影响""人类活动对地理环境的影响"以及"人地关系协调发展"的内容形式呈现。帮助学生分析现象背后的规律和理论。综合调查分析来看,天津市只有少部分初中地理教师在教学中能比较全面的依据三个维度来选择组织教学内容和相关案例素材。由此说明教师在教学中还要对知识背后所体现出的原理和观念,进行延伸和渗透。重视学生不能忽视培养学生"人地协调观"的培养,将所学到的"人地协调观"的经验迁移到其他情境中去灵活应用。

四、对策与建议

初中地理属于基础教育阶段,是培养学生"人地协调观"的关键学科,而"人地协调观"素养的培养,更是地理教育的原点、出发点和归宿,引领地理教育的价值。本研究基于问卷调查,分析当前初中地理人地协调观教学中存在的问题,针对性地提出相应的解决策略,进而为初中地理教师进行人地协调观的教学提供新的思考。

(一)提高思想意识,渗透地理核心素养

地理核心素养的培养,是整个中学阶段地理教育的课程目标,要贯穿于不同学段的始终。鉴于此,初中生正处于积累知识,培养能力和形成价值观的关键时期,强化初中生学科核心素养的培养,有利于促进学生全面发展,提高学生的综合素质。

1.基本观点的提出

近年来,联合国教科文组织,欧洲联盟等国际组织和世界很多国家高度重视"素养"的研究,并以"素养"为核心推进课程的建设与发展。地理核心素养理念的提出,正是紧随国际教育发展的步伐。而《普通高中地理课程标准 2017 年版》中,地理学科核心素养的理念,也正是在这样的国际和国内形势下提出的,同时结合学科特点,培养学生地理素养也是对新时期学生的必然要求。近年来,我国地理教育界对于地理学科核心素养的研究日益深入,在 2015 年 10 月份结束的中国地理年会中特别利用专题会议对地理学科核心素养做了专项讨论并发布最新研究成果,现将地理学科核心素养的四大要素构成解析,如下图所示:

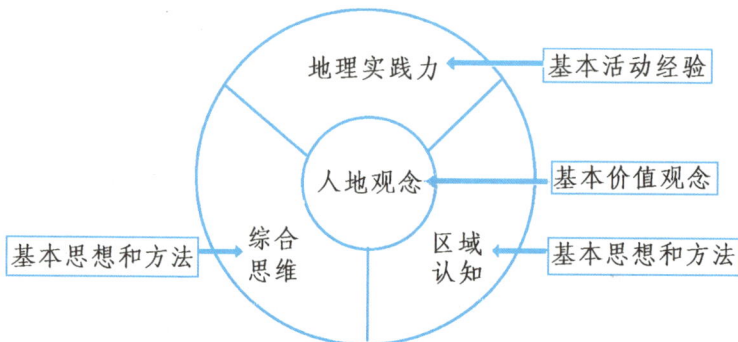

图 2-1-1　地理学科核心素养四大要素构成解析

由图可知,地理核心素养由人地协调观、综合思维、区域认知和地理实践力四个要素组成,地理核心素养是体现地理学科价值的关键素养,是地理学科中最重要的地理知识、地理能力及最需要满足终身发展所必备的地理思维。地理学科核心素养是指导学生从地理视角出发,全面的、综合地看待地理学与社会间关系,并解决其中实际问题的能力和品质。地理学科核心素养的四个要素相互渗透、相互配合共同构成地理学科核心素养。其中,人地观念是地理课程最为核心的价值观,蕴含着学科发展史、各种地理观念与地理思想,如人口观、资源观、环境观和可持续发展思想,这些地理观念与思想,不仅是学生观察社会、思考人生的保证,也是形成正确地理价值观与地理品质的基础。

2.理论到实践的探究

(1)基于时代的发展

随着互联网技术的飞速发展,多媒体技术应用于课堂,它不仅拓宽了学生的视野,还扩大了课堂容量。尤其是近期在我国浙江乌镇召开的第六届世界互联网大会,预示着当前新一轮的科技革命加速演进,互联网迎来了更加强劲的动能和更加广阔的发展空间。作为地理教师在教学中应结合教学内容,适当的将一些前沿、精彩的多媒体信息融入其中。情境认知与学习理论认为,情境决定认知过程的本质,是一切认知活动的基础,结合初中生的认知特点,教师通过多种教学手段,尤其是多媒体设施,创设情境引发学生去模拟、体验,将地理学科核心素养的养成教育有机融合在地理教学之中。

如,七年级地理起始课,教师将《人民日报》推出的宣传片《中国一分钟》,在课上播放:一分钟复兴号前进 5833 米;一分钟,移动支付金额 3.79 亿元;一分钟骑共享单车减少碳排放超 13.2 吨……这些真实的数据令人震撼与感动！学生感受到,祖国日益强大,飞速发展。自己必须努力学习,增长本领,才能跟上时代潮流。教师要抓住每一个教学契机,创新课堂教学手段和学习方式,思考构建适合新时代发展要求的初中地理情境教学模式。

在地理教学中,要做到对学生进行地理核心素养的培养,需要地理教师首先树立核心素养教育理念。"人地协调观"是地理教育和地理学的核心观点。分析人地观念应从三方面着眼,"地对人的影响""人对地的影响""人与地如何和谐相处"。要引导学生如果解决所遇到的地理问题时,必须遵循正确的人地协调观。这也是每一位地理人肩上的重任, 我们地理教师是推进地理核心素养培养的先遣队,是地理教学工作的主导者,也是地理教学过程的设计者,所以要站在新课改理念的最前沿。

(2)基于教材的升华

初中地理教材编写有其自身的结构设计和取材的角度,联系生产生活的实际情境是地理教学内容的初衷。因此,教学中,教师从学生生活实际出发,合理安排或调整教学顺序,不断更新教学情境。

结合《海陆变迁》中"荷兰围海造田"的案例教学,我认为除了引导学生落实地理课标中的要求外,还应该适时地向学生渗透尊重自然,可持续发展的观念。也可以结合我国香港人稠地狭的特点,当地为增加用地面积想出很多办法,如"上天下海"。现在香港填海造陆的面积达 75 平方公里,占香港陆地面积 6.7%。教师要向学生明确,通过填海造陆来扩大陆地面积的现象,要顺应自然规律,做到人类与地理环境和谐发展。既是"学习对学生终身发展有用的地理"的基本理念的体现,也是培育学生地理核心素养的表现。

(3)基于学情分析

教学实践多年,我认为初中地理教学,不仅仅是引导学生进行识记"地理名词+现象+意义",而应学会应用地理的视角去联系、分析众多的地理现象,深入挖掘现象产生的原因,存在的地理背景,突出地理学科特点。学生是学习的主体,只有符合学生的学习兴趣,学习需求和认知水平,选择恰当的媒体辅助教学情境的创设,才能充分发挥学生的主观能动性,培养学生的"人地协调观",使教学效果事半功倍。

在学习《自然灾害》一节时,让学生明确我国自然灾害的特点:种类多,分布广。为达成这个学习目标,教师将学生分成几个小组,分别是:地震组;滑坡、泥石流组;台风、寒潮组,让学生利用教材自主学习,通过读图,分析文字资料和视频资料,完成以下问题:各种自然灾害主要分布地区,产生哪些影响?形成灾害的原因?如何防灾减灾?学生课前在网络上查找和自然灾害相关的图片和新闻,课堂上阅读我国各种灾害地图,提炼重点灾区。带着问题分组讨论交流,还可以联系自身实际与同学之间分享观点,发表见解,表现积极主动。期间教师可播放课前查询最新网络资料,适时地播放有关地震形成的视频,和有关地震的影片片段。以及泥石流形成的过程和危害视频,还有洪涝、干旱、寒潮分布的动态演示图,使学生从视觉上受到冲击。最关键的是学生通过对我国自然灾害及灾害防治的学习,培养了他们敬畏自然,保护自然的意识。在本节教学中,充分发挥多媒体强大的优势功能,学生并不是单的从图中提炼信息,而是多途径来情境体验,提升学生综合素养,促进了学生"人地协调观"的落实。

(二)调整教学目标,呈现地理核心素养

随着《普通高中地理课程标准(2017年版)》的实施,初中地理新课标虽然还未发布,但是,为了初、高中地理教学质量评价的无缝衔接,初中地理教育教学即将进入以学科核心素养为导向的新课改阶段,作为初中地理教师,应着眼于长远,在平时的地理教学中,思考并建立以核心素养为导向,创新教学思维,营造情境氛围,明确学生通过课堂情境学习在地理学科核心素养方面可以达到的标准要求。

如,《海陆变迁》一节,是七年级地理上册第二章陆地和海洋的重要组成部分,主要讲述了地球表面海陆分布的原因,是承接第一节大洲和大洋对地球海陆面貌认识的进一步深化。让学生认识到地球表面是处在不断的运动变化过程中,对学生逐步树立海陆变迁的辩证唯物主义观点,未来的学习与发展具有重要意义。结合本节对应的课标和学生的实际情况,设计教学目标如下:

(1)能举出实例说明海陆变迁,让学生树立起海陆不断运动变化的科学观念。

(2)知道板块构造学说的基本观点。感悟"假说"在科学发现中的重要作用,加

强对学生科学史教育及科学兴趣的培养。通过读图、阅读、讨论、演示、模拟等,培养学生的观察能力、现象能力、推理能力和合作能力。

(3)树立海陆不断运动变化的科学观点及科学兴趣和求真求实的科学精神。

根据建构主义思想,通过情境设计,运用多媒体课件展示图文实例,例证"沧海桑田",即海陆变迁的科学观点。学生对海陆变迁有了直观、感性的认识,进而引导学生探究地球表面某些区域由陆地变海洋,由海洋变陆地的原因,使学生明确造成海陆变迁的原因有很多,不仅有自然原因,也有人为的影响,明确"地对人"的影响,还有"人对地"的影响,综合分析,最终达到"人地协调发展",从而树立人地协调观。

地理学科具有很强的实践性,在教学中,教师只有将地理知识和实践进行有机结合才能够达到教学的目的。注重地理核心素养在教学目标中的设计与实践,结合每一个教学内容将教学目标可以分成几个水平。通常情况下,这几个层面强调的是学生对基础知识的认知性,在初中阶段,初级水平要求学生可以对一些简单的地理现象有所认知,并通过自己的探索和分析给出初步的地理信息。如,根据所学知识,运用我国基本地形的概念描述,在观察地图之后,学生可以说出等高线地形图中哪是盆地,哪是丘陵等。较高级水平要求学生能够对一些简单的地理事物和现象进行解释,来提升学生的基础解析能力。更高级水平要求学生可以和一些较为复杂的地理现象进行结合,并对现象进行充足的说明,并举例说出类似的地理现象。地理学科的基本理念是:学习对生活有用的地理,学习对终身发展有用的地理,与现行的地理核心素养目标不谋而合。要求学生可以将所学内容和实际生活的地理实践相结合,并对其进行创造,形成创造性思维。而教师在设计教学目标的过程中,就可以按照这几个级别来进行界定。在设计核心素养下的地理教学目标时要注意以下几点:

地理教学目标充分体现地理学科的思维及方法,教师必须要重视四大核心素养目标的落实,首先,明确"人地协调观"就是指的对人和地理环境关系研究的学科,在教学中,教师要将重心放在地理知识的开发和延伸上,将人和大自然的关系进行调整,可以和谐相处。其次,是区域认知性和综合思维这两方面,这两个方面其实就是体现地理学科区域性和综合性的特征,而这两个特征也是地理学科必然存在的。区域性就是代表的两个地区之间有着差异,而综合性则反复强调了地理的整体性。另外,实践能力是指的地理教学要不断提升学生的地理知识应用能力,学习的目的就是为了使用,地理也是如此,在实际的教学过程当中,教师除了传授给学生地理理论知识之外,还应当尽可能制造实践机会,这是验证学生学习结果的有效方法。教师可以组织学生进行野外考察,在考察的时候,学生可以将自己课堂上学习到的理论知识用到实地中,而这也是核心素养的体现。

地理教师应以新课改为背景,以学生核心素养的培养为基础,以初中地理教学目标的落实为前提,分析初中地理核心素养的目标内容。核心素养是国家教育目标的具体化,是课程和教学目标制定的依据,它比三维课程目标更具"关键性""情感性"和"终身性",是知识与技能、过程与方法、情感态度与价值观三维目标的整合与提炼,也是学生在学习地理课程过程中、在解决真实情境中的问题时,所表现出来的必备品格和关键能力。简单地说,我们的传统教育比较重视"双基",即基础知识与基本技能,到后来发现"双基"不够全面,从而提出三维目标。从"双基"到三维目标,再到学科核心素养,这是从单纯的教书走向全面的育人这一过程的不同阶段,用简单的比喻来说,落实"双基"是课程目标 1.0 版,三维目标是 2.0 版,核心素养就是 3.0 版。

(三)挖掘教材素材,落实地理核心素养

深挖教材资源,培养学生人地协调观,首先要引导学生了解各地理要素之间的相互联系、相互影响,教师要注重引领学生将所学的地理知识进行分析。在理解的基础上,挖掘教材素材,培养学生人地协调观。如,以人教版地理八年级上册第三章第三节《水资源》为例,教学设计如下:

《水资源》教学设计(第 1 课时)

天津市静海区第七中学　刘俊茹

指导教师:张俊泉

【教学目标】

1.引导学生读图,识记我国水资源的分布,联系我国气候、河流等自然环境特征,分析我国水资源分布特征、原因及影响;在此基础上出示有关资料,了解我国解决水资源问题的对策。

2.从生活、生产实例出发,使学生了解节约用水、保护水资源的重要性。树立水资源危机的意识。

3.教育学生树立十分珍惜、合理利用、倡导节约的资源观,培养资源保护意识。使学生能够从我做起,以实际行动,保护和节约有限的水资源,树立人地协调观。

【教学重难点】

重点:我国的水资源分布特点,我国水资源的问题及解决水资源问题的有效途径。

难点:水资源短缺加剧的原因。

【教学准备】

收集有关水资源的图文等资料;制作课件。

【教学思路】

教师展示多媒体课件,引导学生读图、析图,讨论发言,从而认识水资源分布的时空差异和人类利用中的不合理方面,进而启发学生思考水资源短缺的原因有哪些,针对原因让学生找到解决水资源不足的途径。

【教学过程】

一、创情导入,揭示课题

1.点明本节课课题,进行课标解析

2.出示遭受旱灾地区的图片

问:看了这些图片,你有什么感受?(答:水是生命之源,水是可再生资源,为什么会出现缺水现象?

二、自主预习,合作交流

通过这些图片我们发现许多地区水资源不足,用水紧张。为什么会出现这种情况呢?同学们先自主预习一下:阅读教材75~78页,并结合图文,试着完成《导学案》的温故知新和预习导学的1~3题。(大约5分钟)

三、重点探究,师生互动

探究一:我国的水资源短缺的自然原因

1.我国水资源现状:

运用对比方法,将世界七个水资源总量丰富国家进行比较。此图反映我国水

资源什么问题?(生答)

分析得出:我国水资源人均径流量不足,这是我国水短缺的原因之一。

师:造成我国水资源短缺,除了我国水资源人均量不足外,还有哪些原因?

2.我国降水量分布特点分析:

读图得出:我国降水量从东南沿海向西北内陆递减。降水量与蒸发量对比关系,判读干湿状况,影响着河流流量,说明水资源的多少。

分析得出:南多北少,东多西少。水资源空间分布不均,也是我国水短缺的原因之一。

3.出示我国哈尔滨、北京、武汉、广州四个城市的降水柱状图:

引导学生读图说出我国降水量超过 100 mm 主要集中在什么季节呢?(生答)

分析得出:降水夏秋多,冬春少。降水时间分配不均,也成为我国水短缺的原因之一。

4.出示北京年降水量的变化(1951—2010)图:

读图说出:北京降水量最大和降水量最小的年份分别是哪一年?降水量是多少?(生答)

分析得出:我国降水量的年际变化大。这也是我国水短缺的原因之一。

探究二:阅读课本 76 页活动资料分析:说出我国水资源时空分布不均对社会经济发展的影响

1.三则资料分别反映了我国水资源时空分布的哪些特点?

资料一 反映了我国水资源的 _____ 空间 _____ 分布不均

资料二 反映了我国水资源的 _____ 季节 _____ 分布不均

资料三 反映了我国水资源的 _____ 年际 _____ 分布不均

2.分析水资源时空分布不均对资料所述三个地区社会经济发展带来的影响。

我国水资源时空分布不均,给社会经济发展带来了很大的影响。

水资源南丰北缺→南方(水田)北方(旱地)

降水季节变化大→水旱灾害频繁

降水年际变化大→农业生产不稳定

过渡语:在西北干旱地区,水资源不足是制约社会经济发展的瓶颈。

探究三:我国水资源短缺的人为原因

1.除了水资源时空分布不均匀外,(自然原因)我国水资源在利用上还存在哪些问题,加剧了我国水资源的短缺?

2.探究人为原因:

问:结合图片,请你说出造成水资源污染的原因有哪些?(生答:水污染、水浪费等现象严重。)

探究四:我国水资源短缺的解决措施

1.针对我国水资源存在问题,我们应该如何解决?

(看图归纳、也可看导学案2、3题)

问:水库如何解决水资源时间分布不均的问题?(生答)

问:你知道我国有哪些著名的水利枢纽?(生答)

2.你认为解决我国水地区分布不均的主要途径是什么?(生答)跨流域调水。

问:你知道哪些跨流域调水工程?(如引黄入晋、引滦入津、引滦入唐、引黄济青、南水北调等。)

师:出示南水北调示意图。

问:南水北调指的是南方哪条河流的水往北调?(生答)

问:你知道南水北调有哪些路线?

出示课件:介绍南水北调东线、中线、西线。

四、达标检测,总结归纳

师:兴建水库、跨流域调水固然可有效地解决局部地区和局部时间内的水资源短缺问题。但这只能治标,不能治本。如果一边兴修水利一边污染浪费,这些措施还有意义吗?我们应该注意什么?(生答)

1.达标检测,巩固落实

2.课堂小结

师:通过这节课的学习,我们认识到我国水资源存在的问题,分析了原因,并知道了解决措施。但是,从某种意义上说,节约用水、保护水资源比调水、蓄水更重要。因此保护水资源是全世界和全中国人民共同关心的问题。

那么,我们应该怎么办呢?下节课再来探究这个问题。

五、拓展延伸,注重实践

根据课本82页内容,开展一次用水调查活动,完成表格内容,并制订一个在

家或学校的节水计划。(提供相关网站)

在教学《水资源》这一节时,教师不要单纯的让学生刻意的来背记我国的主要分布特点及规律,我在设计时,首先将教材内容进行重新整合,在沿用教材知识结构和一些素材的前提下,又加入一些图文素材,较大程度地拓宽了学生的知识视野例如,利用一些事实、图片引出"水短缺"的问题,让学生了解中国水资源缺乏的现状,通过图文资料分析,使学生对我国水资源危机有更清醒的认识;通过对比分析,学生了解了我国水短缺产生的原因,有效地培养学生的创新思维和读图分析能力,为后面的学习奠定基础。其次,我精心创设情境,运用案例分析,角色扮演等形式,围绕着水资源的分布状况、水资源短缺产生的原因(包括自然原因和人为原因)、应对的措施等方面,引发学生思考,培养学生地理思维,条理清晰,环环相扣。过程中巧妙地发挥多媒体的动态演示功能,让学生更觉得水是生命之源,要好好节约、利用以及爱惜和保护,帮助学生形成正确的价值观,达成了此课的学习目标。

在现行的人教版初中地理教材中,我们可以从多角度挖掘出人和地理环境之间的关系。虽然有的教材章节中并没有明确提出人地协调观的思想,关于"人地协调观"的体现也比较"隐性",但是,从七年级到八年级的四册教材中,很多章节都可以联系到"人地协调观"的培养,这就需要我们地理教师要有一双善于发现的慧眼,在教学中最大限度地帮助学生树立"人地协调观"的思维,促进学生健康全面的发展。

(四)注重教学方法,践行地理核心素养

1.利用身边案例,创设问题情境

初中学生作为社会主义建设的接班人,需要立足于社会发展实践之中,理清人与地的关系,在了解自然环境的同时,结合现实状况,还能思考出改造地理环境的有效措施,提高自身核心素养的同时,也提高了自身的生存能力。因此,教学中应该引导学生适当关注社会的热点问题。选择这种类型的素材时,一方面可培养学生关注社会时事的良好学习习惯,拓宽学生的视野;另一方面,也能促进学生将地理学科中所学习的知识,运用到实际生活中,通过案例演练,向学生渗透人地协调发展的观念。可选择如下素材:

2019 年 12 月,新冠肺炎疫情在湖北武汉华南海鲜市场最早被发现,并迅速暴发。全国人民齐心协力共同抗击疫情。请结合我国行政区划图,完成以下问题:

(1)用 * 在图中标记湖北省位置。

(2)描述湖北省地理位置(　　)。

(3)在湖北省,你会看到当地的车牌中第一个字是(　　)。

A.湘　　B.浙　　C.鄂　　D.赣

(4)专家分析疫情暴发的原因,与 2003 年的"非典"一样,是人类猎杀、捕食野生动物有关,针对于此,谈一下你的观念。

此素材涉及的情境为我国因为疫情备受关注的湖北省,试题素材呈现采用"地图+文字"的形式,学生需要主动从地图中获取信息,并结合问题综合分析。主要考查学生湖北省行政区划的位置,简称,以及描述一个地区的地理位置的方法,学生们都能正确回答,并且能从半球位置、海陆位置和经纬度位置方面来描述,还可以从相对位置来描述。第(4)小题警醒人类应该与自然和谐相处,考查学生的人地协调观素养。学生在做题的过程中不仅巩固了地理知识,还培养了学生地理学科核心素养。

学生的地理学科核心素养的养成教育是一个综合的,并且比较漫长的过程。在地理教学中,教师应将教学内容结合教学目标,采用恰当的教学方法,将各个教学环节整合到情境主题之中,形成整体的教学思路。通过创设情境,将教学内容生活化,让学生掌握运用所学的地理知识,去解决现实生活的问题的技能。学生在情境中学习、思考、感悟,对学习产生浓厚的兴趣,积极参与到课堂学习之中,有效达成学习目标。

2.借助多媒体手段,培养学生认知

在教学中抛开传统的教学模式,采用多种教学方法,改变学生的学习方式,培养学生"人地协调观"认知水平。例如,发挥多媒体功效,将声音、图像、动态画面融合,在充分调动学生的学习兴趣的同时,提高课堂容量,拓宽学生的视野。培养学生地理思维,营造自由、民主、和谐、高效的课堂教学氛围。在培养学生人地协调观的同时,体现了初中地理教学实践价值。教学时,运用多种教学手段,发挥学生的主观能动性,让学生自己去学习地理知识,将学的知识,运用自己的思维加以分析,之后,教师引导学生围绕问题进行自主探究,合作交流,这个过程使"人地观

念"得以渗透到学生思想深处。

因为地理是一门兼具社会科学和自然科学的学科。这就要求地理学科在课堂教学中要"文、理"兼具于一身,根据教学内容的不同有所侧重。例如,教学八年级地理《农业》一节时,要充分挖掘乡土地理教学资源,借助多媒体手段,并恰到好处地应用到教学中,起到事半功倍的教学效果。

八年级 第四章 第二节 《农业》教学设计

天津市静海区第七中学 刘俊茹

【教学目标】

1.运用资料说出我国农业地区分布的特点;通过实例理解因地制宜发展农业的必要性;了解我国土地资源在利用中出现的问题及其对策。

2.通过小组合作探究,运用实例说出我国农业在地区分布上东西部和南北方的差异,简要分析造成这种差异的自然原因;知道如何才能因地制宜发展农业,提高学生分析和解决地理问题的能力。

3.举例说明科学技术在我国现代农业发展中发挥的作用。对学生进行热爱祖国,热爱家乡的思想教育,使学生初步树立正确的资源观、环境观与可持续发展观,形成人地协调观。

【设计理念】

本教学设计试图通过"美丽国土 心中有数""美丽国土 巧妙安排""美丽国土 面临危机""美丽国土 依靠科技"等教学环节,调动学生学习地理的积极性,提高学生从地图上获取地理信息的能力和综合分析问题的能力,从而实现学习"对生活有用的地理""对终身发展有用的地理"。

【教学重、难点】

我国农业在地区分布上的差异,如何因地制宜发展农业;了解我国土地资源在利用中出现的问题及其对策。

【教学准备】

利用课前布置学生们通过报纸、杂志、电视、互联网等途径,收集的一些关于因地制宜和不因地制宜发展农业生产的事例作为案例。引导学生合作探究,分析其成功之处和失误的地方,如果是反例,试着提出一些合理化的建议。使学生充分体会到因地制宜发展农业的必要性。

【教学过程】

教学环节	教师活动	学生活动	设计意图
环节一 美丽国土 心中有数	一、巧妙点拨 导入新课 教师简要介绍本节内容了解学习指南,引导学生回忆上节课所学习的主要知识点,继而利用图片说出农业四大部门,导入新课。 过渡:农业的地位如此重要,那么它在我国分布有什么规律呢?	学生交流回答: 1. 请说出我国土地资源的主要特点有哪些? 2. 你知道我国土地资源的利用类型有哪些吗?	学生回顾前面所学知识,畅所欲言。从学生熟悉的知识点入手,认识到农业与我们生活生产紧密相连,提高学生的兴趣。消除对本节知识的陌生感。理解农业的重要性。
环节二 美丽国土 巧妙安排 活动一 对照图 明差异	二、读图思考 合作探究 【因地制宜发展农业】 (一)我国农业地区分布 1.东西部差异 请同学们阅读教材图文资料,并参考《中国地形图》《中国干湿地区分布图》和所提供的图思考回答下列各题: (1)从图中找到400毫米年等降水量线,观察东西部主要农业部门是否相同? (2)东部有哪些农业部门?他们各分布在哪里? (3)我国畜牧业基地主要分布在哪里?为什么?	阅读教材 12~13 页图文资料,并参考教师所提供的图文,同桌交流回答: 1.从图中找到 400 毫米年等降水量线,说出我国东西部主要农业部门是否相同? 2.东部有哪些农业部门? 3.我国畜牧业基地主要分布在哪里? 为什么?	培养学生读图提炼信息的能力和利用信息分析问题解决问题的能力。 通过总结归纳,锻炼学生的语言表达能力,引导学生关注身边的地理。运用图文资料分析得出我国农业地区分布的特点。
活动二 读图文 填表格	2.南北方差异 (1)结合教材文字和图片,并结合知识链接,讨论整理出东部地区南北方农业地区分布的差异,填写表格。	学生读教材图文资料,并结合学生代表介绍的知识链接内容,讨论整理出东部地区南北方农业地区分布的差异,并请同学填写表格。	引导学生通过读图提炼信息,进行图表转换,明确我国农业的地区分布差异,引导学生合作探究,提高学生综合分析能力。

续表

教学环节	教师活动	学生活动	设计意图
	<table><tr><td>地区</td><td>界线</td><td>耕地类型</td><td>熟制（一年几熟）</td><td>主要的农作物</td></tr><tr><td></td><td></td><td></td><td></td><td></td></tr><tr><td></td><td></td><td></td><td></td><td></td></tr></table> (2)我国农业的地区分布,除了东部与西部的差异,还有南方与北方的差异。分析我国农业分布产生差异的自然原因。 过渡:在农业生产中如何因地制宜地发展农业呢?	学生联系实例,讨论分析我国农业分布产生差异的自然原因。	为突破难点,我采用读图演讲的形式来化难为易。激发学生主动学习的积极性,活跃课堂气氛,培养学生综合分析能力。同时,也贴近学业水平考试的实际和要求。 通过讨论交流,培养学生的团队合作意识。
环节三 美丽国土 依靠科技	三、师生互动 展示交流 (二)发展农业要因地制宜 (1)纸上种田 创设情境,请同学们帮兄弟四人在①~④地选择合理的农业生产方式,并说明理由。引出因地制宜发展农业的思想。 过渡:我们的解答四兄弟非常满意,逢人就夸我们聪明好学,现在四兄弟想出题考考同学们,咱们迎战吗? (2)小试身手 四兄弟走遍大江南北,照了不少照片,现在请同学们想一想,这些地区适合发展什么农业部门?并填写表格。	请学生参照教材第10页的"探索"活动,同桌交流。在①~④地选择合理的农业生产方式,学生说出从事该农业生产活动的原因,初步理解"因地制宜"的含义。 学生思考片刻,分别抢答交流不同地区农业生产方式不同。有问题的地方,同学间补充修正。	通过创设情境,密切联系实际,激发学生探究的欲望。通过同桌交流,学生说出影响农业分布的自然原因。 密切联系生活生产实际,进一步树立发展农业要因地制宜的思想,加深学生对农业区位选择的理解。培养学生综合分析问题和解决地理问题的能力。

教学环节	教师活动	学生活动	设计意图
环节四 美丽国土 面临危机	四、案例分析 增强意识 1.资料分析 援引关于"杂交水稻之父"袁隆平院士的新华社报道内容,说出科技在现代农业中所起到的作用有哪些?还有哪些科技强农的实例?引导学生认真思考,联系实际,师生互动。积极交流。	学生们通过倾听新华社报道,说出自己的切身所想,说出科技在现代农业中所起到的作用有哪些?教师补充实例,师生分析互动。	利用关于"杂交水稻之父"袁隆平院士的新华社报道内容,激发学生爱国、爱科技的思想感情。体会科技在现代农业中所起到的作用。
	2.明晰案例 在现实生活中有一些人却不注意合理使用土地资源,教师展示当前我国土地利用中存在的诸多问题。面对人类不合理利用土地资源的做法,今后我们应注意什么?	学生结合所提示的图文资料,交流回答:从立法;调整农业结构,发展多种经营;运用现代科学技术,等几方面思考分析。	引导学生从实例出发,了解我国土地资源在利用中出现的问题,并集思广益想出对策。学生运用所学的知识进行实际分析,符合地理新课标的基本理念。
	3.理解国策 过渡:土地是立国之本。对于我国这样一个人口大国来说,合理用地、保护耕地尤为重要。针对我国土地资源利用方面存在的问题,国家制定并颁布了《土地管理法》《草原法》《森林法》等。并且把"珍惜每一寸土地,切实保护耕地"作为我国基本国策。	学生感知对于我国这样一个人口大国来说,合理用地、保护耕地特别重要。针对我国土地资源利用方面存在的问题,国家制定并颁布一系列法律。	引导学生理解我国针对土地资源利用方面存在的问题,所做出的努力,增强学生的责任意识。提高学生搜集资料并从资料中提取有用的地理信息的能力。
环节五 学以致用 晒晒收获	五、达标检测 提炼升华 1.知识抢答 2.课堂总结 通过本节课的学习,同学们的智慧百宝箱里一定收获颇丰,赶快与大家分享一下吧!教师总结评价,得出结论见板书。	学生参与答题竞赛。获得评价卡。 学生回顾总结本课所学。谈自己有什么体会、感想和收获。	本环节促进学生知识的应用,方法的形成。初步树立正确的资源观、环境观与可持续发展观。加强学生情感态度与价值观的教育。

续表

教学环节	教师活动	学生活动	设计意图
环节六 作业布置 注重实践	六、作业超市 拓展延伸 1.以"科技强农"为题,搜集资料办一期手抄报,在班内交流。 2. 利用双休日与父母去天津市郊区调查科技在发展农业中发挥的作用,写一份调查报告,与同学交流。	学生利用双休日或节假日时间,由父母陪伴进行实践活动,注意搜集整理资料。办一期手抄报或者写一份调查报告,在班内交流。	将所学知识拓展延伸至课堂之外。注重学生创新精神和实践能力的培养,体现了地理新课标的基本理念。

【板书设计】

第四章 第二节 农业

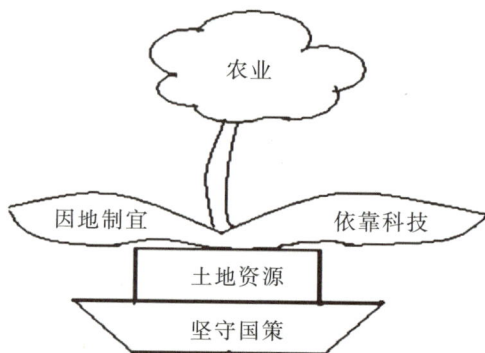

我在本节课的教学过程中,始终多媒体的巧妙运用。在"对照图 明差异"环节中,我利用图表动态演示,激发学生学习兴趣,在图文比较中,明确了农业的地区差异;在"读图文 填表格"环节中,我重视对学生综合素质发展,尤其是创新、探究、合作等方面的能力培养;在"创情境 学分析"环节中,我借助多媒体展示情境,重视对学生语言表达能力和联系生活实际等方面的培养。在"学以致用 晒晒收获"环节中,鼓励学生自评,为了使学生更好地建构"知识—能力—情感"体系,我运用希沃软件中班级小助手的相关功能,随时抽取学生,谈谈本节课的收获,并以:"我学会了……我发现了…… 我理解了…… 我掌握了…… 我懂得了……"等方式进行总结。在教学过程充分发挥多媒体功效,利用读图分析法、比较归纳法、

讨论法、分组活动等多种教学方法,积极引导学生真正的改变学习方式,激发学生学习的积极性和主动性,使他们形成正确的价值观,成为爱学习、会学习、爱生活、会生活的人。

3.利用角色扮演,增强学生感知

学生是学习的主体,在教学策略上,也可采用角色扮演的教学方式,结合当前新闻报道,时政热点,身临其境的去扮演现实生活中不属于自己的角色。如,当地官员、地理学家等,探讨一些实事案例,并且设身处地地去思考办法,解决问题。只有符合学生的学习需求和认知水平,将多媒体技术巧妙融入课堂,营造良好的教学情境,才能优化原有的教学方法,达到教学手段的不断创新,从而使学生对探究的问题有更深刻的认识,教学过程中有效地培养学生地理学科核心素养,使教学质量和效率不断提高。为初中生长远发展奠定基础,经过教学实践,收效显著。下面以七年级下册《巴西》一节为例探讨,在地理课堂教学中如何引起学生共鸣,形成人地协调观。

第九章 第二节 《巴西》教学设计

课题	巴西			课型		授新	
教师	刘俊茹	指导	张俊泉	年级	七年级	课时	1 课时
教学目标	1.认识巴西的地理位置、地形、气候、河流、植被等自然地理环境特征;通过相关资料了解巴西种族的构成特征及形成过程。 2.通过阅读文字和分析图表、数据能说出巴西热带雨林的环境效益、开发目的及产生的环境问题,使学生初步掌握用整体性思想构建区域地理的学习策略,培养自学能力。 3.引导学生主动参与课堂讨论、小组合作,形成积极思考与乐于探究的学习态度;树立可持续发展意识和人地协调观。						
重点	认识巴西的地理位置、地形、气候、河流、植被等自然地理环境特征;通过相关资料了解巴西拥有大量混血种人的人口突出特征。						
难点	利用地图综合分析地理位置和地形对气候、农业生产及城市发展的影响;如何进行热带雨林的合理开发与环境保护?						
教法	以自主合作探究为主。						
准备	教师:查找有关巴西的资料和图片,截取相关的影视资料;制作多媒体课件。 学生:从书籍或网上查询资料,根据问题进行社会调查。						

续表

教学过程	设计意图
一、新课导入 　　课前播放图片,视频"2014年巴西世界杯城市宣传片",展示巴西的自然、人文景观,让学生捕捉巴西元素,然后通过交流导入新课学习。 　　师:通过观看图片你都捕捉到哪些有关该国的地理信息?要求一个词,最多一句话。 　　师:把大家交流到的信息汇总到一起就是一个国家——巴西。今天我们走进巴西、认识巴西、学习巴西的地理知识。	通过观看视频创设情境导入新课,激发学生学习积极性。
【第一站】——了解异域文化 　　1.观看视频,了解卞卡一家人。 　　2.出示巴西人种构成比例图,回答问题。 　　(1)巴西人口中所占比例最大的是? 　　(2)巴西人口最显著的特征是? 　　(3)为什么巴西混血种人数量多? 指名讲析 过渡:巴西是一个种族复杂,有大量混血种人的社会,来自不同地域的文化相互融合、发展,形成了独具特色的巴西文化。请大家快速阅读教材83页活动部分,结合图文资料内容,准备提问。 　　3.下列文化现象融合了哪些地域文化?(课件)	引导学生通过观看视频和读图分析,利用问题明确本环节学习任务从而有针对性地学习。
【第二站】——参观巴西农场 　　探究1:看图片,回答问题,可以随意回答 　　(1)巴西当地人们常年穿单薄的衣服,不需要羽绒服。 　　(2)当我们学校放暑假时,巴西开始放寒假了。 　　(3)巴西当地居民大部分居住在地势平坦的平原地区。 　　(4)巴西境内的亚马孙河水量比较小。 　　(5)当地农作物产量不大,产品单一。 　　探究2:自然概况 　　1.地理位置 　　课件展示《巴西在世界位置图》《巴西在拉丁美洲位置图》两幅图,让学生从大的格局上初步认识巴西。如何分析一个国家或地区的地理位置?经纬度位置、半球位置、海陆位置。 　　以小组为单位合作交流自主预习中的问题,如在教材中找到信息做出标记,其他组员补充,并进一步探究归纳,要求条理化,要点化,做好全班交	学生读图回答问题,培养学生发散思维和自主学习能力。 学生观看多媒体课件,结合所出示的地图,思考分析回答问题。 提示自学要求:

续表

教学过程	设计意图
流展示的准备。 2.地形:巴西主要有两种地形,平原和高原。 3.气候:亚马孙平原主要是热带雨林气候,特点全年高温多雨,巴西高原主要是热带草原气候,特点是全年高温,分干、湿两季。 4.河流 (1)巴西境内最长的河流是? 流向是? (2)该河流水量是否丰富? 为什么? 探究3:农产品及分布探究:结合教材84~86页图文,回答下列问题: (1)产量居世界第一的热带经济作物是什么? (2)巴西的农产品主要分布在哪里? (3)请举例说明当地发展农业的有利条件。	画记书中重要的知识点和关键词,图文结合,对教材内容和思考题进行自我质疑,把不懂的地方记录下来。教师巡视督促、个别指导。
【第三站】——游览雨林 1.播放"焦点访谈"音频,由教师作为节目主持人,在课堂上对新闻热点进行播报:巴西政府计划今年修建一条长5000千米的横贯亚马孙平原的铁路,今天我们将针对铁路计划的利与弊展开深入探讨。 2.主持人向全体学生介绍特邀嘉宾:中国林业科学院研究员王教授(学生扮演)、中国社科院社会发展战略研究院院长李院长(学生扮演)。主持人说明特邀嘉宾的职责:负责热带雨林相关知识的普及和节目的点评。两位特邀嘉宾从各自专业的角度分析雨林铁路的修建对当地环境与发展带来的不同方面的影响,有利也有弊。 通过全民讨论,各方代表畅所欲言,各抒己见,献计献策。主持人采访民众(学生扮演),通过情景模拟,学生亲身体验会巴西民众对铁路修筑的态度和看法。最后,由执行主席(学生扮演)组织现场辩论,最终决定雨林铁路项目的去与留。 3.如何保护和合理开发利用亚马孙地区的资源,多年来是巴西政府以至国际社会关注的热点。取得了很好的成果。这些年,雨林破坏的程度逐年降低。2010年,巴西热带雨林的砍伐率比2004年降低了85%。作为中学生,为了保护森林我们可以做些什么?	利用角色扮演的形式,教师巧妙运用焦点访谈节目,借学生之口说出雨林生态的重要性和脆弱性,以及雨林开发与保护所面临的挑战。使全体学生印象深刻,并形成对地理环境整体性的思维认知。
【第四站】——考查驿站 1.回顾梳理: 生:归纳总结本节知识要点,画出巴西板图,空间概念。	学生结合本节课所学内容梳理知识要点,对于学

续表

教学过程	设计意图
师:巡回了解学情,答疑解惑。 　　采用"今天你收获了多少?"的问题设计,学生自己思考,梳理本节课自己有哪些收获。 　　2.课堂检测 　【第五站】——感悟延伸 　　1.课堂小结:同学们,巴西是发展中国家中非常有代表性的国家。学习的过程就是了解世界的过程,也是学习别国经验,汲取他国教训的过程。通过学习,我们应该认识到在开发自然资源,发展经济的同时,也要注意保护环境,要做到经济发展与环境保护两不误,既要金山银山,更要绿水青山,要走一条可持续发展的道路。对亚马孙河流域热带雨林的开发和保护问题,有兴趣的同学还可以进一步深入探究。 　　2.作业超市: 　　(1)办一期关于热带雨林合理开发与保护的方面的手抄报,贴在班级栏中。 　　(2)建议利用课余时间继续了解巴西。观看视频:《金砖之国》(巴西篇),《里约大冒险》《南美野生大地》。	习中存在的疑难问题在小组内提出并讨论交流。 在探究释疑总结的同时,引导学生提炼出知识体系,点拨相关学习方法,提出学习愿景。 借助作业超市将所学知识进行拓展延伸,反馈学情。

在教学《巴西》热带雨林的开发与保护时,通过创设情境、角色扮演、合作探究的教学方法,了解亚马孙热带雨林在开发的过程中存在的主要环境与发展的问题,分析其危害和综合治理保护措施,培养学生综合思维和人地协调观。具体操作如下:首先播放"焦点访谈"音频,由教师作为节目主持人,在课堂上对新闻热点进行播报:巴西政府计划今年修建一条长5000千米的横贯亚马孙平原的铁路,今天我们将针对铁路计划的利与弊展开深入探讨。

学生边听边思考问题,主持人向全体学生介绍特邀嘉宾:中国林业科学院研究员王教授(学生扮演),中国社科院社会发展战略研究院院长李院长(学生扮演)。主持人说明特邀嘉宾的职责:负责相关知识的普及和节目的点评。两位特邀嘉宾从各自专业的角度分析雨林铁路的修建对当地环境与发展带来的不同方面的影响,有利也有弊。利用角色扮演,教师借学生之口说出雨林生态的重要性和脆弱性,以及雨林开发与保护所面临的挑战,使全休学生印象深刻,并形成对地理环境整体性的思维认知。通过全民讨论,各方代表畅所欲言,各抒己见,献计献策。主持人采访民众(学生扮演),通过情景模拟,学生亲身体验会巴西民众对铁路修筑的态度和看法。最后,由执行主席(学生扮演)组织现场辩论,最终决定雨林铁路项目的去与留。

这种开放式的课堂教学设计,打破了传统教学的"满堂灌""一言堂",营造了活泼、开放的体验式教学氛围,极大程度地激发了学生主动探究的学习热情。同时也拉近了师生距离,体现了教师的主导作用,挖掘了学生的长处,突出了学生的主体地位,实践证明,这是一种行之有效地培养学生人地协调观核心素养的教学策略,这也是地理教育的最终价值体现。

(五)利用多元评价,展示地理核心素养

评价在教学中起到举足轻重的作用,通过调查问卷,不难看出,当前评价工作很多时候是走形式,没有体现出其应有的价值。分析问题原因是缺乏合理而又具体的评价目标,有了目标,方向才明确。课堂教学评价应该是多元的,我们应该充分利用评价,让评价成为一个教育的过程,也应该是充满师生人文关怀的过程。我们对学生的评价,最终目标是促进学生的发展。因此,在充分了解学生的情况下,在课堂教学、教学方法和评价方式上应该有所差异,对学生的学习态度、学习策略和课堂表现等方面的多元评价,凸显教学的时效性。

1.评价内容方面

课堂教学是教学过程的重要环节,是教师和学生进行互动活动的主要阵地。是促进课堂教学改革,提高课堂教学质量的关键。

(1)对教学目标的评价:教学目标达成情况评价,根据我们构建的课堂教学目标,针对不同层面的学生,其达成度的评价方式及其意义和作用必然也不相同。我们按不同阶段进行评价:

首先,即时评价。即时评价是针对某节课教学目标的达成情况评价,这一层面的教学目标直接与教材及学生的学习实际相联系,主要是体现在课堂教学的具体过程中,教师对学生知识掌握程度和能力培养目标的达成情况,随时可以利用课堂提问、课堂训练等多种形式进行评价,并可以及时地反馈到学生的学习过程中去。

其次,中期评价。中期评价可以通过阶段性测试进行,教师可以借助评价结果较准确地掌握学生对于学习目标的达成情况。由于这一层面的目标的达成需要长

期性和综合性,所以其评价不适宜用即时评价的方式。中期评价是学生在一定时期内学习的成果评价,是对学生基本素质的综合测评。中期评价与学生学业成绩的评价有联系但又有根本的区别,但绝不是学生综合素质的全部,不能将学业成绩作为中期评价的唯一依据。可以以教师给学生写评语及评选优秀学生为主要形式,其评价的结果可以成为学生下一阶段努力的目标。

最后,终端评价。终端评价是对教学的终极目标而言,这一层面的目标更具有综合性,同时还渗透着社会对教育质量和人才的评价的标准。终端评价是学生完成初中阶段性学习后的最终评价,是对学生在初中学习阶段的发展情况的总评价,同时也是对学生在进入更高一级学校继续学习潜在发展能力的综合评价。这一评价会影响到学生今后的学习、工作和生活,因而其结果对学生自身、对学校和对社会都是至关重要的。

上述三种不同的评价方式对于教学活动各具不同的评价作用。教师不能只注重于学科教学的内容,而应对学生全面关心,特别要注意将学生地理核心素养的养成目标有机地结合到地理教学的过程中去,让每个学生都能通过学科知识的学习,实现教学目标的落实,尤其注重学生在学习中关于区域认知、综合思维、地理实践能力和人地协调观四大核心素养目标的实施,圆满地达成教学目标。

(2)对教学内容的评价:地理教学评价的功能由过去的重选拔转向重激励、促发展。着眼于学生的全面发展和终身发展,以培养学生的地理实践能力和探究意识,激发学生学习地理的兴趣和爱国主义情感,使学生确立正确的人口观、资源观、环境观及可持续发展观念,以进一步促进学生的全面发展。教师要能从教学实际出发,紧密联系学生的生活实际,灵活整合教材素材,准确把握教学内容的重点、难点,采用适当的教学手段,激发学生去积极思维,以促进学生主动学习,通过教学内容的学习提高学生核心素养的落实。

(3)对教师行为的评价:对于地理教师来说,教学评价的方法多种多样。如课堂提问、讨论、练习、作业和各种测验等。教学中采用什么评价方法,运用何种评价手段,还需要根据评价的目标、性质以及教学的实际情况而定。总之,全面、客观、公正、及时应当是设计教学评价时遵循的一些基本准则。课堂上教师作为学生学习的主导者,对学生的学习指导是否得有法、到位;是否注重培养学生良好的学习习惯;是否根据教学内容和学生实际,恰当地选择教学手段,合理运用教学媒体来激发了学生学习的兴趣;是否能和学生一起学习探究、交流互动;是否重视学生创新意识和实践能力的发展;教师在课堂上是否能营造民主、平等、宽松、的学习氛围,达到有效的鞭策学生,有效培养学生协调人地关系的能力与水平。

地理教学评价过程中要关注评价学生解决实际问题的过程和能力。方法的学习比知识的学习更重要,这是新课标所提倡的。因此,教学过程中,根据教材内容,需要创设一定的情景,让学生亲身体验知识的探究过程,以培养学生学会学习地理的方法,提高学生分析问题、解决问题的能力。评价学生解决问题的能力应重点了解学生在提出问题、搜集整理地理信息资料、分析地理信息资料、回答地理问题、形成地理思想这一完整过程中的表现。

(4)对学生行为评价:主要针对学生在课上的学习状态来评价,看学生学习的主动性是否被激发出来,能主动地以多种感官参与到学习活动之中,有比较强烈的求知欲望;看学生的学习方式,是否由让我"学"转变为我要"学",学习变为主动学习;看学生在自主、合作、探究学习上的表现,学生在学习过程中是否全身心地投入学习;是否能发现问题,提出问题,能围绕某一问题,彼此间讨论交流、提出解决问题的有效建议;看学生的参与情况,学生参与学习活动的数量、广度和深度是衡量学生学习主动性的主要参考指标,学生要做到全员参与,有效参与;是否由个体学习到主动合作学习是否由接受性学习变为探性学习。

2.评价方式方面

教师的评价方式要注重灵活运用,同时强调评价的过程性。

(1)活动评价:在课堂上,师生间的对话是落实地理核心素养的重要环节,教师通过观察学生的课堂活动表现,给予准确的、中肯的评价,使学生能在教师的引领下,顺利地融入课堂学习,如开展环境保护方面的教学时,可让学生实地调查、设计公益广告、小记者访谈、办手抄报等多种形式,评选出"环保达人"在班内或者校园内开展宣传。这样的系列活动,学生学到了许多课本上无法学到的知识,在参与中感悟,让人地协调观深入孩子们的心里。

教师可以从学生课前的预习、搜集资料的情况,上课时回答问题的次数、思考问题的深度和广度、与同学的协作、对知识点的梳理、对当堂检测题的测试等方面进行评价,通过自评、互评、小组评、教师评等多个层面教学综合评价,做到公正、公平、公开。

（2）语言评价：地理教学评价要关注课堂、面向全体学生。课堂教学是实施素质教育的主渠道。课堂要经常以鼓励性语言评价学生，赞美学生时要注意面向全体，内容全面。由于学生存在个体差异，对学习功能较差的学生，要更加慷慨地赠予他们溢美之词。通过赞美帮助他们建立自信。例如积极的学习态度、创新精神、分析与解决问题的能力以及正确的人生观、价值观等。教师对学生的评价可以是课堂上的口头评价，也许是一段精练的话语，是一个会意的眼神或者一个鼓舞的手势，也可以是教师在学生作业本上的评价，或者在家长群中的评语，教师要结合学生实际表现，多用肯定的语言，要让学生从教师的评价中燃起动力，这才是高境界的评价。

（3）采用定性评价与定量评价相结合的方式，评估学生学习与发展的水平：可以运用星级评价或者盖章的形式对学生进行评价，评价也可以是教师的一个小小的动作，如用赞叹的眼光看着学生，为他竖起大拇指等，不同的评价方式有不同的特点，在不同情况下，教师可以有针对性地选择评价方式，从而使发挥评价的最大作用。再有，量化评价，可以根据"人地协调观"内容表现，依据课标中的相关描述，结合具体的教学测评任务，设计评价量表。如，评价要素可以从学生参与方面，思维活跃方面，互助合作方面，目标达成方面，制定相应等级，设置评分细则。通过学生在具体测评内容中的表现情况，反映学生人地协调观素养的养成情况。教师从反馈中发现其存在的优势与不足，采取相应措施，激发学生学习兴趣，提高学习有效性。

初中地理是培养学生"人地协调观"的关键学科，而"人地协调观"素养的培养，并不是一蹴而就的短期任务，需要我们地理教师在很长时间内，潜移默化、润物无声的通过地理课堂教学渗透给学生，将人的思想传递下去。由于问卷调查样本容量较小，笔者希望在未来的教学工作中能够继续的研究和探索予以补充，在以后的备课、设计、课堂、实践中，将要进一步地去探索、去实践、去落实地理学科核心素养，尤其是对初中地理"人地协调观"的培养研究会一直延续下去，为初中地理教师进行人地协调观的教学提供新的思考。

参考文献

[1]程菊,徐志梅."人地观念"素养的构建与培养 [J].中学地理教学参考,2016(09):4-6.

[2]孙明霞.初中地理"人地观念"培养的策略研究[J].辽宁教育(上半月),2018(09):27-31.

[3]满建利,贾素知,聂丽娜.初中地理"人地观念"素养的培养策略与实践[J].地理教学,2018(04):40-42.

[4]王民,韩琦,蔚东莫,等.高中地理核心素养水平划分标准研究(连载一)"人地协调观"水平划分标准案例研究[J].中学地理教学参考,2017(06):22-25.

[5]宋文娟.初中地理教学中培养"人地观念"的必要性[J].中学地理教学参考(上半月),2016(10):25-26.

[6]程远会,薛红,等."正确的人地观念"有效教学策略与实践[J].中学地理教学参考,2014(08):24-25.

[7]魏梦思,张胜前.基于地理核心素养的课堂教学案例解读——以人教版"人地关系思想的演变"一节为例[J].教育现代化,2017,4(36):201-203+223.

[8]王爱民,樊胜岳,刘加林,等.人地关系的理论视[J].人文地理,1991(02):38-42.

[9]江娇,刘爱玲.人地关系的协调[J].科学进步与对策,2013(05):158-161.

[10]王民.人地协调观及其培养重点解析[J].地理教育,2017(06):4-6.

[11]中华人民共和国教育部.普通高中地理课程标准(2017年版)[S].北京:人民教育出版社,2018.

[12]许国忠.基于核心素养的地理课堂深度教学[J].中学地理教学参考,2017(06):7-10.

[13]刘学山,乔立民,韩辉.运用多媒体课件教学须把握的几个原则[J].现代教育科学,2009(S1):266-267.

[14]汤国荣.基于地理核心素养培育的深度学习课堂建构[J].地理教育,2016(24):12-16.

[15]黄俊.多媒体教学课件在教学中的应用[J].成才之路,2010(05):15-17.

[16]中华人民共和国教育部.义务教育地理课程标准(2011年版)[M].北京:北京师范大学出版社,2011.

[17]詹秀娣,袁孝亭.高中地理教科书"正确阐明人地关系"的视角及其运用[J].课程·教材·教法,2012(04):60-65.

[18]邹萍姣.浅谈初中地理教学中环境教育的渗透[J].试题与研究:教学论坛,2016(32):64.

[19]崔红杰.浅谈如何提高高中地理课堂教学效率[J].延边教学院报,2012,26(01):77-78.

[20]李松林.培育学科核心素养的三个教学问题[J].教育科学研究,2017(08):5-9.

[21]李春艳.学习视角下的地理课堂教学有效提问策略[J].课程·教材·教法,2018(05):100-102.

[22]明庆忠.人地关系和谐:中国可持续发展的根本保证——一种地理学的视角[J].清华大学学报(哲学社会科学版),2007(22):114-122.

专题 **2**

初中地理"人地协调观"落实课堂
教学的现状分析与策略研究

天津市第十一中学　王珊珊

【作者有话说】

在日常集体备课和听课过程中,我深切感受到:初中阶段关于"人地协调观"的培养一直不太被重视。包括我自己在教学过程中,尽管知道它的重要性,但还是更侧重"区域认知"和"综合思维"素养的培养,忽视了"人地协调观"的培养。我深知"人地协调观"是地理学科教育的最终落脚点。有幸参加天津市学科领航工程,借此机会,我开始关注、思考这一问题。研究中,我通过课堂观察和问卷调查等形式,对目前天津市初中地理"人地协调观"落实课堂教学的现状进行研究分析,发现了一系列问题,如:教师对内涵理解不清、培养目标不明确、教学方法不得当等等。是什么导致这些问题的存在呢?初中阶段这一核心素养需要达成的知识和能力目标是什么?又有什么好的策略可以帮助老师们在课堂上将这一素养渗透下去呢?我从"人地协调观"内涵出发,结合教育理论和教学实际,提出了自己的观点并开展论证。

"人地协调观"是人们对人类及其社会活动与地理环境之间关系所秉持的正确价值观。内容上包括适度的人口观、科学的资源观、正确的环境观以及发展观。它是对"人地关系"的正确认识、理性思考、分析、理解、和判断[1]。是地理学和地理教育的核心观点,也是地理教育的起点和归宿。其重要性不言而喻。"人地协调观"目前在初中地理课堂教学中培养现状如何? 初中阶段的这一地理核心素养,学生需要达到怎样的能力和层级水平? 如何帮助学生构建和谐的人地观念? 为了解决这些问题,笔者基于教师的问卷调查、访谈和课堂观察分析了天津市初中地理课堂"人地协调观"素养的落实现状,制定了培养目标,并提出培养策略。

一、初中地理课堂"人地协调观"落实现状

就目前国家教育长期规划和培养目标来看,"人地协调观"培养被提到了重要位置。这一核心素养的形成,更多依赖于地理课堂上的渗透。即要求教师深刻理解其内涵及在地理学科中的位置、价值,又要结合教育学和心理学理论找到最适合学生的培养途径和策略。但是,初中地理没有对这一核心素养提出明确的目标要求,部分教师不清楚"人地关系"的内涵,课堂落实还存在浅表化等现象。下面将结合教师和学生问卷调查和课堂观察结果,归纳目前人地协调观在初中地理课堂落实现状,并分析原因,提出培养路径和具体对策。

(一)教学中已有的优势

1."人地协调观"的培养越来越受重视

问卷调查结果显示:不论学历高低以及学校所在地,100%的地理教师都认为在初中阶段培养"人地协调观"很重要,认可这地理核心素养的培养与学生核心素养培养要求相一致,说明地理教师能够清晰地认识到"人地协调观"是地理学科教育的灵魂和核心价值观。这也反映教师在地理学科教育思想上是统一的。教师对"人地协调观"的重视程度和强化程度会直接影响学生学习时的关注度和重视程度。初中地理教师越来越重视"人地协调观"的培养,不仅给学生未来的发展带来积极影响,而且终将促进国家和社会的可持续发展。

2."人地协调观"培养的落实水平仍参差不齐

"人地协调观"几乎贯穿于初中地理每一章节的教学内容中,通过随机观察

"天津市中小学教育公共服务云平台"中的 52 节课堂实录和线下 16 节现场课,统计得出:96%的老师都有意识的能够在课堂上渗透人地协调观。课堂上常出现的用语是"尊重、适应自然规律"出现 78 次,"保护自然环境"出现 38 次,"可持续发展"出现 36 次,"因地制宜"出现 42 次,"正确的人口观"出现 9 次。"科技兴农"出现 2 次。这些都是"人地协调观"思想的体现。但"人地协调"这一提法在课堂上仅出现 12 次。由此得出:初中阶段培养"人地协调观"目前得到广泛的认同,课堂都有所体现,但教师的侧重点有所差异。内容上更加侧重"环境观"和"资源观""可持续发展观"教育。

(二)存在的问题

1.重知识传授,轻思想渗透

线下随堂听课发现,部分教师依旧以知识传授为主。将知识传授与情感态度价值观培养割裂开。尽管认可培养"人地协调观"很必要,教学中却缺少行动力,没有真正的重视。将大量时间用在地理事实和概念教学上,对其背后应培养的关键能力和核心素养关注度不够。例如:区域地理学习中,客观强调区域的地形、气候、河湖、植被、土壤等自然地理特征以及人类衣、食、住、行表现出的特点,侧重于讲述地理表征,缺少"为什么"的理性分析。

2.落实内容片面,培养程度停留于浅表

从"人地协调观"内容来看,课堂落实存在片面性。如中国地理《人口》一课,重要的教学目标就是"培养学生形成适度的人口观"。听课发现,部分教师存在片面强调人口过多、增长过快给资源和环境带来的压力,忽视人口过少或者停止增长给社会带来的弊端,没能全面的正视人口问题,存在只见"树木"不见"森林"的现状。此外,在培养程度上存在浅表化现象。表现为:一方面,教师没能引导学生将"人地关系"系统、辩证、全面地进行分析;另一方面学生不会将所学方法迁移应用。在观察同一位教师,涉及"自然环境对农业生产的影响"两节课发现,学生没能将"东南亚气候与水稻种植"所学分析方法,迁移应用到《印度》一课"小麦和水稻种植与气候以及地形关系"这一问题上来。可见,就"人地协调观"的分析方法没能在课堂上渗透下去。

3."人地协调观"与其他地理核心素养之间的培养相割裂

问卷调查发现,32%的初中地理教师没有接受过"地理核心素养"的培训,对"人地协调观"的内涵没有深刻理解,未准确把握四大地理核心素养之间的内在联系,特别是区域认知、综合思维以及地理实践力都是围绕着"人地协调观"而展开。观察发现,个别教师将"人地协调观"与其他地理核心素养割裂开,凌驾于"区域认知"基础之上,课堂存在空喊口号的现象。

4.教材使用和处理存在问题

在听课过程中发现,教师对教材的使用和处理直接影响到"人地协调观"在课堂教学中的落实程度。部分教师存在"教"教材的现象。即一些教师只讲授教材中反映人地协调内容的显性部分,没有挖掘并恰当处理隐性内容。如《中东》"匮乏的水资源"部分,书后活动题3"沙特阿拉伯如何解决水资源问题?请提出你的建议",当学生说出自己的观点后,教师就此结束教学。缺少对教材"人地协调观"典型案例的拓展、挖掘和补充。

5.培养目标不明确

在问卷的问题中"培养'人地协调观'存在的问题或困难是什么"一栏中,83%的教师反映初中地理"课标"就培养"人地协调观"所对应的知识和能力目标解释不够具体,导致教学中对于"人地协调观"素养的培养缺乏目标指导和依据,就会出现教师和学生"自由发挥"的现象。

6.培养方法不得当

通过课堂观察发现,在培养"人地协调观"时,一些教师授课方式陈旧,以讲授式为主,课堂沉闷,没有发挥学生学习的主动性,使学生失去了学习的兴趣和动力。主要表现为:课堂上过度强调人地关系中的"知识与技能"部分,忽视落实这一核心素养的"过程与方法",省去或减少学生课上"分析、思考、讨论"环节,忽视学生对这一核心素养的知识和能力构建过程。

7.缺少科学的评价依据

评价在一定程度上会影响教学行为。问卷调查发现,83%的教师认为目前初中地理"课标"对"人地协调观"没有具体可供参考的评价依据。学业水平考试内容更多考察地理环境对人类活动的决定性影响,或者人类活动对地理环境的积极影响。而地理环境对人类活动的非决定性影响还未涉及过,人类活动对地理环境的消极影响也多是作为"题干"出现。从而部分教师在落实这一核心价值观时存在"考什么""教什么"的现象。

二、影响培养"人地协调观"的因素分析

根据问卷和课堂观察的分析来看,影响"人地协调观"培养的因素既有主观因素又有客观因素。主观因素主要是当前教师对这一核心素养内容缺少系统的理论学习、分析与指导。客观因素主要是"人地协调观"教材案例的选取和编写、教师学科教学能力水平的差异等。

(一)地理教师对地理学科素养缺少深刻理解

地理核心素养是地理学科的必备品格和关键能力。主要由人地协调观、区域认知、综合思维和地理实践力四个要素,三个维度组成。各维度相互交融,地理核心素养的空间模型构建是以"人地协调观"作为内核展开的,所以"人地协调观"是地理教育的核心价值观,是地理学科素养的灵魂[2]。要培养"人地协调观"教师必须理清四大地理核心素养的内涵及相互关系。区域认知是"人地协调观"形成的前提基础,综合思维是"人地协调观"形成的必备要素,而地理实践力是培养这一核心素养的重要途径。培养"人地协调观"不能与其他素养割裂开。地理核心素养虽是伴随高中"课改"出现的,但是初、高中地理在知识和学科素养上是一脉相承的。初中教师忽视对核心素养内涵的学习和深刻理解,将会直接影响培养"人地协调观"目标的确定以及教学方法选择是否正确和恰当。

(二)地理教师对"人地关系内涵"理解不清晰

在学生问卷"你理解的人地协调观是什么"的问题调查中,49%的孩子写了"保护环境""节约资源""植树造林"等体现人类活动的内容。46%的学生认为"人地协调观就是当环境保护与人类的经济发展冲突时,环境保护要比人类发展更重要"。在教师的问卷调查中发现,71%的教师片面地认为"因地制宜"和"可持续发展"就是"人地协调观"。课堂观察还发现部分教师教学中往往会忽略"科学技术对于人类活动的影响"。比如《日本》一节重视日本位置对"出口导向型"经济的影响,忽视科学技术对其所起到的促进作用。以上数据和观察结果说明相当比重的教师对"人地关系"深刻内涵理解不清晰,才会出现培养这一核心素养时浮于浅表认知或片面性的问题。

(三)教材内容编写的侧重影响教学的侧重点

"人地协调观"在课堂上尽管都有所体现,但教师的侧重点有所差异。出现差异的原因在于:一方面,从人地关系内涵与教材所对应内容比例关系上分析,人教版教材更加侧重于体现"地理环境对人类活动的影响",而"人类活动对地理环境的影响"内容比重相对较小。人地协调中的"因地制宜"和"可持续发展"尽管内容比重小,但以黑体标题的形式出现。如《农业》一节中的"因地制宜发展农业",《撒哈拉以南的非洲》中的"人口、粮食与环境"等。所以课堂上教师侧重于引导学生分析"地对人的绝对性影响"和"人对地的不合理干预",因此"尊重、适应自然规律""保护自然环境""可持续发展""因地制宜"这些提法在课堂上出现频率较高。而教材所反映"人地协调"中"科学技术在人地关系中所起到的促进作用和负面影响"比重较小,因此对于合理利用科学技术能够使人类更加深入地利用自然,更加自觉地运用规律,这一理念少有显现。由于各个版本对"人地协调观"的侧重点不同,说明教师更多是基于教材内容比重对学生开展"人地协调观"的培养,进而会影响学生"人地协调观"的培养方向和侧重点。

(四)教师学科教学能力水平差异的影响

通过课堂观察发现,青年教师在落实"人地协调观"教学设计与创新能力方面明显强于老教师,特别是善于借助信息技术,落实这一核心素养。教学方法灵活多样。但同时也存在侧重培养"价值观"而忽视以地理知识为载体的现象。老教师更侧重"人地协调观"知识内容的系统分析而忽视学生的主体地位。课堂组织能力强的教师会组织者学生开展小组合作探究、角色扮演等丰富多彩的教学活动。充分调动学生参与学习过程。所以,受教师学科教学能力水平差异的影响,出现培养方法不得当或者培养目标不明确的问题。

三、"人地协调观"课堂培养路径和具体策略

(一)培养路径

1.深刻理解"人地关系"的内涵是前提和基础

"人地协调观"是对"人地关系"的正确认识、理性思考、分析、理解、和判断。因此,要弄清楚"人地协调观"必须先搞清楚"人地关系"的内涵。按照詹秀娣教授所梳理出的"人地关系"路线图(见图2-2-1)不难发现:教师要正确认识人地矛盾,首先,要认识到地理环境对人类活动有决定性和非决定性影响,在影响方式上存在差异。其次,要认识到人类活动也同时影响自然环境,体现在对地理环境的空间占有和影响程度的差异上。还要认识到,人类活动与地理环境之间的辩证关系,从而才能尊重自然,改造自然。第三,要充分认识到,技术水平影响人对自然环境的依赖程度,而且在未来可能会更加凸显。如:科学技术在农业发展中的作用。因此,对学生进行人地协调观教育,案例选择必须基于人地关系内涵并且贴近学生的实际,使学生对"地对人的影响"、"人对地的影响"、如何实现"人与地协调"等形成正确的认识。才能避免出现片面性[3]。

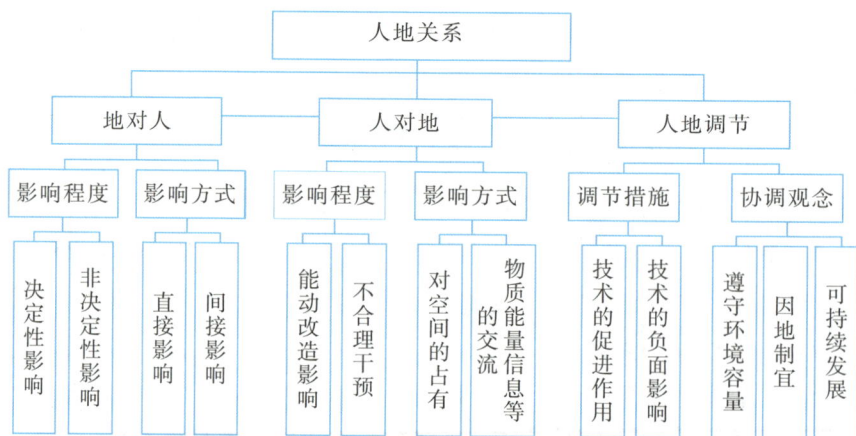

图 2-2-1 "人地关系路线图"(天津师范大学詹秀娣教授梳理)

2.明确初中"人地协调观"的培养目标

首先基于"人地协调观"概念结合初中地理"课标"内容确定了"人地协调观"在义务教育阶段需要落实的知识内容目标(见表 2-2-1)。

表 2-2-1 初中地理"人地协调观"知识目标

初中阶段人地协调观的内容划分		知识目标要求
1 人口观	1.1 人口基本概念	能说出人口数量大小、增长快慢、人口密度大小对社会经济发展起到的促进作用或者延缓作用。
	1.2 理解人口对自然资源的压力	能说出人口过多,增长过快对土地资源、水资源、矿产资源等自然资源带来的压力。
	1.3 理解人口对生态环境的压力	能说出人口过多,增长过快对环境产生的巨大压力。
	1.4 具备正确的人口观	知道人口的增长要与区域的资源环境相适应,与社会经济发展相协调。认识实行计划生育,控制人口数量,提高人口素质的重要意义。
2 环境观	2.1 认识人类面临的环境问题	说出大气污染、水污染、水土流失、荒漠化、全球变暖、动植物栖息地缩减、动植物灭绝等环境问题产生的原因、危害。
	2.2 认识人与环境是对立统一的关系	分析正反典型案例,理解人类可以改造环境,环境对人类也有巨大的反作用(积极、消极作用)。
	2.3 开展环境保护的实际行动	说出保护环境的具体措施并能付诸行动。
3 资源观	3.1 了解自然资源的相关知识	知道自然资源的类型,举例说明可再生资源和非可再生资源的区别。说出我国或其他国家自然资源的特点。
	3.2 树立合理开发利用和保护自然资源的意识	说出区域资源的合理开发、利用和保护措施。
4 人地观	正确认识地对人的影响	说出区域自然地理要素(地形、气候、河湖、土壤、资源等)的空间分布、特征,简单分析变化过程,因果关系等,理解并说出自然地理环境对人类生产、生活的绝对和非绝对性影响,形成辩证人地观。
	正确认识人对地的影响	理解人对地的积极影响,了解区域保护与合力开发自然资源的成功经验。分析因地制宜发展经济的实例。
		理解人对地的负面影响,说出人类在资源开发环境保护方面的经验和教训。

　　其次,基于《地理课程与教学论》和布鲁姆教育目标分类法,结合"人地关系"内涵、初、高中地理"课标"要求和学生的年龄特点与认知规律,改编了符合初中"人地协调观"培养的能力目标和层级水平划分路线图[4]。(见图 2-2-2)

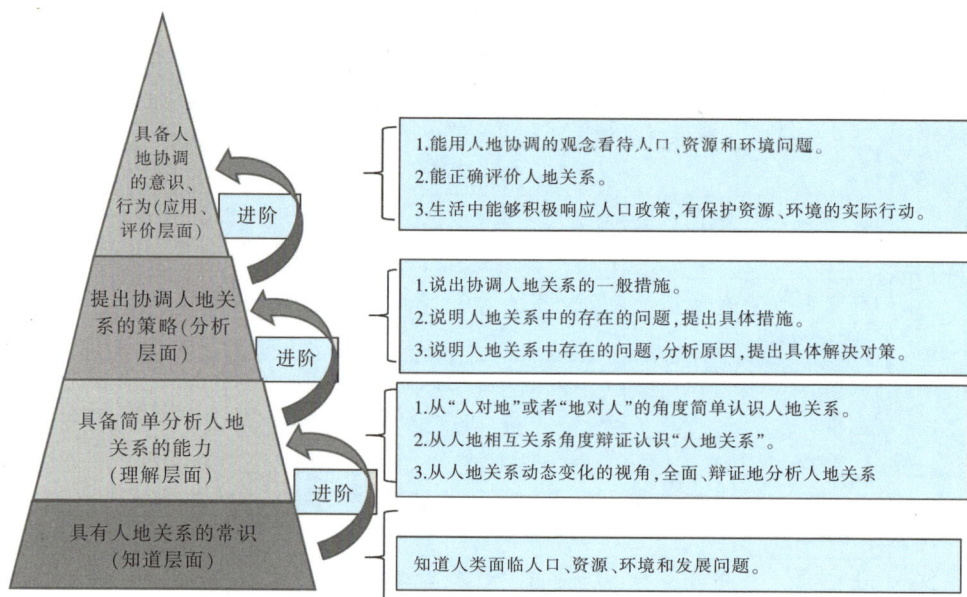

图 2-2-2　初中"人地协调观"培养的能力目标和层级水平划分

　　首先,要求学生具备"人地协调观"的常识。具有基本的"问题意识"和"观念意识",知道人类面临人口、资源、环境和发展问题。这是进一步理解并分析人地关系的前提和基础。其次,具备简单分析人地关系的能力。它包括三个层级水平:(1)能从"人对地"或者"地对人"的单项角度分析人地关系;(2)进一步在相互关系角度辩证的认识人地关系;(3)从人地关系动态变化的视角,全面、辩证的分析人地关系。目标能力水平逐级提升。再次,能力要求从理解层面进阶到学会分析并提出人地协调的策略, 它包括从简单的一般措施到能指出人地关系中存在的具体问题,分析出导致问题存在的原因,并有针对性地提出对策。最终实现"人地协调观"目标的最高要求"具备人地协调的意识、行为",即:这种正确的价值观基本根植于内心,并能在实际案例中学会迁移应用,或者在生活实践中具体指导自己的行动。

初中阶段"人地协调观能力目标和层级水平划分"的确定,为实际教学目标的确定指明了方向,同时为课堂评价提供了的具体依据。

建构主义理论强调学习者是一个主动的、积极的知识构造者。教师要从学生实际出发,以深入了解学生真实的思维活动为基础,通过提供适当的问题情景或实例激起学生的反思,引起学生必要的认知冲突,从而让学生最终主动地建构起新的认知结构。据此,"人地协调观"的教学,一定需要"创设情景、活动建场""综合分析,概括总结""迁移应用,拓展创新"这几个重要环节,所以,基于这一理论,又结合袁孝亭教授的《地理课程与教学论》笔者编制了"人地协调观"落实情况课堂观察评价量表。(见表 2-2-2)

表 2-2-2 "人地协调观"落实情况课堂观察评价量表

学校　　　　　　　　　　　　教师　　　　授课年级

课题

评价项目	观　察　点	评价结果			听课意见
		达标	基本达标	未达标	
学习目标	①是否符合课程标准和学生实际				
	②是否具有可操作性				
	③目标是否明确具体,人地协调观能力层级确定是否清晰				
学习内容	①正确处理并创造性地使用教材,使内容更贴切学生的实际				
	②注重读图和用图技能的训练和落实人地协调观能力目标(过程与方法)的培养。				
	③容量是否适合该学生认知水平和年龄特点				
	④课堂中生成哪些内容,怎样处理				

续表

评价项目		观　察　点	评价结果			听课意见
			达标	基本达标	未达标	
探究活动	情景创设	①是否贴近生活				
		②是否贴近课堂,甚至贯穿始终				
		③能否引起学生兴趣(新颖)				
	活动内容	①与课标要求的契合度				
		②与人地协调观知识目标和能力目标的契合度				
	活动形式	①与学生年龄的契合度				
		②与学生认知水平的契合度				
	活动时间	用时是否合适				
	参与度	是否全部参与				
	指导和调控	教师课堂的指导和调控能力				
	活动的效果	①对落实人地协调观知识目标的作用				
		②对落实人地协调观能力培养的作用				
课堂生成		①探究活动具有独创性,富于新意,人地协调观自然渗透				
		②课堂问题生成回答得当,并引导学生深入思考				
资源使用		①课堂学案或演示实验设备				
		②使用多媒体和其他现代信息技术资源				
评价		①提问/练习/测试/研究报告,或者其他				
		②效果如何				
其他						
总评						

　　目前"人地协调观"的落实还是更多的依赖课堂教学中培养和渗透。"人地协调观"的知识与能力目标和层级水平划分可以帮助教师清晰地认识到教学目标设计的清晰度与可操作性,内容安排与活动设计是否有助于学生达成目标。课堂观

察量表可以帮助教师有针对性的发现落实这一核心素养时存在的问题。

3.立足"区域"研究"人地关系"

从区域视角出发,是建立地理学科"人地关系"的基础。一方面,自然条件和社会经济条件的区域特征会影响区域人地关系特征,使人地关系呈现区域差异。如黄土高原地区土壤性质易溶于水、植被稀疏、降水集中在夏季,多暴雨,地形多陡坡等自然环境特征,造成这里水土流失严重,但同时不合理的人类活动,如毁林开荒、过度放牧、修路开矿等又加剧水土流失。该区域的人地关系主要体现为"人地矛盾"。南方地区湿热的气候条件,多山地、丘陵的地形特征,生活在云南元阳地区的人们,在尊重自然规律基础上,合理利用并改造自然,修建了世界著名的文化遗产"元阳梯田"。这里的人地关系则呈现出"人地协调"这一特点。明确区域突出环境特征,才能确定区域的人地关系核心,根据区域特定的自然地理环境和人文地理环境,分析该区域人地关系中存在的问题及其产生的原因,并有针对性地提出具体对策。这是分析人地关系的重要路径。

另一方面,一个区域人地关系协调与否,不仅取决于区域内部人、地协调,还要取决于该区域与其他区域相互联系所形成的地域结构的协调、优化。例如:听《巴西》一课中,师生在探讨"亚马孙热带雨林的保护"这一问题时,有的学生回答"禁止破坏雨林,任何人类活动都不应该在雨林中出现."还有的学生回答"可以边砍边种,保持生态平衡"。学生基于自己的认知水平提出了一些善良但不合理的建议。这时,教师应该及时给予学生对"人地协调观"的正确理解,要引导学生认识到,"人口不断增长"和"贫困"是该区域人地矛盾的核心内容,当地人们不得不以眼前生存为重。这一"人地矛盾"不仅仅是巴西一个国家的问题,全球气候变暖是全世界面临的环境问题。从区域联系来理解人地关系,能够帮助学生正确认识"人地如何协调",理解人地协调观不仅应关注单一区域的人地关系,还应寻求区际人地关系的整体效应和协同互补,以实现区域的、全国的或全球的人地系统的整体优化和综合平衡,这是人地协调观的重要内涵,同时也是地理教学培养学生全面认识人地协调观的更高追求。

下面,笔者以一节课为例,结合前面阐述的内容,具体分析如何基于"区域"研究人地关系。

学校　天津市第十一中学　　　　　　教师　王珊珊

课题　印度(第二课时)

课程标准	1.运用地图和资料,联系某一国家自然条件特点,说出因地制宜发展经济的实例。 2.根据资料和地图说出某一国家的种族、民族、人口、宗教、语言至少一方面的概况。 3.用实力说明高新技术产业在某一国家经济发展中的地位和作用。
教学目标	**知识与技能:** 　　1.利用图表分析归纳印度人口特点,了解印度的人口压力及对策,形成正确的人口观。 　　2.了解"绿色革命"给印度粮食生产带来的新契机,学会合理的安排农业生产布局,树立因地制宜的发展理念。 　　3.能够读图说出印度的主要工业部门及其分布地区,分析工业发展与资源之间的关系,形成工业布局的基本知识。 　　4.通过资料分析高新技术产业取得的突出成绩。 **过程与方法:** 　　1.通过图表分析归纳印度人口特点,了解印度的人口压力及对策。 　　2.角色扮演,分析工农业发展与资源之间的关系,学会合理的安排工、农业生产布局。 　　3.通过视频资料了解印度高新技术的发展,能够与我国的实际相结合,学以致用。 **情感态度与价值观:** 　　1.通过分析归纳印度人口特点,了解印度的人口压力及对策,形成正确的人口观。 　　2.分析工业发展与资源之间的关系,学会因地制宜的安排工、农业生产布局,学习对终身发展有用的地理。 　　3.通过了解印度高新技术的发展,培养学生勇于创新精神,能够与我国的实际相结合,学以致用。
教学重、难点	1.印度人口特点和人口问题,理解人口问题是制约印度经济发展的根本问题。 2.通过工、农业生产布局与资源及自然环境之间的关系,学会如何合理的安排工、农业生产。 3.理解高新技术产业取得的突出成绩以及在促进经济发展、提升国力中发挥的重要作用。
教学方式与方法	启发式、小组合作探究

续表

环节	教师活动	学生活动	设计意图
导入	播放视频 这节课，就让我们进一步了解印度的人口问题，以及工农业发展相关的情况。 **一、世界第二人口大国** 幻灯片：2003年人口过亿国家图 过渡：印度人口经过怎样的变化发展成为世界第二人口大国呢？ 幻灯片：印度人口增长图 归纳：印度为世界第二人口大国，目前已超过10亿，尽管实行了计划生育，但效果并不明显，人口众多、增长过快依旧成为制约该国经济发展的严重问题。	观看视频"印度人民扒火车出行"，谈感受。 1.读 2003年人口过亿国家图 思考：印度人口有多少？位于世界第几位？ 2.读印度人口增长图 思考： ①1951—2003年印度人口大约增加了多少亿？ ②从1951年开始，每隔10年，印度净增人数有什么变化？ ③归纳印度的人口特点？ ④预测一下未来印度的人口趋势？ 3.讨论众多的人口会给该国带来哪些问题？如果你是一位专家，请为印度政府提建议如何解决这一问题？ 4.印度是否推行了计划生育政策，效果又如何呢？ 学生阅读 P36 相关内容查找出答案。	资料介绍，使学生明白知识、教育，及人才的培养对国家科技发展的作用 通过读世界及印度人口增长演示意图培养学生的读图表分析、归纳、总结的能力 突出人口特点，由人口自然引出农业生产及粮食问题，使学生更能够理解粮食供给不足的根本原因

续表

环节	教师活动	学生活动	设计意图
教学过程	**板书：一、世界第二人口大国** 众多，增长快达计划生育 过渡：人口过多，必然对粮食的需求增大，印度人民能否解决温饱问题呢？下面让我们了解印度的农业。 **板书：二、自己有余的粮食生产** 讲述：众多的人口，使得印度成为粮食消耗大国，但是20世纪大部分时间里，印度每年都需要进口大量的粮食才能解决人们的温饱问题。 设问：除人多给粮食生产带来压力外，还有什么原因导致其粮食供给不足呢？ 幻灯片：热带季风气候直方图，印度农业生产和美国农业生产差异图 归纳：在20世纪的大部分时间里，水旱灾害频发的气候，加之落后的生产技术，使得印度水旱灾害常发，粮食供给严重紧张。 设问：中印国情上有相似之处，中国是世界第一人口大国，季风气候显著，水旱灾害常发，而我们早已解决了人民的温饱问题。引导学生思考：中国主要是在哪方面进行突破的？你知道谁对解决中国粮食问题，改进生产技术做出突出贡献？他被誉为什么？印度采取了什么措施解决这粮食供给不足的问题呢？	1.回忆印度气候类型及特点，理解其对农业生产的影响。 2.查找美、印两国农业生产技术的差异。 阅读P38材料"绿色革命"，找出解决粮食问题的措施。	中印国情对比，引用中国"杂交水稻之父"的事例既自然过渡，既凸显农业生产技术的重要，又渗透了爱国主义教育。

环节	教师活动	学生活动	设计意图
教学过程	过渡：20世纪60年代，印度实行了绿色革命，改进了农业生产技术，粮食供应状况逐渐得到了改善。现在印度人民手中有了培育出的新品种水稻、小麦、棉花和黄麻，应怎样选择合适的地区种植呢？ 幻灯片：印度地形图和印度降水量分布图 印度地形图　　印度降水量分布图 生长习性 水稻：喜湿热，适宜水分条件较好、地面平坦或起伏不大地区 小麦：耐旱、耐寒、耐盐碱，适应性强，多适宜地势平坦地区 棉花：光照充足，耐旱适宜有灌溉水源、土壤肥沃地区 黄麻：喜高温，水分充足，适宜地势低平、土壤肥沃地区 总结：农业生产需要考虑农作物的生长习性是否与该地的自然环境相适宜，因地制宜的安排农业生产。如果说"绿色革命"像春天的一抹绿为印度农业发展带来了希望，那么，因地制宜的安排农业生产就是这块绿生长的沃土。所以自20世纪60年代以后，印度基本实现了粮食自给，有时还有盈余。 板书：三、农业生产——粮食问题 　　　　绿色革命+因地制宜	小组探究活动： 假如你是印度的农业部长，帮忙想一想： 1.这些农作物最适合种植在哪里？理由是什么？安排农业生产之前我们首先又应该做哪些工作呢？小组讨论后推选一位代表到前台来进行农业生产布局。 2.通过刚才的农业生产布局，你觉得在农业生产过程中应该注意做到什么？	角色扮演，激发学生的学习兴趣，小组讨论、合作、探究与我们生活密切相关的自然环境与农业的关系，培养学生基础地理分析技能，学会对生活有用的地理。

续表

环节	教师活动	学生活动	设计意图
教学过程	**板书:四、发展中的工业** 过渡:绿色革命给印度带来了契机,农业上取得了一定的发展和进步,但作为人口众多的发展中国家,经济发展不能单纯依赖农业,还要发展本国的工业,接下来我们了解印度的工业情况。 讲述:殖民地时期的印度工业历史:印度与大多数的发展中国家一样有过一段被殖民统治的历史。在被殖民统治期间,印度只有纺织工业和采矿业,生产方式落后,多以手工为主。独立以后之后的印度工业该走一条怎样的发展之路呢? 幻灯片:印度主要矿产资源和主要工业区分布图,日本工业分布图,京津唐工业基地图 总结:正式建立在因地制宜的基础之上,独立之后的印度工业,农业有了迅速发展,1999年,印度的黄麻产量居世界第一位,棉花产量居世界第二位,加尔各答是世界最大的麻纺织中心,印度孟买是最大的棉纺织中心。 **板书:五、工业生产:分布——接近原料地** 过渡:尽管印度工业有了迅速发展,但它仍是一个比较贫穷的国家,人均国民生产总值及世界人均值的9%。但贫穷落后就一定什么都是落后的吗?	图 学生:读印度资源分布图 假如你是印度,部长思考: 1.印度可以建立哪些工业部门?理由是什么? 2.这些传统工业可以总结印度的工业分布有什么特点? 3.比较一下日本印度工业布局的不同特点,为什么日本和印度有如此大的差异呢? 4.天津是中国工业城市之一,工业部门的分布受哪些因素影响? 5.通过刚才的学习你得到什么启示?	读图分析工业中心与原材料之间的关系,使学生形成工业布局的基本知识 对所学知识的回顾与对比,培养学生的综合思维 培养学生迁移应用的能力 培养学生客观看待问题,培养辩证唯物主义世界观 视觉冲击,感受印度高新技术产业主度的发展

续表

环节	教师活动	学生活动	设计意图
教学过程	板书:六、工业生产:分布——接近原料地 过渡:尽管印度工业有了迅速发展,但它仍是一个比较贫穷的国家,人均国民生产总值仅及世界人均国民生产总值的9%。但贫穷的国家就一定是落后的吗? 视频播放:印度高新技术产业的发展 归纳:现在,印度不仅在传统工业有了一定的规模,原子能、航天、计算机软件等高新技术领域也取得一定的成就。高新技术产业为印度的工业发展注入了新的活力。尤以班加罗尔为主,这里被称作印度的硅谷。 板书:七、高新技术产业——航天、软件、原子能 资料介绍:这里有131家国际大型IT公司在此落户。到班市的高科技园区夫一夫,英特尔、通用、微软、IBM、SAP、甲骨文、德州仪器等131家国际知名品牌公司接肩接踵,印度本地的著名软件信息系统(INFOSYS)、惠普罗(WIPRO)和TATA咨询公司等雄踞一方,让人深切感到其雄厚的实力。 一个国家经济要发展离不开科技,"科技是第一生产力",科技的发展离不开人才的培养,印度政府非常注重教育以及科技人才的培养。在印度小孩子3岁开始学习就用电脑,5岁学习乘法,解决应用问题,数学基础非常好。印孚瑟斯公司是印度著名的软件研发企业,员工的素质基本上都是以上学历,不少还具有研究生以上学历,平均年龄为26岁。"知识就是力量,价值带来动力"这是印孚瑟斯公司的座右铭。 可以说,现在的印度已经从一个传统的农业大国,成为发展中的工农业大国。 中国与印度发达国家,在国情上有很多相似的地方,通过本节课的学习谈谈印度的哪些经验值得我们学习和借鉴? 中国与印度同属发达国家,在国情上有很多相似的地方,通过本节课的学习谈谈印度的哪些经验值得我们学习和借鉴?		资料介绍,使学生明白知识、教育,及人才的培养对国家科技发展的作用

本节内容是有关印度人文地理的相关知识,教师将教材进行了整合,由人口问题引出对工农业生产的学习。重点是使学生明白人口与资源、环境、及经济发展的关系,树立正确的人口观。其次学会因地制宜的合理安排工农业生产。知识难度不大,为了提高学生兴趣,教学活动设计也是以设问,小组活动探究为主,将人口专家、工农业部长的角色给予学生,学生学习的主动性增强,培养学生区域认知和综合思维能力,教会学生学习对生活有用的地理。

依据前面"图2-2-2初中'人地协调观'培养的能力目标和层级水平划分"来看,首先,要求学生具备"人地协调观"基本的"问题意识"和"观念意识",通过数据视频等资料,引导学生知道印度目前面临的人口问题。其次,在这一基础之上,引导学生简单分析人地关系。一方面从"人对地"的视角加以分析:人口过多、增长过快导致的资源、环境等一系列问题。另一方面,从"地对人"的角度分析印度地形、气候对农业生产(人类活动)的影响。进一步在相互关系角度辩证的认识人地关系。"人口过多会带来哪些问题呢?""印度人民能吃饱饭吗?""有了科技兴农做支撑,如果你是印度的农业部部长,如何安排农业生产?""中印国情有相似之处,你从中受到哪些启发?"……一个个环环相扣而且有针对性的提问,启发学生指出印度人地关系中存在的具体问题,进一步分析出导致问题存在的原因,并有针对性地提出对策。最终将正确的"人地协调观"根植于内心,相信学生在后面的区域案例中能够学会迁移应用。整堂课学生积极参与,每一个部分都没有离开对学生"人地协调观"的培养。

4.开展地理实验教学,培养人地协调观

地理课程具有很强的实践性,在实践活动中运用综合思维和区域认知,是学生感悟、体验现实世界中人地关系的重要途径[6]。地理环境是真实且客观存在的,在培养"人地协调观"时,可以将现实世界通过"模拟实验""搬"到课堂中。例如:将黄土高原水土流失与地表植被、土壤性质、坡度陡缓、降水强度之间的关系开展课堂实验教学,可以很快地帮助学生分析出黄土高原人类活动对地理环境的影响。实验教学,真实地反映了人地矛盾,从动手实验,到观察思考、分析原因,最后提出措施,学生在实验观察中学会理性分析问题,学会辩证看待人与地理环境的关系。"人地协调观"得以在课堂上落实下去。

5.充分挖掘教材内容,利用活动板块,落实人地协调观

人教版教材是基于初中地理"课标"而编写,所以对于指导教学具有相对权威性与科学性。教材内容丰富,涉及"人地关系"的显性和隐性的活动板块内容共计50个,这些都需要教师深刻挖掘。比如:七年级上册地球运动一节,活动内容中有2项明确要求:演示地球自转和公转,说明地球自转和公转产生的地理现象。地理环境真实而客观存在的,这需要在教学中利用教材活动板块素材,开展基于事实依据的教学,利于帮助学生客观认识地理环境对人类活动的影响。

6.联系生活实际,培养正确的人地观

初中地理课程基本理念是:学习对生活有用的地理,对终身发展有用的地理。在地理教学中联系生活实际,可以增强地理教学的现实性和思想性,使科学的人口观、正确的资源观、环境观能在教学中落地。比如:水资源的教学中,可以安排学生做家庭用水问卷调查,以说明生活中浪费水资源的现象有哪些,培养节水意识。学习"全球气候变暖"这一问题时,引导学生深入思考"人类的未来将何去何从"?讨论生活中哪些行为可以改善大气环境?从而认识到低碳生活关系人类未来命运。学习人口问题时,结合日常看病、出行、旅游等生活感受,启发学生思考"人多好"还是"人少好"?人口应该以怎样的增长方式才是一种良性态势?这些联系生活实际的学习内容,潜移默化的培养学生正确的人地观念。

(二)具体教学策略

目前,"人地协调观"的培养,更多的还是依赖于教师在课堂上加以落实。那么是否有初中地理教师通用的一些教学策略呢?下面笔者结合《气候》一节教学案例加以分析和总结。

所属区	和平	学员姓名	王珊珊	任教学校	初中	参训学科	地理
工作单位		天津市第十一中学				专业职称	一级
课　题		影响气候的因素及气候与人类活动的关系					
学科(版本)		人教版			章　节		第三章 第四节
学　时		1			年　级		七年级

一、教学目标

　　1.通过观察景观图、气候类型图等举例分析说明纬度位置、海陆位置和地形因素对于气候的影响。

　　2. 联系生活实际,认识人类生产、生活与气候的关系,初步形成正确的人地观。

二、学生学情分析

　　学生通过前面内容的学习,初步掌握了气温、降水及其影响因素的知识,也基本掌握了分析气温曲线图和降水量柱状图的方法。但是对于学习复杂的"气候",学生还缺少综合分析问题的能力,尤其是读图能力和理论联系实际的能力。同时,七年级学生年龄较小,好奇心强对故事、游戏和身边的热点事件等充满了好奇和兴趣。因此,根据学生的心理特点和教材内容,需要在课堂中设计情境满足学生的学习心理,使其既能从中获取知识,又能在轻松、愉快的氛围下完成学习任务,还可以培养学生在生活中留心观察和思考的品质,从而自然的渗透人地关系思想。

三、教学重难点分析及解决措施

　　1.重点与难点

　　"举例说明纬度位置、海陆位置和地形对于气候的影响。"是本节课的重点。"通过分析人类活动与气候的相互影响,树立正确的人地观和科学发展观。"是本节课的难点。

　　2.解决措施

　　通过景观图示,联系之前所学气温和降水的知识,突破重点。通过小组活动探究,完成任务清单,读图分析,化解难点。

四、教学准备

　　多媒体自制课件、文件袋(任务清单、世界气候分布图、四地气候类型图和反映生产以及生活的照片)

续表

环节及时间	活动目标	教学内容	活动设计	媒体应用及分析
导入：2 分钟	通过观看真实的景观图，联系生活实际，感悟身边的气候，引起关注，进出课题。	导入引出课题——影响气候的因素及气候与人类活动的关系。	[教师活动] 出示天津春夏秋冬的照片，以及反映世界不同地区气候特征的景观照片。 讲述：同学们，在天津，春有百花秋有月，夏有凉风冬有雪。每地地方的居民是体会不到四季变化的，比如有的地方常年如夏，有的地方则是全年寒冷，有的地方终年干燥。一个地方为什么会有这样或那样的气候，什么原因导致不同地区气候存在明显的差异呢？这节课同学们将跟随老师，开启我们的"气候"之旅，研究影响气候的因素以及气候与人类活动的关系。 	PPT 展示景观图，直观形象，给学生强烈的代入感。学生感受到不同地区气候特征存在明显的差异。

续表

环节及时间	活动目标	教学内容	活动设计	媒体应用及分析
环节一:去哪里? ——影响气候的因素(8分钟)	①以气候之旅开启课堂,激发学习兴趣。②提供景观图,采用观察法,激趣引疑,帮助学生认识自然景观是气候的表征,为后面分析影响气候的因素埋设条件。	认识自然景观图片,特别是植被,是一个地方气候的表征。 1.纬度位置对气候的影响	[教师活动] 过渡:我们今天旅行的目的地有:格陵兰岛、爪哇岛、新疆的吐鲁番盆地、青藏高原。 提问:你能在世界气候类型图中找出ABCD分别代表我们要去的哪个地方吗? [学生活动]在世界气候类型图中尝试说出ABCD四地点分别是哪里。 [学生活动]出示4个地点的景观图,学生再次辨认,并说出答案。 [教师总结]自然景观是一个地区气候的表征。	PPT动画播放功能从没有景观图到呈现景观图,给学生提供了思考与想象的空间,帮助学生将气候特征在头脑象思维在起来。中建立的形起来。

续表

环节及时间	活动目标	教学内容	活动设计	媒体应用及分析
	通过阅读位置图及气候景观图,采用观察法、对比分析法、联系法,归纳总结"纬度位置对气候的影响",落实课标要求。	1. 纬度位置对气候的影响	[教师活动]出示标注两地点(格陵兰和爪哇岛)的世界气候类型分布图和景观图。 提问:为什么格陵兰地区终年寒冷干燥,而爪哇岛却是常年湿热? [学生活动]结合世界气候类型分布图,利用已有知识回答。 [师生共同归纳]格陵兰岛的热带景观图片做对比,利用已有知识回答。格陵兰岛与爪哇岛的冰雪世界与爪哇岛的热带景观对比。这里不仅纬度高,接收的太阳光照少,所以气温低,纬度高,海拔还高,常年受冷高压控制,降水稀少,所以气候终年寒冷干燥。 爪哇岛位于赤道附近,纬度低,气温高,空气对流运动明显,降水丰沛。所以我们说"纬度位置是形成气候的基本因素"。	利用动画"出现"功能,将赤道和北回归线及时显现,"小飞机"从格陵兰岛飞到爪哇岛,吸引学生注意,帮助学生理解纬度位置对气候的影响。符合学生年龄认知特点。

续表

环节及时间	活动目标	教学内容	活动设计	媒体应用及分析
	通过阅读位置图及景观图,通过观察法、对比分析法、联系法,归纳总结"海陆位置对气候的影响"。落实课标要求。	2.海陆位置对气候的影响	**[教师活动]** 出示标注两地点(塔里木盆地和天津)的世界气候类型分布图和景观图。 提问:①为什么新疆塔里木盆地气候干燥,而同纬度的天津地区气候相对比较湿润? ②在新疆,有"早穿棉袄午穿纱,围着火炉吃西瓜"的说法,我们天津没有这种现象,你知道为什么吗? **[学生活动]** 结合中国地形图,将新疆塔里木盆地与天津景观做对比,利用已有知识回答。 **[师生共同归纳]** 和塔里木盆地相比,天津靠海近,海洋热力性质差异不是非常明显,气温日变化和年变化幅度小。远离海洋的吐鲁番盆地,气温日变化和年变化幅度大。天津距海近,降水多,气候湿润,春夏季植被较茂盛。深居内陆的吐鲁番盆地,降水少,气候干燥,植被稀疏。由此可见"海陆位置因素形成气候的主要因素"。	利用"动画"功能,将赤道和北回归线及时显现,"小飞机"从爪哇岛飞到格陵兰岛,吸引学生注意,帮助学生理解纬度位置对气候的影响。符合学生年龄认知特点。 "小飞机"从天津飞到塔里木盆地,吸引学生注意,帮助理解海陆位置对降水的影响。

续表

环节及时间	活动目标	教学内容	活动设计	媒体应用及分析
	通过阅读位置图及气候景观图,通过观察法、对比分析法、联系法,归纳总结"地形对气候的影响",落实课标要求。	3.地形对气候的影响	[教师活动]分别出示青藏高原,雅鲁藏布江谷,乞拉朋齐和拉萨风景图。 提问:①为什么青藏高原纬度低,但是气候寒冷?位于青藏高原南部的雅鲁藏布江谷地却相对温暖? ②为什么乞拉朋齐成为世界的雨极?而拉萨年降水量较少? [学生活动]结合中国地形图,将四地景观做对比,联系已有知识回答。 [师生共同归纳]青藏高原被称作世界屋脊,海拔最高,所以气温低,相对于青藏高原而言,雅鲁藏布江谷地海拔低,气温高。乞拉朋齐地处喜马拉雅山迎风坡,迎风坡降水多,背风坡降水少。 小结:纬度位置,海陆位置,地形是影响气候的主要因素。	PPT动画功能显示迎风坡和北风破降水情况,直观形象,易于理解。

续表

环节及时间	活动目标	教学内容	活动设计	媒体应用及分析
环节二:你最想去哪儿?——气候对生产生活的影响(20分钟)	①是培养学生的联系能力,进一步理解纬度位置、海陆位置、地形是如何影响气候的。知道气候对工农业生产都有影响,但对农业生产的影响最为明显。 ②培养学生通过读图文资料获取信息,总结归纳区域地理特征以及综合分析的能力。为今后区域地理学习中,进一步认识区域特征、分析区域差异与联系,储备基础的知识。	1.气候正常情况下对人类活动的影响	过渡:同学们,刚才我们沿光掠影的游览了世界的4各地区,估计同学们没过过瘾,接下来进入"你想最想去哪环节",对四地开展"深度游"。 【学生活动】以小组为单位,每个小组都有一份资料包。里面有4地的气候类型图,一张有格陵兰岛,爪哇岛,塔里木盆地,青藏高原的世界气候分布图,还有在四地拍摄的照片和查找到的一些资料。仔细阅读资料包中的图文资料,完成以下任务: ①选择四点对应的曲柱图,说明选择该气候类型的原因。 ②根据照片提供的信息,将你组认为是同一地点的景观与对应的曲柱图进行归类。每组选择一个你们最想去的地点,结合当地气候,对反应衣,食,住,行的照片进行依次介绍。 ③把生长在爪哇岛的水稻移植到塔里木盆地种植是否可行?说明理由。 ④如果要建造一座雨衣雨鞋厂,工厂建在哪里产品销量会更好?	学生讲述的同时PPT出示气候类型图和景观图,利于在生分析的同时给与帮助和补充说明,培养助和生读图分析能力。

续表

环节及时间	活动目标	教学内容	活动设计	媒体应用及分析
	③激发学生学习兴趣，培养合作和探究意识。			学生讲述的同时PPT出示气候类型图和景观图，利于在学生分析的同时给予帮助和补充说明，培养学生读图分析能力。
环节二：你最想去哪儿？ ——气候对生产生活的影响（20分钟）	认识气候异常变化对人类活动的影响	2.气候异常对人类活动的影响	[教师总结] 通过刚才的活动我们发现，气候影响人类的生产和生活，尤其对农业生产的影响最显著。 [教师活动] 提问过渡：刚才我们探究的是气候正常时对人类活动的影响。气候若发生异常变化会给人类的生产生活带来怎样的影响呢？ 出示：干旱、寒潮、洪涝、台风等气象灾害资料认识气候异常变化带来的危害。 导学生读图片和部分照片和数字资料，引[学生活动]感受气候异常变化带来的灾害。	

续表

环节及时间	活动目标	教学内容	活动设计	媒体应用及分析
	激发民族自豪感和热爱家国的情怀。培养可持续发展的理念。		**[教师活动]总结:**同学们说得非常好。很明显,人类活动对气候会产生消极影响,积极地人类活动同样给予气候积极影响。人类活动只有尊重规律,适应气候,合理利用气候,才能实现人类与气候的和谐共生,从而实现人类的可持续发展。	
环节四:课堂小结(3分钟)		课堂小结		
环节五:练习(4分钟)			**[学生活动]观看视频:"绿水青山就是金山银山"** **小结:**同学们,让我们从实际行动出发,节约一张纸,少开一盏灯,少开一次私家车,以身作则带动身边的家人和朋友,保护环境,与它和谐相处,这也是人类的未来发展之路。最后这张海报板书送给大家,希望同学们用实际行动践行今天所学内容。本节世界气候之旅到此结束,感谢同学们的聆听,再见!	视频播放"绿水青山就是金山银山",培养国家认同感,同时将人地协调观内化于心。

续表

板书提纲	纬度位置 海陆位置 } 气候 ←→ 人类活动 { 生活:衣食住行 地形 协调 生产 { 农业 工业
教学效果 及反思	本节课以落实气候知识和培养人地协调观为目的,通过提供丰富的学习材料,有效地整合教材内容,引导学生结合已经学过的气候知识,联系生活实际,获取新知。 　　一、在教学内容选取上,紧密联系时事和生活实际,学习对生活有用的地理,同时培养国家认同感和社会责任感。 　　首先,列举私生活中的实例,从观察地理现象到分析影响气候差异的原因,落实气候知识,降低学习难度。其次,分析气候与衣食住行的关系,体现了学习对生活有用的地理。最后,通过开展达沃斯论坛和观看绿水青山视频,增强学生社会责任感和国家认同感。 　　二、在教学方法上,采用情境教学法,以旅游为线索,层层递进,落实气候知识同时培养人地协调观。 　　我设计了"跟着老师去旅行"这一情境。从"要去哪",完成对影响气候因素的学习,到"最想去哪",探究气候对人类活动的影响,最后思考"人类的未来在哪里"探讨人类活动对气候的影响。完成从学习气候知识到培养"人地协调观"这一价值观。 　　三、在学习方法上,采用小组合作探究、角色扮演、讨论等方法,引导学生获取知识,培养人地协调观。 　　小组合作查找资料,分析归纳,展示说明,这一系列活动帮助学生理解气候对人类活动的影响,同时教会学习方法,培养简单的区域认知和综合分析能力。学生通过角色扮演,谈如何保护气候环境,增强学习体验和社会责任感。

　　首先,从教材内容和设计思路来看,本节课内容包括"影响气候的主要因素"和"气候与人类活动"两部分。"影响气候的主要因素"要求学生能根据各地气候的案例,分析影响气候的主要因素,并学以致用。而"气候与人类活动"作为第三章《天气与气候》的结尾,旨在让学生对气候影响生产生活,乃至人与气候的和谐发展有更为深刻的认识。教材内容简单,对七年级孩子而言有些枯燥。基于"建构主

义"理论的情景教学,提倡设计特定的学习情境,引导学生关注地理环境整体性、差异性与各要素的特征、演变过程。那么,设计什么样的情境能激发学生学习兴趣又能培养"人地协调观",还要体现出地理学科的地域性、综合性和开放性呢?据此,笔者设计了"跟着老师去旅行"这一情境。从"要去哪",完成对影响气候因素的学习,到"最想去哪",探究气候对人类活动的影响,最后思考"人类的未来在哪里"探讨人类活动对气候的影响以及人地协调。完成从学习气候知识到培养"人地协调"这一价值观。

其次,从课程性质和"课标"角度来分析。《义务教育地理课程标准》指出,地理课程要突出当今社会面临的人口、资源、环境和发展问题,阐明科学的人口观、资源观、环境观和可持续发展观,富含热爱家乡、热爱祖国、关注全球以及可持续发展思想的教育内容[7]。这些是适应学生终身发展和社会发展需要的。而关注全球气候环境问题、提出应对措施是每一个人的社会责任。但各国在气候环境保护方面做出的努力大相径庭。所以社会责任和国家认同又是本节课中可以挖掘的思政教育内容。这样就可以在学习保护气候知识的同时,顺理成章的完成对人地协调观的培养。

再次,基于地理核心素养培养视角来看,区域认知、综合思维、地理实践力和人地协调观是地理学科四大核心素养。建立在地理实践力的基础上培养学生的区域认知和综合思维能力,才能最终培养人地协调观。笔者先是从区域认知出发培养人地协调观。区域认知有助于学生从差异性角度认识地理环境特征。所以学习影响气候的因素时,以出示景观图和位置图的方式,使学生直观感受到热带与寒带、沿海与内陆、迎风坡与背风坡不同地区气温和降水存在差异,进而说出影响因素,这样处理也符合"最近发展区"理论。同时,注重培养学生的综合思维,因为它是形成人地协调观的重要过程,是认识地理环境的思维品质和能力。给"四地"找到对应的气候类型图,再将景观图与气候图进行归类,逐步说出气候与衣食住行的关系,这一系列探究活动,培养学生读图获取地理信息,总结归纳地理特征以及综合分析的能力,为今后区域地理学习中,进一步认识区域特征、分析区域差异与联系,储备基础知识,培养地理思维能力。

最后,以贴近生活的亲身体验感悟,提升学生实践能力,进一步培养人地协调观。课堂上小组探究、同伴互助寻找旅行地的照片,角色扮演探讨遏制全球气候变暖的问题……这些贴近生活的内容,引起了学生极大兴趣,有助于提升学生地理实践能力,促进地理思维和行为的内化[8]。同时让学生感受到地球是全人类共同的家园,突出全球意识、环境保护意识,"学习对生活有用的地理""学习对终身发展有用的地理",树立人地协调发展的理念。

结合以上案例分析,将培养"人地协调观"的具体策略加以总结如下:

1.创设探究情境,增强情感体验

"发现学习"理论强调:学生的学习应是主动发现的过程,而不是被动地接受知识。创建"人地观念"的问题情境,产生认知需要,这种心理倾向会激发自主探究的学习动机。激发学生的探究兴趣。学生在参与情境活动中体验人地矛盾与人地和谐,并在解决问题中逐步树立正确的"人地观念"。问题情境越贴近学生的真实生活,学生的情感体验就会越深刻。学生在相对真实的情境中分析解决社会生活问题,能够培养学生理论联系实际的实践能力。例如在《聚落》一节教学时,可以结合乡土地理创设区域规划的问题情境,给出叠加有海河水系图的天津市等高线地形图,引导学生思考,"在这幅图中你会把家安置在哪儿呢?说出理由。"这样基于情境的探究活动,有助于学生的积极参对"人地关系"的认真思考与理性分析。

2.启发教学,引导学生深入思考

"不愤不悱,不启不发。"若引起学生对"人地协调观"的思考,需要教师设计富于启发性、针对性和有梯度的问题,激发学生积极主动解决问题的兴趣并合理表达自己的观点。例如:黄土高原地形特征是什么?为什么会出现千沟万壑的形态特征? 水土流失的原因是什么? 产生哪些危害? 解决的措施是什么? 教师在一步步适时追问中将问题引向深入,使学生逐步形成正确的"人地观念"。

3.假设法,教会学生全面分析

区域地理教学中,教师往往一味强调"地对人的影响"。可以从反方面假设,如果不是这样会有怎样的结果呢?帮助学生全面的理解人地关系。如:学习青藏地区河谷农业发展条件时,可以假设:如果青藏地区的农业不分布在河谷地区会是什么情况呢?学生可以从正反两方面理解地理环境对人类活动的影响。进而促进"人地协调观"意识的形成。

4.角色扮演,强化社会责任感

处在青春期的初中生有很强的自我意识,通过角色扮演利于发挥学生的主人翁意识,调动学生学习的积极性,培养"人地协调观"。例如学习全球气候变暖这一问题时,学生分别以发展中国家的农民、化工厂厂长、联合国主席、国家首脑和中学生的角色,参与"达沃斯论坛活动",说出应对全球变暖所采取的积极行动。保护气候环境的责任感和使命感在角色扮演中得以渗透。

5.辩论赛与知识竞答,培养正确的人地协调观

"人地协调观"涵盖辩证唯物主义思想。需要阐明人地对立统一关系,从而树立人口、资源和环境观。课堂上教师可对一些人地关系问题开展小型辩论赛,以帮助学生辩证思维的培养,学生在辩论中实现思想上的碰撞和情感上的共鸣。又如:《东南亚地区》书后活动题关于"红星星与方便面的故事"需要学生在讨论中形成潜在的环境问题意识,辩证的分析人类生存和发展与环境保护之间的关系,提出合理化建议。这种问题意识和环境观一旦形成,会根植于学生思想深处。

6.改变作业内容和形式,渗透"人地协调观"

"人地协调观"最高层级目标是能够用正确的意识指导生活实践。动手实践作业可以将课堂中初步建立的人地观念进一步延续。比如:学习了中国的自然资源部分,可以布置需要小组合作完成制作的"班级资源回收站"作业。鼓励学生将日常使用的草稿纸、废旧笔管等放置到"回收站"处,进一步培养学生的资源意识。

综上所述,在初中学段,课堂上培养"人地协调观"还存在诸多问题。这就需要弄清人地关系的内涵,系统、全面、辩证地看待人地关系。明确人地协调观"关键能力"以及层级要求,实际教学中需要教师根据不同的内容设计适合的探究活动,充分调动学生学习主动性,启发学生积极思考,学会理性看待和综合分析人地关系,最终达成目标。"人地协调观"知识和能力目标及层级划分以及课堂观察量表是否科学,还需要在教学实践和评价中不断调整和修改,具体措施也还需要随之不断改进。

参考文献

[1]中华人民共和国教育部。普通高中地理课程标准(2017 年版 2020 年修订)[S].北京:人民教育出版社,2020.

[2]孙明霞.初中地理"人地观念"培养的策略研究[J].辽宁教育,2018(09):27-31.

[3]孙嘉.初中地理人地协调观培养的课例观察与思考[J].地理教学,2019(08):38-40.

[4]张静.初中地理"人地协调观"关键能力解读与教学策略[J].江苏教育,2019(27):42-45.

[5]欧阳子豪.义务教育阶段人地协调观的学科理解与培养[J].中学地理教学参考,2019(01):37-41.

[6]张淑艳.学"地"明理,树立人地协调观[J].地理教学,2017(16):27-29.

专题 **3**

基于"人地协调观"培养的课程资源开发研究

天津市第四十一中学　李秋

【作者有话说】

　　"人地协调观"是地理学科核心素养之首,它贯穿了中学地理教学的始终,我们地理教师的使命之一就是帮助学生树立正确的人地观念。但是在日常教学中,我们往往会发现需要多补充一些教学资源来帮助学生更好地理解"人地协调观"。基于此,我展开了对"'人地协调观'培养的课程资源开发研究",选取了大量的素材来支撑初中地理"人地协调观"的培养。这些素材大多数来自于新闻、网络等媒介,在此过程中,我本人也从挖掘教科书中的隐性素材,搜集、整合课外典型材料,开拓研究性的课外资源三个方面有了一些体会和感悟。以下为我对地理课堂中"人地协调观"的培养,提供的有针对性的教学素材和资源。

　　在 2014 年,教育部印发了《教育部关于全面深化课程改革落实立德树人根本任务的意见》,指出"教育部将组织研究提出各学段学生发展核心素养体系,明确学生应具备的适应终身发展和社会发展需要的必备品格和关键能力"[1]。可见,我们的教育教学要求已经由传统的"重知识""重技能"双基教育向"知识与技能""过程与方法""情感态度与价值观"素质教育转变,再向"发展核心素养"的素养教育转变,教育改革不断深入,在这个背景下,中学生的学科素养将会大大提高。作为教师,如何有效地培养学生的学科核心素养也迫在眉睫。

2017年,国家颁布了《普通高中地理课程标准(2017年版)》,提出了高中学生要具备"人地协调观"、综合思维、区域认知、地理实践力等地理学科核心素养。通过高中地理课程的系统学习,使学生强化人类与环境协调发展的观念,提升地理学科方面的品格和关键能力,具备家国情怀和世界眼光,形成关注地方、国家和全球地理问题及可持续发展问题的意识。其中"人地协调观"作为高中地理核心素养的首要素养也体现出了可持续发展这一时代赋予地理教育的历史使命,同时也对地理教师提出了更高的要求。

初中地理教材中的很多章节都涉及"人地协调观",初中地理课程目标中对这一部分的要求为"了解人类所面临的人口、资源、环境和发展等重大问题,初步认识环境与人类活动的相互关系。"其实,初中教材中涉及"人地协调"的相关内容较多,但由于尚缺乏针对性的理论指导,即"人地协调观"需从哪些角度开展,如何搜集相关素材等问题,仍然没有明确的回答,所以在教学实践中有需要进一步完善的地方。基于此,本研究依据"地理环境对人类活动的影响""人类活动对地理环境的影响"以及"人地关系相互调节"三个维度的思想方法,挖掘教科书中的隐性素材,搜集、整合课外典型材料,开拓研究性的课外资源,为地理课堂中"人地协调观"的培养,针对性地提供教学素材和资源。而且,初中学生已经逐渐具备接受人类与地理环境之间关系秉持的正确价值观的能力,所以在初中地理教学中可以渗透此价值观,并且为高中的"人地协调观"的培养奠定基础。

"人地协调观"是指人们对人类与地理环境之间关系所秉持的正确的价值观。人地关系是地理学研究的核心主题。面对不断出现的人口、资源、环境和发展问题,人们越来越深刻地认识到,人类社会要更好地发展,必须尊重自然规律,协调好人类活动与地理环境之间的关系。"人地协调观"素养有助于人们更好地分析、认识和解决人地关系问题,成为和谐世界的建设者。[2]

高中地理课程的总目标是通过地理学科核心素养的培养,从地理教育的角度落实立德树人根本任务。这就要求学生能够正确看待地理环境与人类活动的相互影响,深入认识两者相互影响的不同方式、强度和后果,理解人们对人地关系认识的阶段性表现及其原因,认同人地协调对可持续发展具有重要意义,形成尊重自然、和谐发展的态度。[3]

初中地理课程目标中对这一内容的要求为"了解"和"初步认识",但是,"认同"人地协调对可持续发展的重要意义是培养学生"人地协调观"的关键一环,只有得到学生的普遍认同,才能让学生接受人地协调发展的价值观,也才能主动地用"人地协调观"来指导学生的学习以及未来的生活和工作,这样,才能把"人地协调观"的培养落在实处。

"人地协调观"的三个基本维度是地理环境对人类活动的影响,即地对人的影响;人类活动对地理环境的影响,即人对地的影响;以及地理环境与人类活动的相互协调,即人地关系相互协调。

本文中的课程资源主要指素材性课程资源,主要包括能反映培养学生"人地协调观"的教材中的隐性资源、课外典型素材以及开拓的研究性素材。力图通过这些素材的挖掘与使用,更有效地帮助学生树立"人地协调观"。

下面,以初中地理课程资源为例,从"人地协调观"的三个维度入手,说明如何在日常教学中通过课程资源的使用来培养落实"人地协调观"。

一、教材中的隐性资源

(一)教材中的相关素材很多是隐性方式呈现

初中地理教材中有很多章节都涉及了"人地协调观",而且三个维度均有涉及,但是在呈现方式上并没有明确的说明这些案例和素材是为了阐释"人地关系",作为教师,我们要心中有数,要将"人地协调观"外显在教学中。例如,七年级下册第六章《我们生活的大洲——亚洲》第一节《位置和范围》中就存在这个现象。

【资源 1-1】教材资源

七年级下册第六章第一节中图 6.6 其实很好地体现了地理环境对人类活动的影响。图中给出四个例子:西亚沙特阿拉伯的贝都因人,居住帐篷,身着宽大袍子,过着游牧生活;生活在北亚东西伯利亚的亚库特人,居住木屋,身着毛皮服装,运输工具是狗拉雪橇;生活在南亚恒河三角洲的孟加拉人,以捕鱼为生,交通工具是船;生活在东南亚印度尼西亚加里曼丹岛的达雅克人,聚居在长屋里,有的长屋长达 200 米。

书中的这四个例子表面上看是不同地区的人类有着不同的生活方式,但是实际上他们生活方式的不同是和地理环境密切相关的,即体现了地理环境对人类活动的影响。教师在教学过程中,可以配以一些能反映当地地理环境的视频资料,帮助学生理解"地对人的影响"。更重要的是,让初中学生对"人地协调观"有一定的认知,并认同地理环境确实会影响到人类活动。

例如"西亚沙特阿拉伯的贝都因人,居住帐篷,身着宽大袍子,过着游牧生活"这张图片,教师可以设置如下问题:西亚沙特阿拉伯的贝都因人,为何居住帐篷?为何身着宽大袍子?为何过着游牧生活?这三个问题的抛出会帮助学生尝试自己独立建立地理环境对人类活动的影响的意识,让学生体会到"地对人确实存在影响"。如果学生缺少解决这个问题的相关知识,教师可以变换问题引导学生认知,例如可以这样设问:西亚沙特阿拉伯的贝都因人居住帐篷和过着游牧生活之间有没有联系?身着宽大袍子更适合于在什么样气候的地方生活?通过这样的问题,教师引导学生得出"地对人确实存在影响"这个结论,从而帮助学生初步建立人地观念。

再如,针对生活在北亚东西伯利亚的亚库特人,居住木屋,身着毛皮服装,运输工具是狗拉雪橇以及生活在南亚恒河三角洲的孟加拉人,以捕鱼为生,交通工具是船这两幅图片,教师可以设置如下问题:请同学们根据北亚东西伯利亚和南亚恒河三角洲这两个地区的人们的生产生活方式,猜测这两个地区的自然地理环境最可能是什么样子的?

再如最后一幅图片,生活在东南亚印度尼西亚加里曼丹岛的达雅克人,聚居在长屋里,有的长屋长达 200 米,教师可以设问如下:达雅克人的建造长屋的用意是什么?能帮助人们解决什么困难或者问题?

四则材料,设问的方式和角度虽然不同,但是都体现了地理环境对人类活动的影响这一人地观念。通过这样的设问,通过挖掘教材中的隐性资源,能有效地帮助学生形成正确的人地观念。

(二)教材中的素材对"地对人的间接影响"关注较少

地理环境对人类活动的影响包括"直接影响"和"间接影响",初中地理教材中选取的案例和素材多侧重于"直接影响",而"间接影响"所占的比重较少,教师需要补充一些"间接影响"的素材。

【资源1-2】教材资源

七年级下册第六章《我们生活的大洲——亚洲》第二节《自然环境》中有这样一段表述"季风气候雨热同期,有利于农业生产,但是降水很不稳定,容易发生旱涝灾害。"

教师如果不在授课时深入分析,一方面大部分学生对这句话的理解只能停留在字面意思,但这句话其实是从积极和消极两个方面说明了地理环境对人类活动的正反两方面的影响,季风气候在夏季会带来丰沛的降水,而夏季又是一年中平均气温较高的时间,高温和多雨搭配在一起特别有利于农作物的快速生长,从而解决一个国家和地区的粮食问题;但同时季风具有不稳定性,夏季风时强时弱,导致降水的年际变化较大,从而容易引发旱涝灾害。另一方面,学生对季风气候的影响的认知可能只停留在"直接影响"上,其实由于季风气候的不稳定性,使得很多亚洲国家都修建了水利工程,来应对旱涝灾害。例如我国著名的古代水利工程"都江堰"以及今天"三峡水利工程"的修建,都是季风气候对我们的"间接影响"。

再如,教师可以在此基础之上引导学生深入探讨:降水不仅存在时间分布不均的问题,还存在空间分布不均的问题,修水库解决了时间分布不均的问题,在解决空间分布不均的问题上,很多国家都采取了跨流域调水的方式,例如我国的南水北调、美国的北水南调以及澳大利亚的东水西调工程等,都不同程度地缓解了本国水资源空间分布不均的问题,这也是体现了地理环境对人类活动的"间接影响"的典型案例。

教师在授课中要抓住这些关键点,帮助学生初步建立和完善辩证思维结构框架的同时,也是帮助学生对"人地协调观"有更深入更全面的理解,这同样是为高中"人地协调观"的培养奠基。

(三)教材中对"地对人的非决定性"素材关注较少

初中地理教材中对"地理环境对人类活动起决定性作用"这一维度选择了丰富、典型的素材,且阐释到位,四册教科书中共有40处阐释这一维度;但是,教材中对于"地理环境是人类活动的重要外部条件,对人类活动起非决定性作用"这一维度关注较少，书中约有15处内容从这一维度阐释地理环境对人类活动的影响性质。[4]教师应该选择恰当的教学时机，补充相关素材，帮助学生辩证地看待地理环境对人类活动的影响性质。

例如，早期的钢铁工业对煤炭和铁矿石的依赖性很高，所以需要布局在距离煤炭和铁矿石较近的地区。而如今，随着科学技术的发展，生产1吨钢铁所需要的煤炭和铁矿石的总量均在下降，所以，在沿海地区和交通便捷的地方也布局有大型钢铁企业，这些地方往往远离原材料所在地，而是通过利用便利的交通条件进口原材料来满足本地钢铁工业生产需求，例如上海宝山钢铁就是一个典型的例子。

再如，港口一般选址在港阔水深，不冻不淤的沿海地区，但是随着社会经济的发展以及货运客运需求的增加，很多沿海大城市也相继修建港口码头，例如天津港，就是在淤泥质海岸的条件下兴建起来的，并且通过不断地人工建设，现在已成为我国北方第一大港。这也是一个典型的地理环境对人类活动起非决定性作用的例子。

其实，在地理教学中，有很多这样的例子，教师应该善于发现、总结和归纳，再以恰当的方式将知识和能力传递给学生，帮助学生全面地、辩证地认知地理环境对人类活动的影响，从而形成正确的人地观点。

(四)对"人类活动对地理环境的影响方式"关注较少

地理环境影响人类活动的同时，人类活动也在影响着地理环境。人类活动对地理环境的影响方式主要包括"人类活动对空间的占有"以及"人类活动与地理环境之间物质、能量、信息的交流"。[5]初中地理教材中对这一部分关注较少，有素材涉及这一部分内容，但是阐述得不够清楚明确。

例如，在《东南亚》和《撒哈拉以南非洲》两节中，都涉及热带雨林的砍伐问题，但是由于教材所给素材有限，这种"人类活动对空间的占有"的影响方式阐述不透彻，学生对此问题的认知就不明确，教师可以在教学中给予补充资源来阐述这一影响方式。最终达到帮助学生落实"人地协调观"的目标。

再如，在《澳大利亚》一节中谈到了对矿产资源的开采问题，这属于"人类活动与地理环境之间物质、能量、信息的交流"这一方式，但是大量开采之后的后果没有相关阐述,这样不利于学生正确理解"人类活动对地理环境的影响",教师在授课中可以引导学生思考矿产资源开采可能带来的影响,例如资源枯竭、环境污染以及生物多样性锐减等等,帮助学生完善知识认知,建立地理事象的逻辑关系,如果学情允许,教师还可以进一步引导学生思考在矿产资源开采的过程中人们应该注意什么问题,以此来帮助学生形成完整的地理思维链。

二、课外典型材料

在国家课程资源的基础之上,教师可以根据实际情况,补充开发与之相关的课程资源,配以恰当的教学线索,弥补教材中涉及较少的关于"人地协调观"的素材缺陷,从而帮助学生更好的认知"人地协调观"的相关内容。

(一)补充"地对人的间接影响"相关素材

例如《日本》这一节中,众所周知,日本多火山和地震,这给日本这个国家带来了很多"麻烦",因为地震以及次生灾害造成的人员伤亡和财产损失不可估量。但是日本在地震方面防灾减灾的出色表现也正是体现了"地对人的间接影响",是对我们有很大的启发的。另外,日本温泉文化也是得益于这一"麻烦"。在教学中,除了教材中已有的文字和图片,还可以给学生提供以下资源,帮助学生更好的理解地理环境对人类活动的"直接"和"间接"影响,并且体会影响的"积极"和"消极"两个方面。

【资源 2-1】视频资源

本视频从房屋倒塌、人员逃亡、道路被毁、交通堵塞、海啸袭击、电力中断、工业生产工具被毁等等几个方面直击日本地震时的场景,在震撼的画面中让学生体会到地震对人类活动的巨大影响。

【资源 2-2】图片资源

本资源为一系列的温泉景观图片,展现出位于火山地震带的日本的另外一面,没有人员伤亡,给人以岁月静好的感觉,让学生辩证地理解同一地理环境对人类活动的影响也有积极有利的一面。

【资源2-3】视频资源

本视频从列车制动、地震速报、房屋免震结构以及空气断振系统等方面介绍了日本先进的防灾技术。通过此视频，帮助学生认识到，地震不仅仅带来"灾难"，而且还促使人们在防灾减灾的领域不断探索，不断进步。这样的"间接影响"的素材，可以帮助学生更全面的把握地理环境对人类活动的影响的两种方式，养成用发展的眼光看问题的良性思维，从而落实"人地协调观"。

(二)补充"地对人的非决定性"的相关素材

【资源2-4】文字资源

日本的自然资源极度缺乏，例如煤、石油和铁矿石，资源短缺成为日本工业发展的限制性因素，但是日本的钢铁工业并没有因此而停滞不前。例如日本福山钢铁工业规模大产量高，年产钢1600万吨左右，为日本工业发展和城市建设提供了保障。这是为什么呢？这主要得益于日本拥有优良港湾，再加上交通的发展，大型船舶的出现，以及经济全球化的推动下，使得日本可以大量进口原材料，出口工业制成品，促进了日本工业的发展与进步。

再如，随着社会和经济的不断发展，我们对矿产资源的需求量不断增加，但是这些矿产资源都是不可再生资源，例如铁、煤、石油等，都不同程度地面临着资源枯竭的问题。在这种情况下，很多国家都在积极寻找他们的替代资源或者寻求合理利用和充分高效利用资源的方法，在众多材料领域有了很多突破，创造了很多人工合成的新型材料，以及开发建设了很多新能源基地，并且已经普及使用，效果良好，这些都体现了"地对人的非决定性影响"，并且也体现了"地对人的间接影响"。

通过以上素材，使学生意识到，地理环境对人类活动的影响不一定是决定性的，在某些地理要素的干预下，某些地理环境不再是人类活动的制约性因素。以此来帮助学生正确、全面、理性地认识地理环境对人类活动的影响。

(三)补充"人类活动对地理环境的影响方式"的相关素材

人类活动对地理环境的影响方式主要包括 "人类活动对自然要素空间的占有"以及"人类活动与地理环境之间物质、能量、信息的交流"。在教学中，教师可以搜集与之相关的教学素材，帮助学生理清这一部分内容，为高中的地理学科素养的形成奠基。例如资源 2-5 就是来自于网络并服务于教学的例子。

【资源 2-5】文字、数字资源

东南亚各国耕地及森林面积的变化对比：

1.泰国：耕地面积占全国土地的比例从 1950 年的 12.3%增至 1982 年的29%，1990 年达 47.4%。森林面积的比例从 1951 年的 60%减至 1986 年的 30%，1995 年则下降到 22.8%。

2.印尼：80 年代以前，印尼的移耕农业平均每年毁林 20 万至 30 万公顷。由于移耕而毁坏的森林面积达 4300 万公顷。

3.因伐木和不合理利用等原因，1969 年到 1995 年东南亚各国森林覆盖率变化：

印尼	70%~60%	柬埔寨	70%~55.7%
马来西亚	66%~47.1%	泰国	50%~21.8%
缅甸	66%~41.3%	菲律宾	50%~20%

这则资料可以补充在《东南亚》一节中，通过直观的触目惊心的数字变化，让学生感悟到人类活动对地理环境的影响之深刻，思考后果之严重，从而帮助学生认同"人地协调发展"的重要性与必要性。

三、开拓的探究性素材

探究性学习，即 Hands-on Inquiry Based Learning(HIBL)，指学生在学科领域内或现实生活情境中选取某个问题作为突破点，通过质疑、发现问题；调查研究、分析研讨，解决问题；表达与交流等探究学习活动，获得知识，掌握方法。[6]

在教师的引导下，学生通过探究性学习，不仅可以帮助学生解决问题、感受学习的快乐，还能通过解决问题时的深入思考以及思维碰撞，培养学生探究问题的能力，最重要的是帮助学生收获成功、激发学生继续探究的动力，这将有利于"人地协调"观念的形成。

根据维果斯基的"最近发展区理论"，认为学生的发展有两种水平：一种是学生的现有水平，指独立活动时所能达到的解决问题的水平；另一种是学生可能的发展水平,也就是通过教学所获得的潜力。两者之间的差异就是最近发展区。教学应着眼于学生的最近发展区,为学生提供带有难度的内容,调动学生的积极性,发挥其潜能,超越其最近发展区而达到下一发展阶段的水平,然后在此基础上进行下一个发展区的发展。[7]

(一)补充问题深入分析教材中的相关专题

【资源 3-1】文字资源

七年级下册第七章第二节中讲到了马六甲海峡的"十字路口"的位置的重要性。但是马六甲海峡也有它自己的一些问题,教师可以根据实际情况,向学生提供以下资料,供学生探究学习:

作为沟通太平洋和印度洋的一条狭长水道,马六甲海峡现在是世界上最繁忙的水道之一,每年有 8 万余艘船只通过。马六甲海峡面临着越来越大的安全隐患。一是海盗活动猖獗,严重威胁着过往商船的安全。印尼附近的海域由于巡逻警力不足,更是危险重重。二是航道拥挤,交通秩序混乱。亚洲和西方一些国家的反恐官员担心,恐怖分子可能会试图模仿海盗的作案手法,对海上国际交通线发动袭击。过分依赖这条"咽喉水道"的问题,已引起相关国家的关注。

由于马六甲海峡长约 1100 公里, 船舶绕行距离较长, 加上安全等方面的考虑,寻找各种替代性的运输方式及运输通道成为许多国家的关注点。截至目前,有关方面提出的方案主要有 3 个:泰国南部沿海"海陆联运陆桥"、泛亚洲石油大陆桥和开凿克拉地峡运河。其中,克拉运河一直是"撇开马六甲"设想中,最引人注目的一个方案。

基于以上资料,可以让学生探究以下两个问题:

1.克拉地峡开通的可行性。

2.克拉地峡开通后对我国的意义。

通过以上资料的学习,学生不仅对海峡和地峡有了一定的认知,更重要的是了解了它们对人类活动的意义所在,并且还能根据实际情况分析哪种人类活动更适宜促进地区的发展等等,这样就帮助学生打开了更广阔的学习思路,拓展了学生的研究范畴,扩大了学生的视野,利于帮助学生从更高的角度理解地理环境对人类活动的影响。

在教学中,在学生可以接受的范围内,教师适当地让学生将问题深入思考和讨论将有助于锻炼和提高学生的地理思维。例如,在《地形图的判读》一课讲完之后,教师可以根据实际情况帮助学生将这一部分内容进一步拓展,从实际应用的角度帮助学生加深对等高线的理解。

【教学案例1】 《地形图的判读——拓展课》教学设计

课题	第一章 地球和地图 第四节 地形图的判读——拓展课	授课教师	李秋
		课时	1
课程标准	1.在等高线地形图上,识别山峰、山脊、山谷,估算海拔与相对高度等。 2.在地形图上识别五种主要的地形类型。		
教学目标	1.利用 AR 等高线地形图,帮助学生理解相对高度。 2.利用 AR 山体的五种不同部位,帮助学生在等高线地形图上,识别山峰、山脊、山谷。 3.利用 AR 帮助学生理解坝址的选择需要考虑的问题。 4.进一步让学生感受到地理学科的重要性,能够在生活中用地理原理和规律解决实际问题。 5.初步进行地理核心素养中的"人地协调观"、地理实践力和综合思维的培养。		
教学重点、难点、突破方法	1.在等高线地形图上,识别山峰、山脊、山谷,计算相对高度等。 2.学会判断河流流向。 3.初步学会选择坝址以及初步学会分析聚落选址的优势条件。 4.提高学生的读图能力,掌握读地形图的方法。		
.教学方法 教学模式	讲授法、小组合作学习、读图分析法、AR 秒懂课堂		
媒体手段	AR 秒懂课堂、完全演示		

续表

环节	教学设计	学生活动	设计意图
引入	播放视频《1.4地形图的判读》回忆等高线的相关知识。	观看3D考点妙记教学视频。	通过AR这种新颖的教学手段,激发学生的学习兴趣。
师生互动	地理课的核心素养之一就是地理实践力,接下来同学们学以致用,尝试把上节课的知识熟练地运用到实践中。	学生在山体3D模型上指出识别山峰、山脊、山谷、陡崖、鞍部。	让学生第一时间进入课堂,提高教学效率,培养学生的参与意识,并且培养学生的地理实践力。
活动一	学生亲自动手在2D等高线地形图上画一画山峰、山脊、山谷、陡崖、鞍部这五个部分。学生独立完成,老师将部分同学的学案投屏在屏幕上,师生一起对其进行评价。	活动一:请同学们独立完成学案中的活动一。在学案图中标出山峰、山脊、山谷、陡崖、鞍部找一位同学到iPad上标出。	体现地理实践力的培养,让学生亲手操作,加深印象。
活动二	跟随AR难点秒懂来开始咱们的拓展课。学生在等高线地形图上以小组为单位完成以下任务。学生先完成任务一(两人一组合作完成): 1.计算山峰AB之间、BC之间的相对高度。 2.推算罗村——贾村的实地直线距离。 3.判断河流MN段的流向。投屏显示部分同学的学案,并给予评价。学生继续完成任务二,以学习小组为单位,合作完成。 4.选择水坝最佳修建位置,并说明理由。学生在回答问题的时候,教师通过AR秒懂课堂现场演示,让学生更加直观地看到真实的场景。	完成学案中的活动二 学生以小组为单位讨论解决两个任务4道问题,并由小组代表发言,同组同学可以补充。	教师通过AR秒懂课堂现场演示,让学生更加直观地看到真实的场景。帮助所有的学生更加深刻的理解等高线的相关知识,并且能学以致用。培养学生的分析能力。培养学生小组合作探究意识。培养学生的语言表达能力。帮助学生理解地理环境对人类活动的影响以及人类活动对地理环境的影响,从而树立人地协调发展的观念。

续表

环节	教学设计	学生活动	设计意图
板书	1.识别山峰、山脊、山谷、陡崖、鞍部 2.相对高度：两地的海拔之差 3.实地距离=图上距离/比例尺 4.河流流向：山谷(等高线凸向高值) 5.水坝选址： 　工程量小的峡谷地带 　汇水面积大的"口袋"形洼地 　考虑到农田、村落、移民等问题		
活动三	学生完成最后一个拓展任务，完成活动三： 在3D地形图上有三个村落，如果是你，你会选择居住在哪个村落？为什么？ 学生以小组为单位，一起讨论这个问题。 教师即兴提点、引导。	学生选择一个村落，简述其宜居优势。	培养学生的综合思维和地理实践力。 该村落的选址是人类活动适应地理环境的体现，由此加深学生对"人地协调观"的理解。
板书	6.聚落的宜居条件 地形、水源、交通(地域联系)、安全、基础设施(电路、水路、物流运输等)等等。		
小结	同学们这节课的表现真是可圈可点，给了老师一个又一个惊喜。其实只要大家乐于动脑，勤于思考，善于沟通，积极交流，就能体会到学习的快乐。 老师预祝大家在中学的六年学习中，每天都有新的收获，每天都快乐成长。 这节课我们就上到这里，下课！		

　　本节课在等高线的相关知识的基础上重点强调等高线的应用问题，而在应用的同时，也向学生传递了正确的人地观念，包括水坝最佳位置的选址、聚落的宜居条件等等。总而言之，教师可以调动身边的一切资源帮助学生切实落实"人地协调观"，以此来指导学生以后的生产生活实践。

(二)开展整体的课题研究,培养学生的"人地协调观"

在七年级下册的世界地理讲解中,教材中有很多图文资料都渗透了地理环境对人类活动的影响,教师在教学中可以适度挖掘,有效利用,在初中地理的教学中帮助学生种下"人地协调"的种子,这同时也为高中地理"人地协调观"的培养奠定基础。

基于此,教师可以根据实际情况,开展整体的课题研究,从而培养学生的"人地协调观"。

【课题研究 1】热带雨林的开发与保护

教材中《东南亚》和《巴西》两节课中都提到了热带雨林的相关问题,教师可以组织学生对热带雨林展开研究,从雨林的形成、分布、作用、危机、后果及对策等方面进行调研,帮助学生认识到人类可以改变自然环境,但是不能改变自然规律,而且强调人类活动要在遵循自然规律的前提下进行,否则将产生严重的甚至是不可逆转的恶果。

通过课题研究,还要帮助学生认识到生态平衡的维护需要全人类共同的努力,单靠一小部分人和国家是远远不够的。如果继续下去,当地球彻底失去了绿色,人类或许也将彻底失去我们的家园!

面对人地关系日益紧张的今天,我们应该秉持可持续发展的观念,应该树立人地协调的意识和态度。学生是祖国的未来与希望,他们秉持的价值观将对我国的发展有至关重要的作用,所以,我们必须培养学生正确的价值观念,帮助学生认同人地协调发展的必要性与紧迫性,帮助学生树立正确的人地观,只有这样,才能早日迎来人与自然和谐发展的"双赢"局面。

【课题研究 2】初步认知人口、资源、环境等全球性问题

人类文明的演进经历了几千年的时间,大致分为四个阶段,而各个阶段人类的思想,对人地关系的认知是不同的。在采猎文明时期,崇拜自然,对自然心生畏惧是主流思想;进入到农业文明时期,人类开始有了改造自然的能力,开始利用自然,改造自然;到了工业文明时期,人地关系表现为人类对自然的征服,出现了各种环境问题,并且日益严重;今天,我们进入了环境文明时期,开始谋求人地关系的协调发展。

对我国而言,日益严峻的人口问题,资源短缺问题与环境问题,无不逼迫我们开始反思以往的行为对地理环境所造成的严重后果,我们需要重新认识人类与地理环境的关系。而我们学习地理科学的最终目的,也是为了解决人地矛盾,使人地关系和谐共生,最终实现环境、经济、社会的可持续发展。

这一课题研究可以放在《土地资源》这一节之后来完成。

【教学案例2】《土地资源》教学设计

课题	第二章　中国的自然资源 第二节　土地资源	授课教师	李秋
		课时	1
课程标准	运用资料,说出我国土地资源的主要特点,理解我国的土地国策。		
教学目标	1.运用资料,说出我国土地资源的主要特点。 2.通过分析,使学生深刻理解土地国策,并树立正确的土地资源保护意识。 3.通过 iPad 演示、归纳土地类型,增加学生的学习兴趣。 4.通过小组合作探究,帮助学生理解我国土地资源的分布特点和土地的合理和不合理的利用方式,理解人类活动对地理环境的影响,落实"人地协调观"。 5.培养学生联系实际,发现问题,分析问题,解决问题的能力,提升思维的深度和广度。		
教学重点、难点、突破方法	重点:运用资料说出我国土地资源的主要特点。通过小组合作探究,帮助学生理解我国土地资源的分布特点和土地的合理和不合理的利用方式,理解人类活动对地理环境的影响,落实"人地协调观"。 难点:理解我国的土地国策。		
教学方法 教学模式	读图分析法、讨论法、列举法、小组合作探究 启发式教学模式		
媒体手段	多媒体		

续表

教学环节	教学过程	设计意图
引入	【视频】国土资源部节约集约用地公益广告	视频引入,增加学生的学习兴趣。明确本节课的学习主题。
活动一	【活动一:连连看】 比一比,看谁能最快地将这些土地资源归好类。	引入 iPad 教学,丰富学生的学习感受,激发学生潜能。了解我国土地资源的分类。
师生互动	【出示】我国的土地国策,探究土地资源的特点与国策之间的关系。 【资料1】 资料:1.世界上面积位于前六位的国家。 2.我国人均土地面积与部分国家的比较。 3.中国人均农业用地面积与世界的比较。 分析出:我国土地总量丰富,人均不足。 【资料2】 资料:1.中国土地利用类型的构成。 2.中印两国的耕地对比。 分析出:类型齐全,耕地比重小。 【材料3】 阅读材料:我国耕地后备资源匮乏。 分析出:我国后备土地资源不足。	在各种资料的分析过程中了解我国土地资源的特点。 通过一系列材料归纳出我国制定土地政策的原因之一。 通过资料,还有中印土地现状的对比归纳出我国制定土地政策的原因之二。 了解我国后备耕地严重不足。
过渡	【过渡】我们现有的耕地分布在哪些地方呢?其他类型的土地又分布在哪呢?	
活动二	【活动二:找找看】在《中国主要土地利用类型的分布》图中找到图例里出现的土地利用类型。 分析出:地区分布不均匀。	通过地图图层的分解,了解我国土地资源的分布特点。归纳出制定土地政策的原因之三。
过渡	【过渡】请同学们再继续思考,什么原因造成土地如此分布呢?	

续表

教学环节	教学过程	设计意图
活动三	【活动三:填填看】分析我国土地利用类型的分布特点 土地利用类型表 	通过图片分析归纳我国土地利用类型与地形干湿地区之间的关系,明确其分布特点。 理解地理环境对人类活动的影响。
活动四	【活动四:想想看】我们再想一想,这样的特点对我国的生产生活有什么影响?	深刻理解我国的土地国策。
师生互动	【思考】你知道哪些属于合理的土地利用方式? 【视频】你看到了什么? 视频中是不合理的土地利用方式。 帮助学生深刻认识制定土地国策的重要意义。	了解人类对土地利用的合理与不合理的方式。 体会人类活动对地理环境的影响。 深刻理解我国土地国策制定的原因。
拓展	【拓展】同学们,6月25日是全国土地日,今年的主题是:节约集约用地,切实保护耕地。 今天回家之后,想一想你们手中的土地应该如何利用? 要体现今年土地日的主题,并且宣传我国的土地国策,各小组可以绘制一份手抄报。	

活动三表格内容:

土地利用类型		干湿地区	主要地形类型
耕地	水田	湿润地区	平原、丘陵
	旱地	半湿润地区	平原
草地		半干旱地区	高原、山地
林地		湿润地区	山地
难以利用土地		干旱地区	高原、山地、盆地

在《土地资源》这一节的教学之后,学生整体上对我国的土地资源的现状和发展方向有了一个初步的认识,在此基础之上,教师再结合其他和资源、环境相关的案例、素材帮助学生认清我们走可持续发展之路的重要性和必然性就水到渠成了。

【资源3-2】文字资源

材料一：

随着经济总量和人口总量的增加,到下个世纪我国农业资源将迅速接近承载能力的极限。我国人均森林积蓄量、河川径流量分别为 8.17 米³ 和 242 米³,是世界人均水平的 1/7 和 1/4。巨大的人口压力大大地超过了资源与环境的承载力,特别是在目前我国经济水平低、技术落后的情况下,人口增加所带来的庞大物质需求只能靠生态系统的超负荷运转来满足。其结果将造成资源的过度消耗,严重危及自然系统的生态平衡,由此形成的恶性循环,又不断地削弱整个系统的持续发展能力。我国黄土高原地区生态系统的演替便是典型例证。

材料一说明人口增长所带来的巨大压力是我国人口、资源与环境之间矛盾的根源。

材料二：

中国是水资源短缺的国家,而且水资源分布很不均匀。1978—1988 年,供水能力年增长率约 1%,而同期国民经济以 9%~12% 的高速度增长,缺水范围扩大、程度加剧,特别是华北地区更为严重。

我国农业资源总量大,但人均量小,到 1988 年人均耕地、淡水、草地和林地分别只占世界平均水平的 32.3%、28.1%、32.3% 和 14.3%。随着人口的增长和工业化及城市化的快速发展,农业资源短缺的矛盾将进一步加剧。

材料二说明资源短缺制约着我国经济的发展。

材料三：①目前我国各大水系的污染都很严重。②矿山环境恶化趋势没有得到有效遏制。一是矿区废水、废气和固定废弃物污染严重。二是矿山植被、土地、水生态破坏问题突出。

材料三说明环境污染形势严峻。

材料四：

①水土流失问题日趋严重。据调查,我国目前各类水土流失面积已达 367 万平方千米,占国土总面积的 38.2%,其中水力侵蚀面积 179 万平方千米,风力侵蚀面积 181 万平方千米,每年因水土流失全国损失耕地约 0.13 万平方千米,每年流失土壤约 50 亿吨,相当于全国耕地平均被剥去 1 厘米厚的沃土层,流失量占全世界 1/5。流失的土壤带走了大量农作物需要的养分,仅黄河、长江一年流失的氮、

磷、钾就达 4400 万吨,超过了我国一年的化肥施用量。

②草场严重退化,荒漠化威胁形势严峻。

我国现有草地资源退化、沙化和碱化面积也逐年增加,全国"三化"草地面积已达 1.35 亿公顷,约占草地总面积的 1/3,并且每年还以 200 万公顷的速度增加。

中国是世界上荒漠化最严重的国家之一。目前,已有约 650 万顷耕地和 1/3 的天然草场受到不同程度的沙漠化威胁,沙漠化面积扩大的速度还在进一步加快。

材料四说明我国生态危机日益严重。

综合上述材料,分析得出中国的国情是:中国是世界上面积较大、人口最多的发展中国家,深受人口、资源、环境等全球性问题的困扰。基于此,教师帮助学生树立正确的环境观和"人地协调观"就水到渠成了。

以上两个案例都比较典型,所涉及的内容也是中学生认知范围之内的,教师可以组织学生在这两个案例的基础上继续探究相关问题,指导学生寻找还有哪些案例很好地诠释了"人类和谐共生",学生在找寻素材的过程中,也就渐渐懂得了"人地协调"的真谛。

【课题研究 3】世界文化遗产与地理环境之契合

这一课题研究是在《人类的聚居地——聚落》这一课的教学之后进行的,目的是让学生能更深入地理解人地协调发展的重要性和必要性。

【教学案例 3】《人类的聚居地——聚落》教学设计

课题	第四章 居民与聚落 第三节 人类的聚居地——聚落	授课教师	李秋
		课时	1
课程标准	1.运用图片描述城市景观和乡村景观的差别。 2.举例说出聚落与自然环境的关系。 3.懂得保护世界文化遗产的意义。		
教学目标	1.以丰富直观的图片引导学生学会描述城乡景观差别。 2.通过小组合作探究,帮助学生理解聚落与自然环境的关系,树立"人地协调观"。 3.通过典型事例分析,让学生感受到传统聚落是祖先留给我们的重要文化遗产,懂得保护世界文化遗产的意义。 4.培养学生联系实际,发现问题,分析问题,解决问题的能力,提升思维的深度和广度。		
教学重点、难点、突破方法	重点:1.运用图片描述城市景观和乡村景观的差别。 　　　2.举例说出聚落与自然环境的关系。 　　　3.懂得保护世界文化遗产的意义。 难点:1.能够举例说出聚落与自然环境的关系。 　　　2.懂得保护世界文化遗产的意义。		
教学方法 教学模式	观察分析法、读图分析法、讨论法、列举法、小组合作探究 "发现—发展"教学模式		
媒体手段	多媒体		

续表

环节	教师活动	学生活动	设计意图
引入	展示四张天津景观图片，识认这是哪里。	看四张景观图片 指出这是天津	从生活入手，从身边入手，激发学生的学习兴趣，引入本节课的学习。
学生活动1：比一比	以天津为例，看天津景观图，要求学生说出天津属于哪种聚落类型，城市景观特点有哪些。 对比乡村景观，描述出乡村景观的景观特点，并对比在景观上，乡村和城市有什么差别呢？ 完成学案的"活动一"。	用语言描述城市景观和乡村景观的差别	以天津为例，帮助学生明确描述城市景观的关键词。 落实聚落的分类，并能用语言描述城乡景观的差别。
讲解	聚落不仅是人们的居住的场所，也是人们进行劳动生产和社会生活的场所。刚才我们看到的直观的景观图片能够反映城乡差异，其实城市和乡村的差异还体现在生产活动上。乡村主要从事的是农业，城市是工业和服务业，正是因为生产方式不同，才使得城乡景观有如此大的差异。		了解城市景观与乡村景观的差异产生的原因。
学生活动2：选一选	小组合作探究学案活动二、选一选。请在下图中(图略)选出你最心仪的地方来建造家园。写出你选址的自然条件，并说明原因。用○来表示你的家园的位置。 给大家4分钟的讨论时间。	按照要求为自己的聚落选址，并说明原因。 找出3~4个小组到前面生机互动，阐明本小组的观点并解释原因。	进入本节课的重难点的学习。 学生通过实际操作，切身体验，发现聚落的形成与自然环境的关系，理解地理环境对人类活动的影响，培养学生分析问题的能力和解决问题的能力。
过渡	其实，自然环境不仅影响聚落的形成还会影响聚落的形态。		

续表

环节	教师活动	学生活动	设计意图
师生互动	通过对比下列照片： 发现聚落的形态与自然环境之间的关系。	回答问题。	通过典型图片让学生认识到地理环境不仅影响聚落的形成，还会影响聚落的形态
师生互动	展示全球夜间灯光分布图。通过这张图中，帮助学生发现全球聚落分布较密集的地方。完成表格。 	从南北半球看	多分布于北半球
从高中低纬度看	多分布于中低纬度
距海远近看	多分布于沿海地区
从地形上看	多分布于平原		看图回答问题，完成表格。	落实自然环境对聚落分布的影响。
过渡	大家分析得非常好，自然环境会影响聚落的分布、形成以及形态，那聚落就应该建立在适应自然环境的基础上。而在聚落中最能体现其特色的就是建筑了。建筑材料的选取则应该因地制宜，适应复杂多样的自然环境。其实在自然界中的小动物们都是在适应自然的过程中繁衍生息的，它们特别能因地制宜利用当地的自然条件。		
学生活动3：搭一搭	用河狸引入本环节，请同学声情并茂的朗读河狸搭房子的故事，体会动物是如何因地制宜，就地取材搭房子的。 完成学案活动3，因地制宜搭房子。 假设你生活在这些地区，你将选择什么材料、搭建成什么样式的房子？在你的方案中如何体现出了因地制宜的原则？你的房子如何适应当地的环境？ 可选择的建筑材料： 木头、草、冰、土、石头、毛毡、砖、竹子…… 建房原则： 因地制宜、经济实用。 给大家3分钟的时间。	阅读河狸搭房子。 小组合作搭房子。	探究传统民居与自然环境的关系，发展学生的实践操作能力和思维能力，树立人地协调观。激发学生的学习兴趣。让学生充分感受到，我们要学习生活中有用的地理。

续表

环节	教师活动	学生活动	设计意图
过渡	房子是主要的民居建筑,而建筑是聚落中的重要组成部分,在人类文明的历史长河中有些聚落是相当有特色的,它们还有一个共同的名字——世界文化遗产。	看威尼斯、土楼、丽江古城的景观图,初步感受世界文化遗产。	通过搭房子,让学生体会民居与自然环境的关系,再过渡到世界文化遗产的学习。
讲解	世界文化遗产,是人类智慧的结晶,是几千年来人类传承下来的文明,这些聚落之所以能成为世界文化遗产,不单单是因为它古老,有特色,更重要的,它能反映出当时的自然环境,这是最难能可贵的,也就赋予了它不可复制性。		体会世界文化遗产的不可复制性。
学生活动4:想一想	世界文化遗产如此宝贵,我们应该如何对待世界文化遗产呢? 我们保护它的意义何在呢? 思考完成本环节。	思考保护世界文化遗产的意义。	理解保护世界文化遗产的意义。进行情感态度价值观的渗透。
小结	教师总结归纳学生的答案,并在此基础上提升,指出现在旅游业中出现的问题,并让学生感受到问题的严重性,从而使学生在今后能从我做起,保护世界文化遗产。	明确在日常生活中要如何做能保护世界文化遗产。	切身感受到保护世界文化遗产的意义,并将其落实在今后的行动中。

本节课中,多处涉及地理环境对人类活动的影响,包括自然环境对聚落的形成和形态的影响,以及自然环境对建筑的影响,再有就是透过世界文化遗产体现出的人地协调发展的重要性。

在此基础之上,教师可以提供给学生更多的世界文化遗产,让学生从中选出自己感兴趣的部分,并分析其与自然环境之间的关系。

【资源 3-3】文字资源

表 2-3-1　我国世界文化遗产名录(截止到 2021 年 7 月)

名称	地点	入选年份
泰山	山东泰安	1987 年
长城	东起山海关,西至甘肃省嘉峪关	1987 年
明清皇宫(北京故宫、沈阳故宫)	北京东城区	1987 年(北京故宫)
	辽宁沈阳	2004 年(沈阳故宫)
莫高窟	甘肃敦煌	1987 年
秦始皇陵及兵马俑	陕西西安	1987 年
周口店北京人遗址	北京房山区	1987 年
黄山	安徽黄山市	1990 年
承德避暑山庄及其周围寺庙	河北承德	1994 年
曲阜孔庙、孔林、孔府	山东曲阜	1994 年
武当山古建筑群	湖北丹江口	1994 年
拉萨布达拉宫历史建筑群(含罗布林卡和大昭寺)	西藏拉萨	1994 年(布达拉宫)
		2000 年(大昭寺)
		2001 年(罗布林卡)
庐山国家级风景名胜区	江西九江	1996 年
峨眉山乐山大佛	四川峨眉山	1996 年
丽江古城	云南丽江	1997 年
平遥古城	山西平遥	1997 年
苏州古典园林	江苏苏州	1997 年(拙政园、留园、网师园、环秀山庄)
		2000 年(沧浪亭、狮子林、艺圃、耦园、退思园)
北京皇家园林—颐和园	北京海淀区	1998 年
北京皇家祭坛—天坛	北京东城区	1998 年
大足石刻	重庆大足	1999 年
武夷山	福建武夷山、江西铅山	1999 年(武夷山)
		2017 年(北武夷山)
青城山—都江堰	四川都江堰	2000 年

续表

名称	地点	入选年份
皖南古村落——西递、宏村	安徽黟县	2000 年
龙门石窟	河南洛阳	2000 年
明清皇家陵寝	湖北钟祥、河北遵化	2000 年(明显陵、清东陵、清西陵)
	河北易县、江苏南京	2003 年(明孝陵、明十三陵)
	北京昌平区、辽宁沈阳、辽宁新宾	2004 年(盛京三陵)
云冈石窟	山西大同	2001 年
高句丽王城、王陵及贵族墓葬	吉林集安、辽宁桓仁	2004 年
澳门历史城区	澳门	2005 年
殷墟	河南安阳	2006 年
南方喀斯特	云南石林、贵州荔波	2007 年(云南石林、贵州荔波、重庆武隆)
开平碉楼与村落	广东开平	2007 年
福建土楼	福建龙岩、漳州	2008 年
五台山	山西五台	2009 年
登封"天地之中"历史建筑群	河南登封	2010 年
杭州西湖文化景观	浙江杭州	2011 年
元上都遗址	内蒙古正蓝旗	2012 年
红河哈尼梯田文化景观	云南红河	2013 年
大运河	北京、天津、河北、河南、山东、安徽、江苏、浙江	2014 年
丝绸之路:长安—天山廊道的路网	中国(河南、陕西甘肃、新疆),吉尔吉斯斯坦＊哈萨克斯坦＊	2014 年
土司遗址	湖南永顺、湖北咸丰、贵州遵义	2015 年

续表

名称	地点	入选年份
左江花山岩画文化景观	广西崇左	2016 年
鼓浪屿:历史国际社区	福建厦门	2017 年
良渚古城遗址	浙江杭州	2019 年
泉州:宋元的世界海洋商贸中心	福建泉州	2021 年

(注:* 代表多国共同项目)

初中地理课程标准中有一条是"懂得保护世界文化遗产的意义"。世界文化遗产,是人类智慧的结晶,是几千年来人类传承下来的文明,这些文化之所以能成为世界文化遗产,不单单是因为它古老、有特色,更重要的,它能反映出当时的自然环境,这是最难能可贵的,也就赋予了它不可复制性。初中学生学习背景不同,对世界文化遗产的认知也有较大的差异,通过《人类的聚居地——聚落》一节的讲解,使学生懂得了保护传统建筑,传统聚落的重大意义,也就自然懂得了保护世界文化遗产的重要意义了。基于此,教师可以展示给学生我国被列为世界文化遗产的历史文化古迹,并指导学生选择自己感兴趣的一个或几个来探究其形成的年代、当时的地理环境以及这些文化遗产与地理环境之间的联系。

通过以上案例研究,学生不仅能对教材中涉及的内容有了更深入的了解,而且对"人地协调观"的认知也更加深刻,对人与自然环境之间的逻辑关系更加清晰系统。

【课题研究 4】文化与地理环境之我见

文化是人类在特定的地域范围内,在自然环境的基础上,在长期的生产和生活中创造的,是人类活动的产物。可见,文化的形成与地理环境之间有着密不可分的联系。以下三个案例能帮助学生很好地理解这一点,从而通过对文化的初步探究,培养学生正确的人地观念。

案例 1:民族服饰与地理环境

教师提供高山族、傣族、蒙古族的典型代表服饰的照片或者视频,让学生观察这些民族服饰的不同之处,并且分析原因。

学生不难得出结论:高山族、傣族都是裙装。这两个少数民族位于我国的热带地区,炎热的气候使得他们的民族服饰呈现这样的特色。蒙古族的服饰说明北方冬季气候严寒,所以衣服的保暖性就体现出来了。

案例 2:饮食与地理环境

教师提供湖南四川的人爱吃辣子的相关图片、文字或者视频,并分析其原因。

只要资源准备充分,学生不难得出是因为湿度太大了,而辣椒有去湿的作用,所以辣椒就成餐桌上"必备的食物"这一结论。

以上两个案例可以引导学生得出以下结论:地理环境在一定程度上影响着该地区的服饰文化、饮食文化的形成。

案例 3:建筑与地理环境

最能体现地域文化的城市景观就是建筑,很多地方的代表性建筑都能找到该地区地理环境的影子,以下案例很好地说明了这一点。

2010 上海世博会上最引人注目就是各个国家的国家馆,每一个国家都力求通过自己的国家馆向世界人民展示最全最好最具特色的国家文化。

教师可以选取几个有代表性的国家馆,帮助学生体会和理解各国设计者的独特匠心。

例如,中国馆,红色代表着中国元素,它象征着热情、勤奋、奔放。历史上的皇族也推崇红色,认为红色象征着特权与富足。中国馆想向世人表达"东方之冠,鼎盛中华,天下粮仓,富庶百姓"的中国文化精神与气质。我们用世界 7%的耕地养活了世界 22%的人口,非常了不起,如果仔细观察,中国馆的造型很像古时候用来量米的容器——升。中国馆的建造思路符合中国的地理环境的特点,以及几千年来地理环境影响下的中国的文化精神。

再如,阿拉伯馆,它的建筑的主色调是白色。白色对于阿拉伯而言是尊贵的颜色,而且,众所周知,白色吸热较少,所以阿拉伯男子的服饰多为白色。阿拉伯馆的顶部打造的是一个绿洲花园,这又想向我们传递什么呢?阿拉伯地区是一个严重缺水的国家,这样的设计表达了他们对淡水的渴望。

再来看巴西馆,巴西馆的设计灵感来自北京奥运会的鸟巢,整个展馆的外墙为绿色,能让你联想到巴西的什么自然景观呢?繁密茂盛的热带丛林。

第四个,我们选取了澳大利亚馆,澳大利亚展馆外墙的颜色是渐变的,最终形成浓重的红赭石色,宛如澳大利亚内陆的红土。它的造型很特别,它的灵感来自于澳大利亚一块非常有名的巨石——艾尔斯岩。

通过对这四个国家馆的深入了解后,可以帮助学生理解建筑确实能够非常完美的体现一座城市的地域文化,而这种地域文化往往是和该地的地理环境紧密联系在一起的。从而帮助学生更深刻的理解地理环境对人类活动的影响,培养学生正确的"人地协调观"。

(三)充分利用校本课程,为学生搭建更广阔的探究平台

随着基础教育课程改革的不断深化,校本课程已经成为课程改革和发展的重要组成部分,很多学校都不同程度地开发了适合本校学生研究探讨的校本课程。而校本课程在内容选择方面也必然要紧扣国家课程课程标准中的基本要求和根本任务。地理学科的校本课程资源开发也必然要符合地理学科的基本课程理念,以培养学生必备的地理学科核心素养为己任。

下面以天津市第四十一中学地理学科校本课程资源开发为例,立足"人地协调观"的三个基本维度:地理环境对人类活动的影响,即地对人的影响;人类活动对地理环境的影响,即人对地的影响;以及地理环境与人类活动的相互协调,即人地关系相互协调,探讨如何围绕培养"人地协调观"来开发校本课程资源。

1.地理环境对人类活动的影响

《大美中国——旅游地理风光摄影实践活动》是天津市第四十一中学开发了十几年的校本课程,被评为天津市精品课程。它是四十一中"扬帆志达"地理课程体系中的远航课程,是《旅游地理》的延伸,旨在培养学生发现美、欣赏美的能力,对学生进行美的教育。

随着核心素养的提出,除了在国家课程中培养学生的核心素养外,在校本课中,教师也同样可以搭设情景,研究探讨核心素养的相关内容,尤其是"人地协调观"念的培养,几乎融入每一节校本课中。

例如,在校本课《大美中国——旅游地理风光摄影实践活动》中介绍秦岭时,除了讲解像秦岭这样的绵延起伏的山脉的拍摄手法外,还重点介绍了秦岭南北两侧的自然特征以及人类活动,例如饮食、服饰、建筑、供暖以及农业活动等,用一系列的视频和照片来帮助学生全方位的感受秦岭的壮美以及秦岭的地理意义,既充

实了国家课程的教学资源，又引领了学生对美的欣赏与领悟，更重要的是让学生认识到地理环境对人类活动的深刻影响。另外，还截取了在南方上学的学生的真实感受，制作成音频和视频，让身在北方的 41 中的学生同步感受到南方自然环境的不同。最后，再利用小视频和大量照片，来让学生对南北方人类活动的差异感同身受，例如其中的一个全国供暖的小视频，播放完之后，学生立刻产生了共鸣，教学效果非常好。

其实，人们用相机拍下的不仅仅是美丽的景色，难忘的时刻，还有那一瞬时的人与地的相处方式，也就是体现了人地关系。经过本节校本课，学生真正认同了地理环境确实是对人类活动有着深刻的影响的，以此为培养学生树立正确的"人地协调观"打下基础。

再如，在《我和气象有个约会》这门校本课中，教师充分利用学校的数字气象站，指导学生对气象进行观测，与此同时，还可以利用锋面实验活动套装、热力环流实验套装、验证温室气体实验套装等开展实验探究，普及气象知识，旨在帮助学生认识气象与人们生产、生活的关系，应用气象观测数据指导人们日常的生产生活实践，也同样使学生认识到地理环境对人类活动的深刻影响。

另外，还是在《我和气象有个约会》中，在教学中教师补充了这样一则有趣的资料——"全国感冒指数的地图"，在此地图中，将我国划分为"容易感冒""较易感冒""感冒少发"三个区域，趣味性很强。同学们在感同身受之余，也能体会到地理环境对我们人类的影响，在教学中将其与天气系统的知识联系在一起，既充实了教材中的案例，又提高了学生的学习兴趣，更重要的是，能有效帮助学生更好地理解这部分内容。

2.人类活动对地理环境的影响

"人地协调观"的第二个维度是人类活动对地理环境的影响，这样的例子在教材中随处可见。教材中的案例虽然准确、全面并且权威，但是具有滞后性，很多案例学生在小学或者初中就已经知道，在教学过程中很难引起他们重新学习该知识的兴趣。但在《时事地理》中，教师可以选取了近期发生的一些与地理有关的热点事件，编入校本课程，充实国家课程，引起学生学习兴趣的同时，也渗透出人地关系必须向绿色方向发展、可持续方向发展的理念。

（1）人类活动对地理环境的消极影响

例如，50%的珊瑚已死亡；世界级景观大堡礁正在消失。究竟是什么在威胁着珊瑚礁的生存？再如，终局之战：人类或将被迫启动"地球冷却计划"，这是针对全球变暖的最新研究。这种激进的方案效果如何？又会带来哪些隐患呢？都是值得我们深思的。

总之，这些课程资源素材来自于时事新闻和各大网站，通过教师的整合与开发旨在使学生们意识到每一个人在环境保护方面的使命感和时代感应逐渐增强，作为一个有责任感的中学生，确实应该身体力行，为减缓和适应全球气候变化以及其他的环境问题的解决做出积极贡献。

（2）人类活动对地理环境的积极影响

人类活动对地理环境的影响也有很多积极的一面。例如，兰州轨道交通1号线成了兰州一些市民的"避暑地"。但是，地铁里并没有空调，这是为什么呢？这得益于兰州地铁的制冷与空调技术，兰州具有降水少、日照时间长，光能潜力大，气候干燥，昼夜温差大的自然特征，这种得天独厚的气象条件，加上蒸发冷却空调技术的发展和应用，给兰州地铁通风空调降耗提供了一种新的可能。这也体现出科学技术作为媒介，在人地协调中起着越来越重要的作用。

（3）科学技术在人类活动对地理环境的影响中的媒介作用

随着科学技术的发展，人类对地理环境的影响也越来越深刻，既有正面作用也有负面作用，教师在教学中强调科学技术的正面作用会更多一些，这在校本课程中也有所涉及和体现。

在《生活中的黑科技》这门校本课程中，通过"数字地理空间系统"，模拟教学需要的场景，搭建学生学习的平台，充分利用学校现有的技术手段，为学生提供一手的新鲜地理素材与崭新的呈现方式，这将有利于帮助学生改变传统观念，树立正确的"人地协调观"。

例如，立足于乡土地理，四十一中学在这门课中搭建"海河功能的转变"这一内容。随着时代的发展，海河也在不断地变换着自己角色，从最早的漕运到今天的旅游业，无不体现了人地关系，从建模到应用，整个活动学生参与其中，在培养学生信息技术素养的同时，也在潜移默化地渗透了"人地协调观"。

3.地理环境与人类活动的相互协调

在"时事地理"中,我们选取了这样一则新闻——"无心插柳柳成荫",主要内容是在青海省海南藏族自治州共和县塔拉滩,土地大都是半荒漠化的状态,但是光照条件良好。2016年6月,黄河水电公司在此建立起占地54平方公里的光伏发电站,铺设太阳能光伏板550余万块。为了防止风沙对太阳能光伏板的伤害,于是通过种草来解决这个问题。工作人员清洗光伏板的水,渗透到地下,使得土地中水分含量增加。牧草在这样的环境下长势良好,但是埋下了火灾的隐患。于是,负责人决定通过放羊来解决这个问题。但是如果让羊一味地吃草,又不加以禁止的话,这片土地又会变成荒漠化土地。于是工作人员又实行分开放牧的方法,一个区域只让羊群吃十天,随后搬家,让被啃过的地方生态自我恢复。但是放羊毕竟不是技术人员的主业,所以公司的领导和周边的农民商议,由农民来放羊,工资由公司付。于是,光伏+养殖+扶贫+环境改善,良性循环成型了。这绝对是一个"无心插柳柳成荫"好案例,更是一个人地关系不断协调,共同发展,实现共赢的绝佳体现。

综上所述,"人地协调观"是人们秉持的正确的价值观,在初中地理教学中,很多章节都已经在逐步渗透这个观念,作为一线教师,我们可以根据自己教学的实际情况,适当适量的增加课程资源,以更好地为教学服务。希望通过这些课程、案例、亲身参与、研究探讨帮助学生建立人地协调发展的意识,认同人地协调发展的方向,最终树立"人地协调观"。让"人地协调观"深入到每一位学生的思想中、体现在每一位学生的行动中,最终落实"立德树人"的根本任务。在此过程中,我们每一位地理教师也在不断地成长,从课程资源的筛选到资料的收集、整理、实施,每一个环节都是对我们的挑战,也是我们教师成长的基石,我们将秉持着和谐发展的基本态度和观念,不断尝试,不断前行。

参考文献

[1]中华人民共和国教育部.《关于全面深化课程改革落实立德树人根本任务的意见》节选[J].教育科学论坛,2017(20):3-5.

[2]中华人民共和国教育部.普通高中地理课程标准(2017 年版)[S]. 北京:人民教育出版社,2018.

[3]詹秀娣,袁孝亭.人教版初中地理教科书渗透人地观的得失[J].中学地理教学参考,2015(6):45–47.

[4]袁孝亭.地理课程与教学论(第二版)[M].长春:东北师范大学出版社,2020.

[5]韦钰,Rowell.探究式科学教育教学指导[M].北京:教育科学出版社,2005.

[6]余震球.维果斯基教育论著选[M].北京:人民教育出版社,2004.

专题 **4**

基于"人地协调观"培养的初中地理教学课例设计与分析

天津大学附属中学　孙一凡

【作者有话说】

在日常教学活动中，每一位地理人都以自己的理解方式和教学行为在课堂上努力摸索如何落实地理学科四大核心素养,我也不例外。相较于"综合思维""区域认知"和"地理实践力"这三项素养来说,个人觉得"人地协调观"的培养落实起来有一定困难。我们如何"润物细无声"地将这种观念厚植于学生的心中,而不是简单抽象地讲一句"人地要协调发展",这是我时常思考的问题。幸运的是,天津市学科领航工程使我有机会能够与志同道合的地理人一起研究、思考这一问题。通过对学生问卷调查的数据分析,我们发现初中学生对"人口、资源、环境和发展问题"等人地协调观的内容有强烈的学习热情,刻板地讲授人地协调观等的教学形式不受学生欢迎,学生的学习需求要求教师把传统、枯燥、单调、缺乏情感内涵的课程设计为丰富、生动的教学活动。如何设计丰富、生动的教学活动呢? 我将依托 2011 年人教版初中地理教材的部分章节,以人地关系的培养为切入点,提出初中地理课堂中人地协调观的教学设计策略。

1986 年,我国颁布《全日制中学地理教学大纲》,该大纲首次明确提出"正确阐明人地关系"的要求。1992 年颁发的《九年义务教育全日制初级中学地理教学大纲(试用)》,明确提出对学生进行科学的资源观、人口观、环境观等"人地协调观"的教育。目前,在深化基础教育领域课程改革的大背景下,基础教育教学的重点工作由三维目标上升到核心素养,"人地协调观"则是地理学科核心素养的基本价值观念。"人地协调观"主要体现在对"人地间如何协调发展""如何帮助学生树立正确的自然观、环境观、发展观"等观念上,是地理学科育人的核心。

　　培养学生的"人地协调观",使学生面对不断出现的人口、资源、环境、发展等问题的时候,理解并认识到人类社会要更好的发展,必须协调好人类活动与地理环境的关系,因地制宜发展。据此,新课程标准给出了针对"人地协调观"的培养目标:学生能够正确看待地理环境与人类活动的相互影响,深入认识两者相互影响的不同方式、强度和后果,认同人地协调对可持续发展具有重要意义,形成尊重自然、和谐发展的态度。

一、"人地协调观"的培养价值分析

　　地理学科的核心素养包括"'人地协调观'、综合思维、区域认知和地理实践力"四个方面。

　　"人地协调观"是地理课程最核心的价值诉求,是地理学科核心素养的基本价值观念,也是现代地理学和地理教育的核心观念,体现了人和地理环境的协调发展。

　　"人地协调观"是指人们对人类与地理环境之间关系秉持的正确的价值观。人类的生存和活动要受到一定地理环境的影响,同时人类的生存和活动也会对地理环境造成一定的影响。在古代,人们利用和改造自然的能力较弱,人类臣服于自然,形成崇拜和畏惧自然的观念;在近代自然占主导,人们认为人类社会的发展是由地理环境决定的,有什么样的地理环境,就有什么样的人类生产生活方式,形成地理环境决定论;在现代,人类的因素占主导,人统治自然形成人定胜天的思想观念;在后现代人与自然和谐发展,尊重自然,形成"人地协调观"。"人地协调观"是现代地理学和地理教育的核心观念,体现了人和地理环境的协调发展。地球上的自然条件和自然资源是人类赖以生存的基本条件,自然环境是人类存在发展的基础。地理环境对人类的影响是巨大的。随着人口增长与科学技术水平的提高,人类对地理环境的影响增大,对自然的索取变得更加贪婪,环境问题日益严重。地球上越来越频发的洪水和干旱,冰川面积的不断减少,动植物资源的不断灭绝,我们身边的水污染、雾霾等,严重影响了我们的生活,生态环境恶化威胁人类健康和子孙后代生存,这使得"人地协调观"的培养变得日益迫切和必要。

"人地协调观"作为初中地理课程标准中涉及的最重要的情感态度、价值观,在不同版本的初中地理教材的编写中都有多处体现,其也是地理学科核心素养的重要组成部分,体现了人和地理环境的协调发展。

二、教学课例设计的基本要求

初中阶段是学生初次认识地理学科并开始用地理的视角分析解决问题的时期,这个时期正是树立正确的地理价值观、渗透"人地协调观"念的关键时期,这一阶段的学生对地理课程中有关人地关系的学习内容开始感兴趣。通过对学生问卷调查的数据分析我们发现,初中学生对"人口、资源、环境和发展问题"等"人地协调观"的意识非常强,他们对地理课程中有关人地关系的学习内容很感兴趣,并认为"人地协调观"在分析地理问题时非常重要。同时可以看出,目前课堂教学仍然是学生了解"人地协调观"的主要途径,学生们普遍反映他们更喜欢教师提供的教材以外的鲜活的学习素材。这就要求我们一方面在地理教学过程中必须关注"人地协调观"的落实,"人地协调观"作为地理学科最核心的价值观,它影响着一个人对待自然与人文地理环境,对待地理学习,甚至是对待地理的最基本看法与倾向性,对学生的地理学习具有很强的导向与制约作用,其影响比认知的影响更为深刻。另一方面,刻板的去讲授"人地协调观"等观念是不被学生所欢迎的,学生的学习需求还要求教师把传统、枯燥、单调、缺乏情感内涵的课程设计变为丰富、生动的教学活动。如何设计丰富、生动的教学活动呢?自主学习、小组讨论、合作探究、游戏竞赛、拓展延伸等等都是不错的课堂活动形式,但所有的这些课堂活动形式都需要以大量鲜活、生动的教学素材作为载体。由于初中地理学习内容较为浅显,侧重学生的感性认识,地理教材中有关"人地协调观"的素材内容和形式有限,往往是以短篇阅读材料的形式出现,这种形式单一的文字素材无论从形式还是容量上都难以满足学生的学习需求,为了更好地落实"人地协调观"的培养目标,教师在教学实践中往往需要补充与人地协调发展相关的素材。

针对"人地协调观"培养的若干课程资源和素材,如何筛选与恰当运用,让其为我们的地理课堂教学服务,切实提升地理课堂教学落实"人地协调观"的效率与质量,笔者将依托 2011 人教版地理教材部分章节为例,以人地关系的培养为切入点,以地理学科教育特点及初中学生身心发展为基础,展示基于"人地协调观"培养视域下的系列教学课例设计,探讨基于"人地协调观"培养的课程资源开发使用策略及价值,通过对实践探究成果的总结论证,以人地关系的培养为切入点,提出初中地理课堂中"人地协调观"的教学设计策略,推动初中地理"人地协调观"的培养,为中学地理教学提供参考。

三、教学课例分析

(一)服务教学目标,体现"人地协调观"

以人教版八年级地理下册第九章第二节《高原湿地——三江源地区》一节为例,探讨在地理课堂教学中如何服务教学目标,体现"人地协调观"。

《高原湿地——三江源地区》选自人教版八年级地理下册第九章第二节,这节内容是在学生对青藏地区有了一番了解的基础上,进一步研究学习青藏地区的内部区域。三江源地区是典型的学习和认识区域内自然地理要素相互作用和相互影响的教学案例和素材。其之所以成为长江、黄河、澜沧江三条江河的源头汇水区,是该地区地形地势条件、独特的高寒气候与当地多雪山冰川、湖泊、沼泽等自然地理要素相互作用和影响的结果。三江源地区具有独特而典型的高寒生态系统,是目前我国面积最大的自然保护区、也是世界高海拔地区生物多样性最集中的自然保护区和生态系统最脆弱敏感的地区之一。

课 题	人教版八年级地理下册 高原湿地——三江源地区		
学科(版本)	人教版	章 节	第九章第二节
学 时	1 课时	年 级	八年级

一、课标要求

　　根据资料,分析某区域内存在的自然灾害与环境问题,了解区域环境保护与资源开发利用的成功经验。

二、教学目标

知识与技能

　　1.根据三江源地区环境问题的图文资料,分析三江源地区存在的突出环境问题,理解保护三江源地区生态环境的重要性。

　　2.了解三江源地区和保护江河源地与生态环境的成功经验,在达成教学目标的过程中也恰恰体现了人地协调发展的重要性。

过程与方法:观察法、小组讨论法

情感、态度与价值观:通过了解三江源地区和保护江河源地与生态环境的成功经验,体现人地协调发展的重要性。

三、教学重难点分析及教学策略

　　(一)重点与难点

　　重点:运用地图和其他资料,分析三江源地区存在的突出环境问题。

　　难点:运用图文资料,联系三江源地区和保护江河源地与生态环境的成功经验,理解保护三江源地区生态环境的重要性,体现人地协调发展的重要性。

　　(二)教学策略

　　服务本节课的教学目标,要求学生经过一年的地理学科素养和地理学科技能的培养,多数八年级学生已经掌握了地理学科的基本技能:如运用相关地图及资料了解某地区地理位置、气候、地形等自然环境要素的能力,同时也具备一定的分析地理问题的能力。本节课教学中,采取以学生为主体,充分利用观察法、小组讨论法使学生积极动脑、动口、动手,增强学生的参与协作意识,引导学生学会抓住事物内在联系去分析、解决问题,得出结论时体现"人地协调观"念,关注学生由知识目标向情感态度价值观目标迁移。

四、教学准备

　　多媒体自制课件、相关视频、音频资料

五、教学设计

续表

环节及时间	活动目标	教学内容	活动设计	媒体应用及分析
导入环节5分钟	使学生感受自然之美，人地和谐之美。	复习旧知，引入新知，从母亲河的发源地引出本节主题三江源地区。	教师：我们的祖国是一个地域面积幅员辽阔，自然环境复杂多样的国家。大美中国！"绿水青山就是金山银山"。绿水青山和我们每一个人都大有关系。大到祖国的山川河流，小到生活中的一滴水。 教师：同学们还记得我们中华民族的两条母亲河黄河和长江她们发源自哪里吗？ 学生：青海省三江源。 教师：好，那今天我们就到母亲河的源头去看一看。	展示祖国各地优美自然风光的图片，使学生感受自然之美。
新课环节35分	引导学生体会人地协调之美，另一方面也深入浅出的概括了三江源地区生态环境对我国主要河流的重要作用，为后面对比该地环境遭到破坏打下铺垫。	中华水塔：三江源地区位于青海省南部，是黄河、长江和澜沧江的总称。	播放视频："三江源是一个美丽的地方：这里雪山连绵，冰川高悬，冰塔耸立；这里湖泊星罗，沼泽密布，小溪潺潺；这里细草如毯，羽族炫翎，蹄类竞骄……这里是野生动物的天堂，这里是江河之源。"这里还有一个美称——"中华水塔"。 播放权威专家学者的访谈录像，结合教材P92，阅读并思考三江源为何被称作"中华水塔"，其意义何在？学生：三江源地区不仅水量丰富，且海拔地势高，就如同一个巨大的蓄水塔，而长江、黄河、澜沧江就像一条条"输水管道"，可以源源不断地为中下游流经地区人民的生产和生活提供水资源，其作用十分重要，被称作"中华水塔"。 教师：是的，我们的母亲河长江总水量的25%、黄河总水量的49%，澜沧江总水量的15%都来源于这里，澜沧江离开中国后被称为什么？ 学生：湄公河。 教师：湄公河流经中南半岛，是东南亚地区最重要的一条国际性河流。因此，三江源不仅为我国提供了丰富的水资源。也为东南亚当地的居民提供了水源。可以说，三江源的生态安全不仅关系着中国，甚至也关系到亚洲的其他地区，三江源地区的环境保护意义重大！	视频中既有三江源地区优美的自然风光又有当地丰富且多姿多彩的动植物景观，引导学生体会人地协调之美

环节及时间	活动目标	教学内容	活动设计	媒体应用及分析
		三江源地区的环境保护意义重大	小组探究:联系所学过的地理知识,利用"中国气候类型分布图""中国年降水量分布图"等,以小组为单位对以下问题进行合作探究,判断下列说法是否正确,读图得出答案并由各组学生代表来展示成果。 问题一:三江源地区的水源补给主要来自于大气降水。 问题二:雪山和冰川的融水是三江源地区江河的最初水源。 问题三:三江源地区的河流在旱雨季无法进行调蓄。 学生: 第一组:三江源地区属于高原山地气候,冬冷夏凉,降水较少。三江源地区年降水量为200~400mm和400~800mm,大部分属于半干旱区、半湿润区。 第二组:雪山和冰川的融水是江河的最初水源。每至温暖季节,"固体水库"的冰雪消融,形成涓涓细流,进而蜿蜒汇集成江河最初的源流。 第三组:湖泊和沼泽是三江源地区重要的调蓄器,另外也有大气降水,它们和雪山、冰川一起,使长江、黄河、澜沧江的水源源不断,最终流入大海。 教师:可见,生活当中处处是地理,我们要学会做一个有心人,认真观察,勤于思考,勇于实践,毕竟实践出真知嘛。 教师:三江源地区给我们带来了深刻而美好的印象,它是世界上海拔最高、面积最大的高原湿地,它是野生动物的天堂,那里生活着藏羚羊、藏野驴、黑颈鹤、雪豹等多种国家珍稀的野生动物,是世界上高海拔地区生物多样性最集中的地区。但是,近年来,三江源地区的一些现象令人产生了新的担忧。	结合"三江源地区爆发生态危机"的视频素材,教师设计相应问题,引导学生通过直观感受和听取专家学者的介绍,了解三江源地区爆发环境危机的影响重大,思考归纳三江源地区环境保护的迫切性和重要性,从而深切体会人地协调发展的重要意义。
		承转:三江源地区兼具美景与美称,其水"来源"也很有特点。		

续表

环节及时间	活动目标	教学内容	活动设计	媒体应用及分析
反馈环节5分钟	锻炼学生自主学习总结归纳的能力,激发学生想要保护三江源地区的真情实感,培养学生强烈的社会责任感。 落实本课教学目标	三江源地区出现的环境问题 三江源生态环境遭到破坏,出现了过度放牧、乱采滥挖等不合理的人类生产活动。 三江源地区的生态环境保护意义及措施·	播放三江源地区遭到破坏的新闻报道。 教师:老师近期看到了"三江源地区爆发生态危机"的相关新闻报道。请你认真观看视频并记录三江源地区出现的主要生态问题极其造成的恶果,找出其产生原因并写出相应的保护措施。 同学们,我们的祖国母亲用乳汁哺育着我们,美丽的三江源用河水滋润着我们,大家觉得我们应该怎么做才能保护美丽的三江源? 学生:为了保护三江源地区的生态环境,国家设立了三江源自然保护区。目前,三江源自然保护区采取退耕还草(林)、全面禁猎、禁采砂金、休牧育草、实施天然林和天然牧场保护工程等措施,一定程度上遏制了环境持续恶化的趋势。 教师:同学们,我们学习了知识,增长了智慧,不是为了破坏、伤害母亲,而是为了有能力更好地来保卫她、建设她。我们应像保护眼睛一样保护生态环境,像对待生命一样对待生态环境。我们既是家国情怀的追梦人,更是伟大祖国的圆梦人,要有作为、有担当,建成美丽中国,我们每一个人都是行动者,请大家从今天起行动起来,做生态文明的守护者,为我们的绿水青山保驾护航! 选择恰当反馈题目,除了文字表达外适当加入音视频题目效果更好。	
教学反思	教师选择课程资源和素材时应注意:素材的选取应来源于官方认可的主流媒体,例如央视新闻、纪录片或科教性节目;素材的内容应具有科学严谨性并与课标要求、教学内容关系密切;文字或视频截选要精准,使学生们既能够看懂来龙去脉又不至过分详细烦琐,视频时长要适当:一般以 0.5~5 分钟为宜,过长或过短都不利于课堂教学实践应用。			

本课通过阅读、思考和活动环节等多种形式,以人地关系为中心线索,将德育贯穿到整节课程,用可持续发展的观点认识三江源地区独特的自然地理特征,分析该地人口、经济发展与资源利用、环境保护如何协调,评价人类活动是否合理,注意从中借鉴有益经验和失败教训,探讨促进三江源地区可持续发展的措施和途径,在教学中加强对学生"人地协调观"的培养,使学生们能够具备分析问题、解决问题的能力,切实发挥地理学科的育人功能,完成我们的育人目标,使学生们得到了情感价值观的提升,树立了正确的生态观和人地和谐观,激发了学生的民族自豪感,突出爱国情感,鼓励学生在今后的生活中义不容辞为祖国贡献出力量。

(二)激发学习兴趣,渗透"人地协调观"

以人教版教材七年级地理下册第二章第一节日本的第二课时为例,探讨在地理课堂教学中如何激发学习兴趣,渗透"人地协调观"。

课　题	人教版七年级地理下册 第二章第一节日本(第二课时)		
学科(版本)	人教版	章　节	第二章第一节
学　时	1课时	年　级	七年级

一、课标要求

1.运用地图和其他资料,联系某国家自然条件特点,简要分析该国因地制宜发展经济的实例。

2.举例说出某国家与其他国家在经济、贸易、文化等方面的联系。

3.根据地图和其他资料说出某国家的民族、人口、文化等人文地理要素的特点。

二、教学目标

知识与技能

1.运用地图和其他资料,联系日本自然环境的特点,分析日本的工业发展特点及成因,理解日本如何因地制宜发展经济。

2.根据地图和其他资料说出日本的人口和民族构成,以及文化的特点;了解中国和日本的文化交流。

过程与方法:读图分析、讨论

情感、态度与价值观

1.通过情境设计,营造良好的学习氛围,激发学习兴趣。

2.通过分析日本工业发展的特点及成因,理解日本如何因地制宜发展经济,渗透"人地协调观"念。

3.通过对日本的学习,感受日本经济、文化等方面的发展与其他国家的密切关系。

三、教学重难点分析及教学策略

(一)重点与难点

重点:运用地图和其他资料,了解日本的工业分布特点及原因,理解日本东西方文化兼容的特色。

难点:运用地图和其他资料,联系日本自然环境的特点,分析日本的工业发展特点及成因,理解日本如何因地制宜发展经济,渗透"人地协调观"念。

(二)教学策略

通过设置问题逐步引导,调动每一位学生的参与意识和学习积极性;以疫情中日本捐献我国的物资上印有古诗为切入点,引出日本受东方文化影响深远,拉近地理与学生的距离,激发学生的学习兴趣;通过阅读分析图片、数据和文字材料,增强学生获取信息的能力,从而更好地解决问题。

四、教学准备

多媒体自制课件、相关视频、音频资料

五、教学设计

续表

教学环节及时间	活动目标	教学内容	活动设计	媒体应用及分析
导入环节：5分钟	为本次新课的学习做好知识储备	复习第一课时所学日本自然环境的相关内容	播放日本歌曲《北国之春》	播放歌曲《北国之春》提示大家为即将开始的地理课做好准备
	年前我校部分学生参加了日本的研学活动，问题设置贴近他们的学习经历，同时其他同学根据生活经验也能回答出来这个问题。		日本作为我国一衣带水的邻邦近些年来成为国人出行、旅游、研学等热点地区。小明从日本研学归来对日本的描述哪个是假的？热带雨林广布。	
	培养学生树立保护环境的意识。	思考日本除森林外还有哪些自然资源丰富？	由热带雨林资源为假引出日本森林资源丰富为真，介绍绿色王国和树木银行。	
新课环节：35分钟	了解日本的自然资源特点，为下面学习日本的工业打下伏笔。	水能、地热、海洋等资源。除此之外其他自然资源特别是与工业生产密切相关的矿产资源非常匮乏。	此处结合第一课时地形，说明日本河流短小湍急，水能丰富的原因。	结合图表等资料，形象直观得出结论
	树立学生的民族自豪感	提示大家关注视频中我国的GDP排名变化，可见我国经济的快速发展及成就	在日常生活中，我们经常听到对日本的两种截然不同的评价——"小国"与"大国"，请同学思考为什么这么说。思考过程中对与老师互动并说出准确	关注全体学生，提供图片、统计图、视频等资源让刚才没有

续表

教学环节及时间	活动目标	教学内容	活动设计	媒体应用及分析
			原因的同学肯定并提出表扬，与同学互动激发学生的学习热情和主动性。	快速回答出来的同学有消化吸收的过程
	"润物细无声"地渗透了"人地协调观"	日本地域狭小、资源匮乏、国内市场小等劣势但其凭借海运便利、先进的科学技术，进口原料进行加工，最终向全球输送高级工业产品，发达的加工贸易经济	展示日本和其他国家的国土面积和自然资源等方面的比较图，说明"小国"是指资源小国，播放 2019 全球 GDP 排名视频说明"大国"是指经济大国，其2019 年 GDP 全球第三。	
		日本工业区分布	通过给出的文字和图片资料，简要介绍日本经济发展的历史过程，突出其努力发展科技和重视教育对本国经济发展的重要作用，日本的经济得到了快速发展，展示日本著名品牌，进口—加工—出口型	使学生感受到身边有大量日本商品，对其产品大量出口有感性印象
			在这种经济形式下，日本的工业区都分布在哪里？(提示大家注意"濑"字的正确书写)，但其工业布局在这里的优势对学生来说是一个难点，突破方式：利用教材所给框图来归纳日本工业布局在太平洋	提供日本工业区分布图，此处根据学生学情完全可以读出日本工业集中在太平

续表

教学环节及时间	活动目标	教学内容	活动设计	媒体应用及分析
			沿岸的原因(该框图下有四个选项,对于学生来说从中挑选结论难度就降低了很多) 最后简单举例介绍日本工业依赖国际市场的弊端。	洋和濑户内海的结论
	传统建筑与洋屋、和服与西装并存的例子说明日本近代也受到西方的影响,帮助学生理解其东西方兼容的文化特点	东西方兼容的文化:"一方水土养一方人",日本的自然环境特点不仅影响了其经济发展形式,同时也影响了文化传统。	日本民族单一为大和民族,其文化收东西方文化的影响,具有东西文化兼容的特点。提供图片,说明日本文化在服装、建筑(此处适当分析日本建筑抗震特点与多地震自然环境的关系,再次渗透"人地协调观"念)、医学、文字、宗教等方面深受我国特别是唐朝的影响,多次派遣唐使来到唐朝学习(关注学科联系),给出疫情期间日本捐献我国的物资上印有古诗为切入点,引出日本受东方文化影响深远。	选取新鲜的与时事国情相关的课程资源素材有利于拉近学生的生活经验和情感,收到积极的教学效果。
反馈环节:5分钟	对日本的学习进行知识整理,有利于形成统一的知识体系。		选取一些视频资料给学生提供更多的感性认识,例如播放学生比较喜欢的日本机器人的最新消息等,视频播放后选取若干选择题,既包含第一课时也包含本课的内容。	增加反馈环节趣味性帮助学生落实本课学习内容

对于本节教学重难点——日本工业发展及工业区分布这一部分,教师可以在该教学案例设计中结合自己的使用目的和学生学情对课程资源进行合理的、有针对性的筛选和使用,既达到了吸引学生的注意力,激发学生学习兴趣的目的,又很好地帮助学生联系日本自然环境的特点,分析日本的工业发展特点及成因,理解日本如何因地制宜发展经济,渗透"人地协调观"念。相关课程资源素材使用后的

效果非常明显:学生能够认识到因地制宜发展经济的重要性,从而树立正确的人地协调发展观念。

(三)引起学生共鸣,感受"人地协调观"念

以人教版教材八年级地理上册第二章第三节"河流"第一课时为例,探讨在地理课堂教学中如何引起学生共鸣,感受"人地协调观"念。

课 题	人教版八年级地理上册第二章第三节"河流"第一课时		
学科(版本)	人教版	章 节	第二章第三节
学 时	1课时	年 级	八年级

一、教学目标

知识与技能

　　1.读图熟悉我国主要的河流及分布,知道内流区、外流区的划分。

　　2.学会分析我国主要外流河的水文特征。

过程与方法:小组合作的方式对于我国外流河水文特征进行分析

情感、态度与价值观:通过对于我国河流的认识增强对于祖国大好河山的热爱之情;通过对河流水文特征的认识以及河流意义的探究引起学生共鸣,感受人地协调发展的重要性。

二、教学重难点分析及教学策略

　　(一)重点与难点

重点:运用地图和其他资料,分析内流河和外流河的分布特点。

难点:运用图文资料,总结河流的水文特征和影响因素,感受人地协调发展的重要性。

　　(二)教学策略

　　达成本节课的教学目标,要求学生具备一定的分析地理问题的能力,如运用相关地图及资料了解区域自然环境各要素,并结合各自然地理要素对所给资料和信息进行整合及再加工的能力。本节课教学中,采取以学生为主体,利用小组合作方式使学生积极动脑、动口、动手,增强学生的参与协作意识,引导学生学会抓住事物内在联系去分析、解决问题,在解决问题的过程中感受"人地协调观"念,从而得出人地必须协调发展的结论。

三、教学准备

多媒体自制课件、相关视频、音频资料

四、教学设计

续表

环节及时间	活动目标	教学内容	活动设计	媒体应用及分析
导入环节6分钟	从学生已有的生活经验入手,拉近知识与学生的距离,引起情感共鸣。	了解"我身边的河流"	**播放歌曲《我的祖国》** 教师:每个人心中都有一条家乡河流,它承载了许多人美好的时光,课前有同学带来了与河流的合照,咱们一起来欣赏一下。 学生:展示都江堰照片讲述观赏都江堰的感受,展示黄河壶口瀑布照片讲述观赏黄河感受。	引起学生的共鸣,激发学习兴趣。
新课环节32分钟	掌握与河流相关的地理知识,了解地理基本概念和原理,培养学生从地理视角分析问题的地理学科素养。 温故知新,回忆河流流向和地势之间的关系。使学生掌握透过现象寻找背后的本质原因,用联系的、综合的眼光看待问题、分析问题。能够通过地理知识解决生活中的问题,理解人地协调发展的意义。	我国河流的基本概况	活动1:读中国主要河流的分布图,认识我国主要河流。 教师:给学生分发已经准备好的学习任务。以前后四人为小组从中国主要河流的分布图中找到我国重要的河流,在图上画出并回答问题。 任务一:请描画出中国的大江大河。 任务二:分析归纳我国河流最终目的地于何处? 任务三:我国为什么以外流河为主?思考我国外流河与内流河的分布与地形、气候的关系。 教师:根据完成的学习任务,同学们发现没有,我国的河流主要注入哪些大洋?注入哪个大洋的河流最多?为什么? 学生:主要注入北冰洋、太平洋和印度洋。尤其以注入太平洋的居多。之所以大河都向东流,是因为我国地势的原因。 教师:地势决定了河流的流向,由于我国西高东低,呈三级阶梯,所以我国的河流大都自西向东流。唐朝诗人李煜将此描述为"一江春水向东流"。	画图环节加深学生对河流的印象,有利于帮助落实教学目标。 掌握综合看待问题、分析解决问题的能力,能够通过地理知识解决生活中的问题,理解人地协调发展的意义。

环节及时间	活动目标	教学内容	活动设计	媒体应用及分析
	引导学生自己发现问题,并培养学生总结、概括的学习能力。	通过对比,使学生明确内流河、外流河、内流区、外流区的概念。	教师:通过活动1,我们还会发现河流之间的一些差异,有些河流的河水没有注入海洋,而是注入了内陆湖泊或逐渐消失,有些河流是虚线。据此,我们将河流划分为内流河和外流河。内流河多为时令河,就是地图上呈现虚线的河流。内流河的流域称为内流区,外流河的流域称为外流区。 教师:从图中看,内流区和外流区哪个面积大? 学生:外流区。	
	理解各自然地理要素之间的相互联系和影响,并由此初步启发学生去感受人与地之间的相互关系。	通过问题设置、读图对比,引导学生逐步思考,明晰内流区和外流区的划分与降水量之间的关系。	教师:展示中国主要河流的分布图和中国干湿区的划分图,引导学生对比两幅图,总结内流区和外流区的自然环境特点。 学生:对比两幅图,内流区和干旱区、半干旱区的范围大致吻合,外流区和湿润、半湿润区的范围一致。内流河分布区域降水较少,外流河分布区域降水较多。 教师:大家描述得非常好。内流区和外流区的界线基本接近半干旱区和半湿润区的界线,这两个区域的分界线接近哪条等降水量线? 学生:400毫米等降水量线。 活动2:读图,对比,分析,了解河流水文特征及其影响因素 教师:通过以上学习,我们了解了我国河流的整体状况。就某条河流而言,如何描述它特点,这就需要知道河流的水文特征。水文特征通常从流量、汛期、枯水期、结冰期和含沙量来描述。下面我们来共同讨论一下我国河流的水文特征,完成活动2。	丰富的学习素材方便学生筛选、对比和分析,利于对学生进行地理学科思维的培养。

续表

环节及时间	活动目标	教学内容	活动设计	媒体应用及分析
	了解外流河的水文信息,掌握描述河流的基本方法。	根据资料分析我国外流河的水文特征。	教师:流量通常用大小来形容,汛期通常用长短或者月份来描述。秦岭—淮河以南和以北的河流在流量和汛期方面有何差异?这两个特征的影响因素是什么?我们通过四条具体的河流来分析。请读图思考。 学生:松花江和黄河位于秦岭—淮河以北,长江和西江位于秦岭—淮河以南。四条流河夏季流量较大,冬季流量较少,流量主要是受降水量影响,我国降水主要在集中夏季。黄河和松花江在冬季迎来枯水期,因为它们位于北温带,冬天降水少。四条河流中,西江和长江水位上涨的时间较长。 教师:大家分析得很到位,认识也很准确。河流一年中水位显著上涨的时期就是汛期。汛期通常用长短来形容。我国外流河补给主要是雨水补给,雨季长短直接影响了汛期长短,我国雨季长短的分布规律如何? 学生:由图可知,我国雨季由南向北依次递减,河流的汛期也就由南向北缩短。 教师:根据我们分析得到的这些知识,我们可以完成秦岭—淮河以北和以南的河流在流量、汛期方面的差异对比。结冰期和哪个因素有关系呢?	通过问题提示,学生阅读地图,运用已有的知识分析,理解河流水文特征。旨在调动学生的积极性,让学生主动去总结知识,发现规律。
	了解内流河的水文信息。	根据资料分析我国内流河的水文特征。	流量 米³/秒 10 000 塔里木河 0 1　4　7　10 月份	

环节及时间	活动目标	教学内容	活动设计	媒体应用及分析
反馈环节 7分钟	以河流的水文特征为突破口,利用河流相关知识分析我国自然环境的差异,培养学生尊重自然、和谐发展的情感、态度和价值观。		教师:塔里木河的水源主要来自哪里?塔里木河的汛期出现在何时?为什么?从地图上看,内流河的有些河段往往有虚线表示,为什么? 学生:结冰期的影响因素是气温,冬季低于0 ℃的区域河流有结冰期,高于0 ℃的区域没有结冰期。我国冬季0 ℃等温线接近秦岭—淮河一线,也就是秦岭—淮河以北的河流有结冰期,而以南的则没有。 教师:那么含沙量如何描述呢?含沙量通常用大小来形容。含沙量的影响因素和植被分布关系密切。河流流经区域植被覆盖率高,河流中的沙就会少,反之则多。我国森林分布有何特点,请看图。 学生:我国森林主要分布在东北、西南、东南。 教师:我们学习河流,是因为河流和我们的生活密切相关。河流对我们的生活非常重要,咱们一起讨论河流的意义(感受"人地协调观"念)。 学生:旅游、工业用水、发展渔业等。 教师:任何事物都有两面性,河流也不例外,它给人类带来了很多好处,但也有令我们苦恼的一面。如今年安徽黄山歙县因大暴雨高考延期进行。 学生总结:河流对人类有益也有害,如洪涝灾害,还会引发山区的滑坡和泥石流。 教师:除了自然原因,人类不合理利用更会引发严重问题,你能说一说吗? 学生:日本——水俣病事件,四川——沱江污染事件。 教师总结:河流对人的意义不言而喻,我们应该合理利用河流资源,人地协调发展,避免因为人为原因发生更大规模的环境问题。	

本节课例的教学设计通过对河流基本概况的认知和学习,一方面强调了河流的重要性,另一方面也是为后面学习长江、黄河的开发与治理做铺垫。开始的导入环节歌曲视频的选取不仅是学生所熟悉的情境,也是从学生身边的生活经验出发,课程资源的选取能够引起学生共鸣,生动的使学生真正感受到人地协调的重要性,人与自然应该和谐相处。

(四)升华地理情感,落实"人地协调观"念

以人教版教材八年级地理上册第二章第三节河流第三课时《黄河的治理与开发》一节为例,探讨在地理课堂教学中如何升华地理情感,落实"人地协调观"的培养。

《黄河的治理与开发》是人教版八年级地理上册第二章第三节《河流》中第3课时的教学内容,在学习了我国河湖概况之后,教材着重介绍了我国两条重要的河流——黄河和长江,两条河流学习的侧重点又有所不同,长江侧重于水利的开发,黄河则侧重于水患的治理。在本节课的教学设计中,除要落实课标对知识与技能、过程与方法的要求外,更着重探究对学生情感态度价值观的培养,教师在地理教学中应注意引导学生认识"人对地的影响""地对人的影响""人与地的协调"等,进而使学生形成正确且全面的人地观念,引导学生增强可持续发展意识,树立学生"人地协调观"和生态文明观。

课 题	人教版八年级地理上册《黄河的治理与开发》		
学科(版本)	人教版八年级地理上册	章 节	第二章第三节《河流》第三课时
学 时	1学时	年 级	八年级

一、教学目标

课标要求:结合实例理解河流对于区域社会经济文化的影响,运用地图和资料说出黄河对社会经济发展的影响。

知识与技能:

1.了解黄河为中华民族做出的贡献。

2.通过图片等资料分析黄河上、中、下游的忧患及治理的方法。

过程与方法:先独立思考后小组讨论,运用已有知识或生活经验,结合教师提供旅行途中拍摄的照片,说明当地可能存在的环境问题,试分析其产生的原因及治理措施。

情感态度价值观:引导学生增强可持续发展意识,树立学生"人地协调观"和生态文明观。

二、学生学情分析

八年级的学生已经具备了一定的读图用图去分析地理事物的能力,初步形成了的地理学科核心素养,同时也完成了中国地形与气候的相关知识积累,这些都为本节课教学目标的达成提供了知识和能力的保障。但黄河对于我市的大多数学生来说,其母亲河的象征意义远大于其为中华民族做出贡献的实际意义,对于许多学生来说黄河是一条虽有名却陌生的河流。基于以上学情,本人在新课导入环节设计了从我们家乡的河流——海河入手,以教师对母亲河海河的情感作为出发点来引起同为海河儿女的学生的情感共鸣,从而激发学生对中华民族的母亲河——黄河的学习热情。

三、教学重难点分析及解决措施重点与难点

重点:黄河上、中、下游的忧患及治理的方法。

难点:黄河下游形成"地下河"的原因及其治理措施。

解决措施:教师给出文字和地图资料,学生通过合作探究的方式来解决重难点。建议学生先独立思考后小组讨论,调动已有知识储备(如:地形、气候、植被、土壤等内容)和生活经验,结合教师提供旅行途中拍摄的照片,说明当地可能存在的环境问题,并分析其产生的原因及治理措施。

四、教学准备

教师旅途照片、短视频、相关文字和地图资料等。

五、教学设计

续表

教学环节及时间	活动目标	教学内容	活动设计	媒体应用及分析
导入环节:5分钟	从我们家乡的河流——海河入手,以教师对母亲河海河的情感作为出发点来引起同为海河儿女的学生的情感共鸣,从而激发学生对中华民族的母亲河——黄河的学习热情。	"一方水土养一方人",导入环节使学生了解河流对于当地人们的重要意义。	教师播放"记忆中的海河"短视频,表达对母亲河海河的深厚情感,与学生交流河流对我们生产生活的作用。	教师自制"记忆中的海河"短视频,怀旧的滤镜效果传递教师对母亲河海河的深厚情感,引起同为海河儿女的学生的情感共鸣,为后面思政育人的落实——树立学生"人地协调观"和生态文明观做好情感铺垫。
新课环节:共30分钟自主学习:5分钟	自主学习,结合实例理解河流对于区域社会经济文化的影响。	了解黄河作为中华民族的母亲河为人类做出的贡献——塑造平原、提供灌溉水源和水能发电。	教师提供图文资料,学生结合资料说出黄河为中华民族作出的贡献。	教师提供精心筛选的能反映黄河贡献的典型图片、文字等资料及相关地图素材,有效地降低了黄河贡献这一学习内容的难度,提高了学生课堂的学习效率。
合作探究:25分钟活动一:6分钟	学生通过活动一的探究过程了解黄河上游的环境变化及带来的后果,使学生发现人对地、地对人之间相互影响相互作用的关系	了解黄河上游的环境问题,分析原因及治理的方法	活动一:教师给出黄河上游草场退化、土地荒漠化等照片,学生思考并讨论当地的环境问题,探究它产生的原因,分析解决办法	教师提供旅途中拍摄的黄河上游的景观照片。鲜活的照片既能激发学生的学习热情也为学生发现黄河上游的环境问题

教学环节及时间	活动目标	教学内容	活动设计	媒体应用及分析
活动二：8分钟	活动二的探究旨在使学生通过分析黄河中游黄土高原水土流失的原因及治理办法的过程，增强学生可持续发展意识，最终认可人与地理环境需要协调发展。	分析黄河中游黄土高原水土流失的自然和人为原因，探究其解决办法。	活动二：展示青海贵德和陕北延安两地的黄河照片，学生对比两地黄河水的颜色，发现黄河上中游河段含沙量不同，再播放黄河经过黄土高原"一碗黄河水半碗黄河沙"的视频，震撼学生心灵，引导学生思考黄土高原水土流失的原因探究解决办法。	照片和视频等素材的使用，吸引学生注意力，加深学生对黄土高原水土流失的印象，震撼学生心灵，促使认可人与地理环境需要协调发展。
活动三：11分钟	活动三介绍黄河下游地上河成因分析地上河带来的隐患及解决途径，了解近年来黄河流域出现的水污染等环境问题，引导学生树立"人地协调观"和生态文明观，完成本节课的思政育人目标。	了解黄河下游地上河成因，分析地上河带来的隐患及解决途径，了解凌汛现象及近年来黄河流域出现的水污染等环境问题。	播放黄河下游地上河形成的动画，展示地上河、凌汛等照片，探究黄河地上河和凌汛的治理措施，提供黄河流域水污染的新闻图片，引导学生树立社会责任感。	动画和照片等课程资源的使用，激发学生学习兴趣，有效降低学习难度，利于突破"黄河下游形成'地下河'的原因及其治理措施"这一教学难点，发人深省的新闻事件图片促进学生树立"人地协调观"和生态文明观，高效完成本节课的思政育人目标。

续表

教学环节及时间	活动目标	教学内容	活动设计	媒体应用及分析
反馈环节:5分钟	通过反馈训练,落实本节课的教学目标。	落实黄河上、中、下游的忧患及治理的方法。	以下谚语或诗句分别反映出黄河在哪段河道的现象?①"千古河流成沃野,几年沙势自风湍。"②"黄河远上白云间,一片孤城万仞山。"③"跳进黄河洗也洗不清。"	课件展示反馈练习,面向全体学生,节约时间,提高课堂效率。
拓展延伸环节:5分钟	引导学生树立强烈的社会责任感。	在科技高度发达、经济快速发展的今天,如何推进社会发展,如何实现社会责任,是一件值得我们所有人深思的事情。	以"记忆中的河"为题写一条印象最深的河流,可以是与她的故事,也可以是河的美景,或者是该河近年来在利用与治理方面的调查报告。	播放优美的背景音乐,放松身心,有利于学生由情感向知识迁移。
板书提纲	黄河的治理与开发			

板书提纲

黄河的治理与开发

母亲河的贡献　黄河的治理

河段　　　存在的问题　　　　　治理措施

上游　　　土地荒漠化、草场退化、　合理放牧、植树种草等
　　　　　湿地面积减小等

中游　　　水土流失、含沙量增加　保持水土
　　　　　　　　　　　　　　　↑
　　　　　　　　　　　　　　(解决下游地上河的根本措施)

下游　　　地上河水患　　　　　加固堤坝、调水调沙等

结论:人地协调发展,创建生态文明

本节课的教学设计中,除要落实课标对知识与技能、过程与方法的要求外,更着重探究对学生情感态度价值观的培养,即:引导学生增强可持续发展意识,树立学生"人地协调观"和生态文明观的落实。为了很好地突破教学重难点,本课设计给出文字和地图资料,学生通过合作探究的方式来解决重难点。教师建议学生先独立思考后小组讨论,调动已有知识储备(如:地形、气候、植被、土壤等内容)和生活经验,结合教师提供旅行途中拍摄的照片,说明当地可能存在的环境问题,并分析其产生的原因及治理措施,这些鲜活、生动的教学素材在课堂上恰当地运用切实提升了地理课堂教学落实"人地协调观"的效率与质量,达到了良好的教学效果。

四、小结

"人地协调观"是地理学和地理教育的核心观念,是人们对人类与地理环境之间形成协调关系的必要性和可能性的认识、理解和判断。学生建立"人地协调观",就能够正确认识地理环境对人类活动的影响,以及人类活动影响环境的不同方式、强度和后果;能够理解人们对人地关系认识的阶段性表现及其原因;能够结合现实中出现的人地矛盾的实例,分析原因,提出改进建议。在教学中,巧用影视、图片和文字资源,对于学生人地观的培养能起到事半功倍的作用,比讲授更能触动学生内心,也能让学生更直观地了解产生人地矛盾的原因,并认真思考对策。

使用相关课程资源进行教学设计的目的在于达成自然生成"人地协调观"的效果。教育者是学生的引路人,通过教育过程应培养学生成为身心健康、符合社会发展的创造性人才。教师利用地理课程资源进行合理的教学设计,可以有效促进学生学习兴趣的提升。地理课程资源相关素材的挖掘将学生的学习和生活密切地联系起来,加深了学生对于地理知识的理解,使学生的地理视野得到了延伸。并且,相关课程资源的加入使学生的思维能力有所提高。教材中的部分地理内容对于学生来说是有距离和抽象的,地理资源的恰当使用可以使知识由复杂变简单,由抽象变直观,使学生由被动学习变为主动学习,从而更好地掌握地理知识与概念,加强理解和运用,培养学生的地理思维,从而达到地理素养的提升。地理课程资源和素材的选取和使用中也需注意:一、素材时间的长短,视频素材时间过长,有可能会引起学生的听课倦怠,导致注意力逐渐分散,影响到课堂教学进度和效果;二、关注学生的学情差异,不同的班级、学生会有所差异,素材不应是机械的,而应根据学情进行针对性的调整,部分材料如果内容过长或者学生在理解上存在困难,可以由教师进行朗读,或在条件允许的情况下设置成情境短剧进行角色扮演,丰富课堂的同时又加深了理解,把学生的视角放在第一位;三、地理课程资源的选取和开发,"人地协调观"的养成,是需要在长时间的课程内容中贯彻实施的,教师日常应在遵循地理教育教学规律的基础上,从学生的需求出发,有意识地收集开发相关课程资源和素材,并及时有效地整合为课堂教学资源。

教师选取的文字、图片和视频资料等人地关系课程资源应较教材中的内容更广泛新颖、更具时效性和更强说服力的特点,这样可以有效的补充和弥补教材在内容和实时性方面的局限,从而有效地提高地理课堂的教学效果,提高学生学习地理的兴趣热情,锻炼学生发现问题、分析问题、解决问题的地理能力,培养学生树立正确的人地观,提高学生的社会责任意识。教师巧妙选择并合理利用人地关系素材进行教学设计可以更好地落实中国学生发展核心素养的培养。对核心素养基本内涵中的文化基础所包含的人文底蕴即人文积淀、人文情怀和审美情趣,自主发展所包含的学会学习即乐学善学、勤于反思、信息意识,以及社会参与所包含的责任担当尤其是社会责任等方面的培养和提高具有重要意义。

参考文献

[1]詹秀娣.中学生人地观教育研究——培养生态文明观的核心视角[M].长春:东北师范大学出版社,2016.

[2]詹秀娣,袁孝亭.基于人地关系要点的地理课程标准内容标准分析[J].地理教学,2011(17):9-10+18.

[3]袁孝亭,詹秀娣,等.地理课程与教学论[M].长春:东北师范大学出版社,2020.

[4]威金斯,麦克泰格.追求理解的教学设计[M].闫寒冰,宋雪莲,赖平,译.上海:华东师范大学出版社,2017.

[5]曾建辉.基于中学生核心素养培育的特色课程创新与实践[J].现代中小学教育,2019,35(08):15-18.

[6]谢彬,彭环环,等.坚持"人地协调观"促进生态和谐发展[J].热点大搜捕,2004(56):6-7.

[7]李冬昕.人地关系:地理学科育人的核心——以"新疆维吾尔自治区"教学为例[J].地理教学,2018(1):31-32.

[8]尹后庆.核心素养要落地,学习方式必须变[N].中国教育报,2016-9-14(5).

[9]陈胜庆.地理课程的核心素养与育人价值[J].地理教学,2015(4):12-14.

[10]李家清.中学地理教学设计[M].北京:高等教育出版社,2015.

[11]王树声.中学地理教学的理论与实践[M].北京:人民教育出版社,2007.

专题 **5**

基于"人地协调观"培养的初中地理教学情境创设

天津市蓟州区第一中学　张春艳

【作者有话说】

在地理课堂教学中,我们一直强调学生掌握知识内容与重点并能够运用,这样在考试中能够得到高分,虽然在教学过程中,知道"人地协调观"的重要性,但是因为课堂时间有限,没有把"人地协调观"落实到实处,总是一带而过,通过参加天津市学科领航工程学习,我深刻体会到初中阶段关于"人地协调观"的培养的重要性必须时刻落实到课堂实践中。在地理教学过程中究竟应该如何正确引用人地关系,把握"人地关系"的方向与深广度,也在一定程度上影响到地理教学实践中向学生渗透正确人地观点的教学高度。因此,为确保地理教学实践中能够从真正意义上正确运用人地关系的情境教学,本文从以下几点论述:人地关系的内涵是什么?人地关系在初中地理教学中的重要性怎样?情境创设的具体策略在课堂中我们可以从哪几方面实施呢?地理课堂中应用情境教学要注意什么?

地理学核心素养包括人地观、区域观、地理综合思维和地理实践力。其中人地关系是地理课堂教学的最为核心的内容,在地理学研究中占有极其重要的地位,它包括正确的自然观、资源观、环境观和人口观、发展观等等。地理教学中能否正确阐明人地关系,对于培养今日和未来社会负责任的学生和公民都具有极为重要的影响。情境教学是一种模拟与知识相关的场景的方式,来激发和调动学生的求知的欲望和学习的兴趣,使课堂教学更加生动活泼,让学生们更加容易接受新知识,从而使学生们由被动学习转化为主动学习的一种教学方式。因此,为确保地理教学实践中能够从真正意义上正确阐明人地关系的情景教学,需要在教学过程中能够正确运用"人地关系"的理论,这对于保障学生能树立正确"人地关系",具有很强的针对性与基础性认识。

一、"人地观念"的内涵界定

(一)"人地观念"的主要内涵

人地关系中"人"——即在一定生产方式下、一定的地域内从事各种生产活动和社会活动的人。人地关系中"地"——是指由自然和人文要素按照一定规律相互交织,紧密结合而构成的地理环境整体。"人地关系"——是指人类社会和人类活动与地理环境之间的相互关系,一方面反映了自然条件对人类生活的影响与作用,另一方面表达了人类对自然现象的认识与把握,以及人类活动对自然环境的顺应以抗衡,是现代人文地理学的基础理论与中心研究课题。

(二)"人地观念"的构成

人地观念是指"人地协调观"念,其核心是尊重大自然的规律,达到人类与自然和谐相处。在漫长的人类历史发展进程中,突飞猛进的生产技术水平的不断提高,人类在创造更多价值的同时,我们可以清楚地认识到,人类与自然之间的日益矛盾突出,人类与自然关系也逐步紧张。然而人与自然之间是相互联系的,如何在地理教学中能够突出学科的人地观念,让"人地协调观"念指导人们的生产生活已经迫在眉睫。"人地观念"主要包括五个方面内容:科学的自然观,科学的资源观,科学的环境观,科学的人口观和科学的发展观。在地理教学中要求我们要紧紧把握人地关系的主线。

(三)"人地观念"对地理教学的要求

在我们的地理教学中,要帮助学生树立协调人地关系,坚持走可持续发展的道路的基本观念。人类活动对地理环境有一定的影响,反之自然环境对人类的发展也有一定的制约作用。对于人地协调发展的基本思想,地理教师应当深刻理解人地关系矛盾的基本内涵,向学生传授有关协调人地矛盾的知识内容与基本观点。因此,课堂教学中教师要采用精选教案,案例渗透人地协调的思想,创设富有生动性的、生活性的、开放性的、挑战性的地理情境是非常重要的。地理学作为一门逻辑性生活性较强的综合性学科,包括位置、地形、气候、土壤、水体、植被、资源等要素,通过对上述地理要素的归纳和理解,可以帮助学生认识自然环境,从而遵循自然规律,形成人与自然和谐共处的观念。

二、人地关系在初中地理教学中的重要性

(一)通过学习"人地协调观",学生能够明白人类活动与地理环境是和谐统一的

在地理课堂教学中,教师要将"人地协调观"融合到知识的传授中,使学生每天在学习地理知识的同时,还要感受到地理环境好坏与人类生存发展是息息相关的。进而培养学生热爱自然保护环境的习惯和意识。例如在学习《祖国的首都——北京》这一节中,在课本中我们可以看到有体现古城、故宫、四合院、鸟巢、水立方、首都国际机场、首都体育馆、天安门、人民大会堂等这些图片。学生可以充分体会到北京那些历史建筑与新式建筑工程,传统文化与现代时尚融合,西方文化与东方文明交相辉映的人文景观,教师要趁势渗透现代化的北京大都市在发展与建设的过程中,所体现出的与自然和谐共存的美好图景,同时使学生认识到科学技术在社会可持续发展中的重要作用,使学生在感受我们伟大祖国蓬勃发展的同时,生发出民族自豪感。

(二)学习"人地协调观",同时利用实时热点实例,激发学生保护环境的意识

某些时事热点是与学生息息相关的,同时具有时代气息,反映的也是人们普遍关心的问题,教师如果适时的利用某些时事热点,进行人与自然和谐发展的意识渗透,对于激发学生保护环境意识也起到事半功倍的效果。例如在讲述《祖国的首都——北京》这一节中,教师可以引用 2019 年北京世园会,传递给学生"绿水青山就是金山银山"的理念。展示人与自然和谐共存的人地关系。又如在讲述《东方明珠——香港和澳门》一节中,教师可以穿插世界最长的跨海大桥,港珠澳大桥通车,从香港驾车经珠江到澳门仅需 45 分钟。这体现了人类活动对地理环境的积极影响,那就是为大家出行节约时间,促进珠江三角洲经济的可持续发展,利国利民,自然的使学生产生一种民族自豪感和民族自信心,同时激发学生热爱祖国的强烈情感。

(三)认识到地理环境对人类活动的影响,需要人类因地制宜开发和利用自然资源

地理环境是人类在发展过程赖以生存和发展的物质基础,地理环境对人类社会发展应有一定的决定作用。我国的区域地理最能集中体现地理环境对人类活动的影响,因地制宜的思想应时时贯彻在课堂教学中。因地制宜就是通过分析每一个地理区域的地理环境,分析人类利用地理的自然环境来生产和生活。以农业为例,北方地区干旱少雨,河流湖泊少,灌溉条件较为薄弱,适宜发展旱作农业,以小麦,玉米为主。南方地区雨量充沛,河湖众多,灌溉条件较好,应适宜种植水稻和甘蔗等。北方高原地区雨量较少,气温较低,更适宜发展畜牧业,南方江沿江沿海地区适宜发展渔业。最后让学生明白,人类在漫长的历史进程中,需要尊重自然,利用自然资源因地制宜发展生产。

(四)人类活动对自然界的影响,要做到保护资源和环境的可持续发展

(1)一方面,人类活动要适应地理环境的发展规律,人类从自然界获取生产资料和生活资料过程中,又受自然界带来的灾害的影响,如水旱灾害,地震滑坡泥石

流等。另一方面,人类还要合理地利用自然环境;人们在生产生活中,为了更好发展生产,改善自己的生活,就必须对自然资源进行合理规划,正确的利用,并要遵循自然环境。

(2)人类对自然环境的合理改造,自然对人类社会产生有利的影响,出现一派和谐的景象,比如京杭大运河,三峡水利工程的建设,以及我国交通的发展等。这些就是人类改造自然的过程中,顺应自然规律且是人类自身受益的典型例子,但是人类如果进行破坏环境后果就是自然地理环境的恶化,并且危害到人类自身的利益。

(3)人们看到地理环境在恶化、资源短缺等问题不断地阻碍人类生存和发展的情况下,提出人地关系的一个新的认知并且树立正确的人地和谐观念。学生有环境意识和全球意识,才能让学生非常自觉地保护环境而且合理的利用自然资源,才能正确认识地理环境对人类活动的影响及人类活动影响环境的相互之间的关系以及产生的后果。区域地理的学习思路与国家是不一样的,地区学习的核心问题是"人地协调观"即该地区有什么样的独特的自然环境,人类活动是如何与之相适应的,人们利用自然环境和自然资源过程中有哪些经验和教训。课堂中,学生在学习地理的每一个章节以及区域地理教学中,我们教师要对学生进行"人地协调观"的培养的教育,那么学生才能更加牢固地树立正确的资源观、人口观、环境观、使学生深刻地认识人类活动对于地理环境的影响,从而使学生养成自觉的保护自然环境还能合理地利用资源。人类只有合理地利用自然和改造自然,做到人地和谐共处,人类才能够更好地生活在地球上。

三、情境教学对于人地观培养的优势

(一)在课堂教学进行中,地理教学中情景设置突出了新课程以学生为主体的理念

教师围绕这节课的教学目标,积极创设情境贴近学生实际或是学生关注的真实、全面地反映或模拟现实来针对学生思维的有关教学疑点、难点设计问题,引导

学生应用所学知识，自主地探究然后找到解决问题的方法，使学生充分感知、感受、感悟在教学活动中的人和事，从而获得知识并且提高能力、生成情感同时健全人格，达到促进学生得到自主发展的一种教学模式。这种教学模式的优点在于把抽象的理论寓于生活实际中去分析，让学生感受生活的脉搏，把枯燥的知识变得趣味化，把抽象的理论具体化，变复杂的问题通俗化，从而使学生在情趣盎然中能够掌握知识，增强掌握知识的能力。

(二)情境教学引起学生对知识的好奇,培养学生的团队合作互助精神

教学情境能够贯穿在整个课堂教学中，让学生对教学内容怀着强烈的欲望进行学习，逐步的扩展和深入充实，这种教学方式成为学生学习动力的助燃剂，对于学生掌握知识起到穿针引线的作用。教师在新的课程理念的指导下，我们必须有效地培养学生的人地方面的素养。课堂中设置情境教学，创设问题情境实验，引起学生思考问题，从每一节课堂实践出发，课堂进行不同的案例教学分析，主要是在地理的教学过程中，把学生的学习知识的过程转变成让学生在学习和生活实践中发现地理问题，分析问题，解决问题能动的过程，加强学生之间的合作与交流。

(三)在实践教学中,情境教学设置的价值是让学生深刻的认识祖国的美好风光,从而热爱祖国大好山河

地理教学与爱国主义教育密不可分。课堂上，教师提出有关一些问题，比如水土流失有无增减，森林减少，草原退化，耕地减少。荒漠化面积增大，湖泊面积萎缩，水污染，大气污染。海洋污染日益严重。这些问题的情境设置在于告诉学生，祖国还有许许多多的事情等待他们去做，有许多的问题等着他们去解决，以此来激励学生的报国之志。引导学生开展爱祖国，爱人民的地理宣传教育活动，让学生用所学的地理知识来办宣传栏。写黑板报，宣传国家有关土地、资源、人口、环境等方面的国情与国策，开展力所能及的应用地理知识的实践活动，结合地理教学向学生深入的爱国主义教育。要注重地理教学中的爱国主义教育，是时代赋予的重任，为祖国富强而努力。这样的情境教学广泛地应用在课堂教学实践中，加深学生对地理知识认真的思考和总结，更能使学生在认知上得到全面地发展，不断培养学生人地和谐的核心素养，促进学生思想综合素质全面发展，有助于深层次挖掘地

理学科潜在价值深度,提升地理教学实效效果。

四、情境创设的具体策略

(一)利用地理图片创设情境

图是学生学习地理的重要的方法之一,图能够帮助学生理解课本中的内容知识,并且生动的,形象的,鲜明地反映各地地理事物的分布及其原因。教学中利用地理图片,这种创设情境的方法应用在课堂教学学习。我们教师还可以利用地图来引导学生进行分析问题分析数据,总结地理规律,还可以提高学生分析问题,概括问题能力。课堂中情景设置可以增强学生之间的合作意识,扩大学生的知识面,使学生学习有更加科学和严谨的方法。

案例一:在学习人教版七年级地理上册第四章《居民和聚落》第三节《人类的聚居地——聚落》一节中,先观察几幅图,它们分别反映了什么地方的景观呢?(教师边展示,学生边回答,教师强调图片分别反映了城市与乡村的景观。)这样引入课堂学习新课,城市与乡村都是人们集中居住的地方,这就是我们这节课将要学习的内容——聚落。在学生了解聚落的概念后,教师可以让学生结合个人所见各地的房屋,再举些例说明。我们看了这么多的例子,可以知道聚落的规模有大有小,小的只几十人住在一起的村庄,大的可以达到到上千万人的巨型大都市;聚落的形式主要包括城市与乡村两种,它们具有不同的特色。那么,它们有何差别呢?生活在乡村和城市有哪些好处?教师可先启发学生从图片中的房屋的密集、高度、道路的修筑情况、商店、医院等的多少,有无农田、果园、鱼塘等方面对比城市与乡村,说明城市与乡村景观方面的差别。让学生分组讨论,结合学生的所见所闻,教师适当提示城市的学校教育条件怎样、信息流通的快慢如何、生活娱乐丰富等方面来比较城市与乡村的差别;并由学生课前做好小课件,上讲台当小教师,与其他同学交流小组的讨论结果。

学习《聚落》这一节我在课堂上给学生8分钟时间,让他们画《我的家乡》的图来学习聚落与自然环境的关系(见表2-5-1):

表 2-5-1　通过画图学习聚落与自然环境的关系

活动环节	师生互动	得出结论
学生一:这是我画的图,我的居住地方是低缓的山坡下绿草如茵的地方,门前有一条清清的小河流,在屋房前屋后有树木还有花园。	教师问:为什么选择平缓的地方建立家园,为什么要在房子旁有小河,要有树和花草?	平缓的地方盖房子容易,成本低,有小河,景色美,还可以坐船玩儿,有树有花,空气好。河水可以浇灌他们的花园,有人补充说。
学生二画图:这幅画把居住地设置在海滨地带,画面上有被云遮住太阳的一部分。	教师问:请你讲讲你的创作?	学生:我选择临海的环境,是因为我喜欢海,可以钓鱼,还喜欢乘船出海的,看着天上有云和太阳,反正感觉这样很好。
同学们,你们能看出他们在选择居住地时,特别在意了哪些地理条件吗?学生纷纷说出地形、河流、沿海等自然条件。	他们在画面中画的太阳光和云又是什么意思呢?有多少人画了河流?有十几个同学举手示意,但没有人能解释。	教师解释了河流海洋给人类带来的影响。

接着教师问:"同学们为什么不画狂风暴雨或者是疾风暴雪的景色呢?"学生们齐声回答:"气候条件不好。"老师说:"对,除了刚才表现出的地形和沿海,气候也是人们选择居住地的重要条件,看了所有作品,许多同学画出了蓝天白云和太阳,没有突出恶劣气候的,其实本意就是要求居住地,环境温度,湿度适宜,它直接影响着人类的生存。居住地与哪些环境因素有关,请你把它们列在笔记本上,概括出它们属于哪种地理条件。"学生们齐声回答:"自然条件。"教师说:"可以试想生存最早的人类第一要求,优越的自然条件,对人类能否在此生存下去是至关重要的。看一看世界文明古国,它们地理位置相似,恰恰印证了这个观点。有的同学画居住地选择在气派的街区,旁边有银行、网吧、超市,还有稍远的地方画出了医院、社会科学院、警察局,地区特别便利、安全,还有文化氛围。有篮球场、足球场、游泳池、停车场,还有一条通顺的交通铁路线,当然绿地也是必须有的。这几个同学比较倾向于交通便利、文化发达、配置设施完善的地方。有一点请解释一下,为什么你的居住环境还要有社会科学院?""因为这里肯定文化层次高啊。"对于城市发展

非常重要,这一点不难理解,我们对此感受最深,可是为什么还要居住在环境文化科学发达的地方?"教室里一片安静。教师建议学生联想在北京打工的外地人,北京对外地人吸引力。学生说教育条件好,就业机会多,工资高。教师进一步引导:发展好生活条件就好,这些又属于哪些条件?社会经济条件?此外,一些其他社会因素也影响着聚落。所以从这些实例学习,从聚落的分布、形态、规模,以及传统民居风格等与地形、气候资源等自然环境要素的关系分析,通过学生画画探究聚落与自然环境关系过程中,学生初步形成了尊重自然,与自然和谐相处的人地意识和可持续发展的观念。

案例二:用我国黄土高原的窑洞,江南水乡临河而建的房屋,内蒙古草原的蒙古包,北极地区因纽特人的冰屋这些图,在让学生分析民居与当地自然环境的关系时,用图片和文字介绍当地气候资料图,让学生体会了聚落与当地环境的关系。聚落的形成与环境密切相关的,一般来讲在地形,气候资源等自然条件优越的地方,例如,在水源充足的地方,在土壤肥沃与交通便利,地形平坦和自然资源丰富,以及气候适宜和历史原因、政治文化、宗教原因等因素好的地方,比较容易形成聚落。在一些河流中下游平原地区比如黄河下游地区,长江三角洲地区,恒河尼罗河河口沿海地区工农业生产比较发达,聚落分布是比较密集的,而在高山荒漠的自然环境较差的地区则少有或没有聚落。世界上的自然环境千差万别也就造成聚落形态也就各有不同,有的聚落在平原地区是团块状,有的地区在沿着河流,山谷地带就成条带状。那么聚落形态充分体现了人类的生产,生活活动要适合自然条件,是人地和谐的一种体现。像西亚热带沙漠地区的房屋墙是比较厚,窗小的特点。是因为这个地区全年高温少雨。厚墙可以减少白天通过墙壁传导进来的热量,窗户小可以减少吹进来的热风。再比如在东南亚热带地区,乡村聚落中常见的是双层木楼,竹楼这样的房子结构。下层空着或是放杂物养牲畜,上层住人这种房屋,适合当地全年高温多雨的一种自然环境。双层木楼或竹楼就非常有利于通风防潮。像黄土高原的窑洞,它是适合冬冷,夏热,降水少的这种自然条件,就地取材用黄土建窑洞,冬暖夏凉。所以这些聚落的形态结构,充分体现了与当地的自然环境相适宜的特点。世界各地自然环境差异很大,而且文化背景、风俗习惯也不同,形成了不同的聚落景观和建筑风格。这充分体现了人与自然和谐相处。这样设置情境培养学生将所学理论联系生活实际的能力,激发他们以主人的身份去关心祖国和家乡的居住环境,真正融入社会,提升学生自我的爱家乡情感态度与价值观,从而让人地协调素养观得以发生并落实。

案例三:在学习欧洲西部繁荣的旅游业这一内容时。用图片展示给学生如挪威陡峭曲折幽深的峡湾风光,瑞士阿尔卑斯白雪皑皑的滑雪场,西班牙阳光灿烂的滨海沙滩,千年古都意大利罗马斗兽场,地中海沿岸西班牙斗牛场,水上城市意大利的狂欢节等。用这些图片说明这个地区现代文化事业发达。博物馆和艺术馆以及音乐厅非常多,而且在世界上也是非常有名。而且欧洲西部居民的收入也很高,居民的休息时间很多,而且注重愉悦的生活方式,欧洲西部自然和人文旅游资源非常丰富。这个地区的经济发达,基础设施很完备,欧洲西部的人口素质也很高,社会治安较好。有关法律方面也比较完善。这个地区是西部沿海地区,交通也很发达。政治经济文化条件特别好,自然景观,人文景观质量很高。而且这个地区是温带海洋气候,河流无结冰期,四季适合旅游业发展,所以说这个地方的旅游业是非常发达的,这又充分体现了人类利用自然的朴素地理观。

所以,地理学习离不开图,图是学生学习不可缺少的地理工具。应用图来创设情境学习,引入课堂知识从而增加课堂学习的生动性,增加课堂学习的效果,这样教学让学生更快地掌握知识,体会人类适应环境又能利用环境就地取材建造自己的家园的观念。这样在学习过程中倡导学生主动、探究、合作地学习,创造性地思考和看图看书。教师应善于开发和发现学生潜能,与学生积极互动、共同完成每一节课知识,组织学生合作互助学习,与学生平等互助完成教学任务。教师由单纯的知识传授者转向师生研究性学习各种活动中的教师成为顾问、朋友的转变,教师和学生共同参与研究性生动性学习活动,在活动中达到积极沟通广泛合作,使学生之间在共同学习中能够共享学习经验。

(二)利用问题创设情境

设置课堂难点,创设重要探究讨论问题情境来提高学生课上学习的效率。这些问题的提出能够提起学生的注意力,激发学生们认真思考知识。所以教师可以根据教材内容和学生的实际情况,提出有思考性的,并且有启发性的,令人深思的地理问题。这样做到在课堂上教师精心的设问,而且巧妙提问,可以让学生尽量地多思考,使学生能够有探求知识认真思考的一种学习的积极性。所以教师设置问题要有难度和新鲜感,而且设置的问题还得合理,设置的问题要有深度,这样才能激发学生积极性的思考,引起学生的兴趣。

案例一:在七年级地理第二章第二节《海陆的变迁》,为了说明地表形态是不断变化的,我设置了问题情境,"沧海桑田"的含义是什么?有一个故事:一位在青藏高原上跋涉的旅行者,途中休息时从路边岩层中随手拿起一块小石头玩赏时受小石子的纹路所吸引,他仔细观察,吃惊地发现这竟是一个含有鱼、海螺和海藻古代海洋生物化石。近年来,人们在台湾海峡海底某些地方发现有古代森林的遗迹,美洲大陆与亚欧大陆、非洲大陆原来是连在一起的,这些是海陆变迁的有力证明。同学们在课本的图中可以看到非洲与南美洲大陆。就好比是一张纸被撕破,可以拼合在一起一样。这两个大陆的鸵鸟不会飞,海牛生活在热带的浅海,按理说他们都没有渡过大洋的能力,为什么这两个大陆的这古老生物为什么这样相似呢?同时这两个大陆古老地层的也有相似性。那么从这两点就可以看出,成千上万年以前,非洲与南美洲是一块大陆。从这个事实的证据,从而引导引出这节课魏格纳大陆漂移学说,他认为2亿年以前,地球上各大洲是相互连接是一块儿大陆。它的周围是一片海洋,后来原始大陆才分裂成几块大陆,慢慢地漂移分离,形成了现在的七大洲四大洋的状况。从这种提问,提出问题的情境设置,解决了又一个知识重点。大陆漂移学说提出,世界上六大板块是不断在运动的。那板块的这种运动又怎样引起了地震呢?这个问题情境的提出后,学生们看书了解到,板块内部地壳是比较稳定的,在板块与板块的交界地带,地壳比较活跃,世界上的火山、地震也集中在板块的交界地带。在板块的交界地带,如果两大板块发生张裂会形成裂谷或海洋,两个板块发生碰撞,在陆地常常形成山脉。世界许多高大的山脉主要是在板块碰撞挤压地带,比如喜马拉雅山脉、阿尔卑斯山脉、科迪勒拉山系等。我提出问题,设置情景,引发学生深刻思考,激发学生学习的很强的兴趣。

案例二:在学习八年级下册"中国黄土高原水土流失的治理"时,设置问题:黄土高原水土流失的原因有哪些?思考黄土高原水土流失的危害和后果?黄土高原地表形态支离破碎,千沟万壑,水土流失也很严重,气候又是很干旱,经常发生滑坡泥石流,水旱灾害和崩塌等地质灾害,尤其在经历长期人类活动的破坏后,一直很难恢复。自然环境的各个要素之间是相互制约的相互影响。我们在好好生活的同时要保持良好的生态环境,想要保护好环境,防止人和环境之间恶性循环。黄土高原这个地区生态环境被破坏的十分脆弱,人类在这个循环中始终起到引发和加剧的不良作用,生活在黄土高原上的人们已经深刻认识到这一点,所以说要想使社会经济得到可持续发展我们必须加强生态环境建设,还要进行改善环境。学习这一单元内容时教师课堂设置问题分组讨论,学生通过小组合作探究的方式,根据课本和课件图文材料,回答问题,分组讨论,全体学生归纳出黄土高原水土流失的自然原因和人为原因;小组代表回答问题。通过展示黄土高原地表形态的地图等,引导学生分析黄土高原的地理位置;通过探究型情境,以小组合作探究的形式探讨黄土高原的地理特征及其成因,培养学生的区域认知素养。学生根据图文材料思考问题,归纳出黄土高原水土流失的危害这个结论。通过教师引导学生阅读材料与观察图片,进一步体会水土流失的危害,培养学生可持续发展的理念。在"中国黄土高原水土流失的治理"这一节教学案例设计中,教师通过创设问题探究和生活实际联系的问题情境,促进学生对于区域认知素养的培养。具体来看,课堂上利用"黄土高原的水土流失"视频设计演示型情境,给学生动态地展示了黄土高原区域的变化情况,这样创设的情境具有区域性及深入性。利用黄土高原水土流失的图文等丰富素材,认识到黄土高原生态环境脆弱,已经严重制约了当地社会经济发展,生活在黄土高原上,人们已经认识到要想使社会经济得到持续发展,必须加强生态建设。改善环境,并且已经摸索出许多成功经验,一方面人类在植树种草等,治理水土流失,另一方面,人类合理安排生产生活。如不能陡坡耕作,退耕还林还草,人们在过度放牧的地方限制放牧的牲畜数量等,通过以上措施,已经改善了当地的生态环境,又增加了当地人民的收入,还提高了当地人民的生活水平。在黄土高原生态建设中,要根据当地的地理环境,地形气候等条件,以及当地人们的生活生产习惯,采取因地制宜发展生产的方法。对黄土高原来说既不能过分强调经济发展,也不能一味要求水土保持,要二者兼顾协调发展,另外还要提高人口素质,把生态脆弱地区人口迁移到生态环境好的地方去。又建立了移民新村,这些都是解决当地人多地少矛盾的合理方法,总之,在黄土高原地区开展生态建设的问题上,要因地制宜做到工程措施和生物措施两者相结合才是好的策略,才实现了黄土高原的可持续发展。学生通过小组合作的方式,根据教师引领的层层提问,剖析黄土高原的地理形态特征,创设具有探究型情境及深度性问题;通过角色扮演的方式也探究了水土流失的人地恶性循环及其后果,治理黄土高原说明已经改善了人地的良性循环的关系，从而通过学习理解学生对于区域决策评价的能力，创设的探究型情境具有开放性的问题得到提高。

案例三：在学习俄罗斯铁路知识时，我给出问题：为什么他们国家的铁路靠近南部山区修建呢？为了让学生理解世界上最长的铁路是西伯利亚大铁路这一知识，学生找了相关的一些资料。比如西伯利亚铁路是全长922km。它的起点是首都莫斯科，途经西伯利亚到太平洋沿岸的符拉迪沃索克，还有沿途的一些自然景观。然后用图演示出西伯利亚铁大铁路和俄罗斯的铁路，基本是都靠近俄罗斯南部山区修建。请同学们分组讨论这个问题。同学们分成几组，之后根据课本资料自行的解决。学生用已经学习的一些地理知识。他们会从自然条件包括位置、地形、气候、河流、资源等这些方面，也可以从人文环境包括人口、城市、经济这些要素去考虑。那么综合自然条件和人文条件，就会得出相应的结论：第一点因为俄罗斯的气候是南部温度比北部气温要高，而且不易形成冻土层。第二点从资源和工业分布影响上来看，南部地区有丰富的矿产资源，而且工业区也非常多，而北部地区工业区就很少。第三点从城市和人口分布情况来看，俄罗斯的城市和人口主要分布在南部地区。所以学生得出结论：俄罗斯的铁路线要靠南部地区修建。说明人类活动与地形资源这些自然条件分不开的，是人地的一种体现这样提问是地理课堂中实现师生互动的最常用，最主要的方式。随着新课程改革的深入实施，新地理课程标准提倡自主探究，合作竞赛等多种的地理学习方式，但无论哪种学习方式，向学生提出问题始终是学生活动的主线，贯穿整个教学过程中。地理课堂教学应该是教师与学生共同探究问题，解决问题的过程，教师在教学过程中在深入研究教材的内容基础上，创设问题情境，充分调动学生学习积极性，引发学生积极的思维活动，让学生运用教科书、地图、网络等资料，围绕问题，通过学习、思考、讨论、交流、探究等方法，得出结论，获得知识。

（三）利用多媒体创设情境

利用多媒体进行情景引入，可以用电脑课件进行有效的动静交错的视听结合的方式，这样对学生感染力特别的强，让学生对声音图像和图形结合在一起有一个深刻的认知。随着科学的进步与发展，使得多媒体教学走进学校课堂教学实践中，给学生们的学习带来一股新的活力和视觉的影响，多媒体教学可以让学生们更加直观快速地掌握知识,多媒体视听语言的魅力可以将书本中抽象的事物变得更加具体和形象,使学生们的想象能力和空间思维能力与也得到一定程度的提高。学生们的知识储备从而变得更加形象具体,在初中地理的课堂教学中课本上有很多的抽象知识,如不同地区的气候知识等,这些课程知识可以借助多媒体的教授进行情境创设问题,情境模拟的方式生动形象的画面展现在学生们的眼前来学习,学生们在学习时不仅可以有身临其境之感,更可以直观地让学生感知多媒体课堂中带来的震撼,对于学生们无法感知奇妙的大自然来说,多媒体创设的情境无异于让学生们亲身体验地理景观,还可以激发学生们的无限的想象力和思维力,更可以激发更高层次的创造力。教师对图文、动画、视频这方面的多媒体感知来满足学生的学习状态,更好地不断地激发学生学习的积极性,使学生们产生很浓的学习的欲望,结合多媒体动画将学生学习内容和分析的问题加以归纳总结,不断强化知识的归类,这样课堂中产生非常好的学习的效果。

情境一:在学习人教版七年级地理"全球气候变暖产生的后果和为什么全球气候变暖"这些知识的时候,我用了多媒体展示了为什么全球气候变暖是因为人类的生产生活中大量排放二氧化碳,另一方面人类又大量砍伐森林,这样吸收二氧化碳少了,那么空气中二氧化碳含量增加,导致全球气候变暖。多媒体展示全球气候变暖的危害,然后小组讨论我们人类应该怎么做?学生先认真独立思考,然后小组讨论得到结论:(1)每个人都热情地向周围的人们宣传环境意识和环保意识,还要积极投身环保事业,宣传二氧化碳如何影响气候变暖,宣传全球气候变暖给人类和环境带来的灾难和后果,提高人们对环境的保护意识。(2)在日常生活中采取具体措施,比如节约燃料,如果近距离外出时,选择步行或者骑自行车代替汽车,在城市中以公共交通工具代替私人开家庭汽车,每人都要节约用电。以减少发电时燃料消耗为宗旨,甚至平时烧水不忘记盖壶盖,也可以在煮开水过程中能够节约 20% 的燃料。(3)积极发展清洁能源技术如风能发电,水电和水力发电,太阳能等新能来代替燃烧煤燃油发电。(4)尽可能多地植树造林,植树在其生长过程中吸收一部分二氧化碳,虽然它吸收的二氧化碳所占在全球中总量比例很少,但是绿化植物毕竟是减少大气中二氧化碳含量的一种有效措施。(5)积极研究在日常生活中减少大气中二氧化碳含量的气体排放,如严禁燃烧秸秆、落叶等。这样上课学生自主思考小组合作探究的学习方法就突出了学生的主体地位,又结合学生的个性化学习特点,通过生活性的地理情境相结合,感受到地理就在我们身边,体会地理知识的使用价值,树立人类活动要与自然环境协调发展的人地观。教师深层次挖掘实际生活中典型素材的内容,为学生经常创设相对应的教学情境,激发学生的浓厚学习兴趣,让全体学生积极参加课堂活动,也体现了人要适应自然,不能为了人类的发展违背自然的人地和谐理论。

情境二:在学习我国黄河下游出现地上悬河的原因时,它既是这一课的重点,又是这一课的难点,我们用多媒体展示出黄河水系图让学生一目了然。把黄河中游流经黄土高原地区用较深的颜色显示出来。教师就立刻给学生介绍清楚,另外再插入一些黄河中游地区植被被破坏严重和过度放牧的视频去启发学生。我们应用多媒体,使难以理解的重点难点知识变得形象生动具体清楚易懂,使教学收到事半功倍的效果,提高教学的质量。这样用课件展示了解黄河下游地上河的成因过程中,造成生态环境的破坏,这是人地和谐关系的不协调,从而可引出治理黄河的根本措施,地上河的成因是本节的重点。黄河的水资源和水能资源都非常丰富,我们如果利用好这些资源,将有利于加快西北内陆地区区域经济和社会发展的步伐,而不合理利用也将产生一系列严重问题,所以黄河的开发是本节的另一个重点。现实中人们人为破坏黄河上、中、下游的生态环境,导致黄河中游水土流失严重,下游形成地上河,近年黄河出现断流现象,这些现象是人地关系不和谐的后果,也影响了人类可持续发展。

情境三:在学习第七章第二节《东南亚》,如何更好地给学生展示东南亚中南半岛山河相间纵列分布的特点呢?其实就可以直接做三维图形给学生们看,学生可以从多角度观察这一特点,也就不言而喻了。同样亚洲的地形也可以同样的行方式展示给学生。但是同样要培养学生看平面的地形图的能力,所以要将三维图与平面图整合才好,不能贪图方便。课本设计的过程或者运动的地理现象,如果动画的方式展示出来,就会达到事半功倍的效果。中南半岛上山脉大河多自北向南延伸,具有山河相间,纵列分布的独特特点。沿岸地区地势平坦,土壤肥沃,易于灌溉交通便利,经过长期开发利用,已发展成为东南亚农业工业发达,人口非常稠密的重要地区,中南半岛大城市主要分布在河流沿岸及河口三角洲地带,主要城市有越南河内、老挝万象、泰国曼谷、柬埔寨金边、缅甸仰光等重要城市。这部分知识教学过程中,继续使用地图观察、思考、探究的学习方法,通过用网络课件中地图反映了信息,掌握地理事实的特征,分布规律和因果关系。注重指导学生运用地理知识,内在联系去分析来表述地理问题,课件根据地理要素的相互影响相互制约关系,对地理原理和规律进行正确的分析和判断,并能及时地总结和归纳,反馈并落实了课标要求。这样从水运便利,水资源的分布,沿河地形平坦等方面分析东南亚河流对城市分布的影响,从而强化了地形与人类活动的关系,体现了地对人的影响,这也是人地关系的一个方面。

下面我以一节课为例,结合前面阐述的内容,具体分析人类因地制宜发展农业来研究人地关系。

教学环节	教师活动	学生活动
导入新课	"要想富,先修路",有了路就可以发展各种产业,对于我国广大的农村地区,发展农业就特别重要了。请同学们判断以下产业哪些属于农业:种植水稻伐木。饲养牲畜,捕鱼,采药等生产桌椅。我们归纳一下,什么是农业?	观看视频
讲授新课 教师提出问题	人们的衣食住行各方面的产品大多直接或间接来源于农业。 观察图片"主要农业部门",从反映的内容看,农业的劳动对象是有生命的动、植物,获得的产品是动、植物本身。 什么是农业? 利用动物、植物等生物的生长发育规律,通过人工培育来获得产品的各部门,称为农业。 [提问]我国是一个拥有13亿人口的大国,发展农业非常重要,你能说一说发展农业的重要性吗? 这么多人需要吃饭、穿衣,粮食、棉花生产很重要;工业生产也需要大量的原料;农业是支撑国民经济建设与发展的基础产业。 [活动1]请你按照下面的提示再补充例证,具体说明农业与我们生活的密切联系? 吃 种植业能提供的食物	在教师引导下,学生认真听课学习

续表

教学环节	教师活动	学生活动
教师引领学生学习	畜牧业能提供的食物 渔业能提供的食物 林业能提供的食物 穿 人们的衣食住行各方面的产品大多直接或间接来源于农业。观察图片"主要农业部门",从反映的内容看,农业的劳动对象是有生命的动、植物,获得的产品是动、植物本身。 什么是农业? 利用动物、植物等生物的生长发育规律,通过人工培育来获得产品的各部门,称为农业。 [提问]我国是一个拥有 13 亿人口的大国,发展农业非常重要,你能说一说发展农业的重要性吗? 这么多人需要吃饭、穿衣,粮食、棉花生产很重要;工业生产也需要大量的原料;农业是支撑国民经济建设与发展的基础产业。 [活动 2]请你按照下面的提示再补充例证,具体说明农业与我们生活的密切联系? 吃 种植业能提供的食物 畜牧业能提供的食物 渔业能提供的食物 林业能提供的食物 穿 用种植业的产品做原料制成的衣物 用畜牧业的产品做原料制成的衣物 用畜牧业产品加工制作的日常生活用品 用林业产品加工制作的日常生活用品 [过渡]我国是一个大国,东部、西部、南方、北方的自然条件差异很大,造成农业的地区分布存在很大差异。	学生边听教师讲解边认真思考什么是农业,我们日常生活离不开农业

续表

教学环节	教师活动	学生活动
学生思考问题	通过查找资料,并结合读图"中国农业的地区分布图",你能归纳出我国各地区自然条件的差异造成农业生产的地域差在读这幅图时,可分以下几个步骤进行:(1)我国农业差异最明显的地区是哪两个部分?(2)它们的界线在哪里?(3)东西两部分各有哪些农业类型?(4)造成这种差异的主要原因是什么?(5)在降水稀少的西部地区,种植业分布在哪些地区?为什么会在这些地区发展种植业?(6)在东部地区,各种类型的农业主要集中在哪些地区?(7)林业集中在我国的哪些地区?哪些属于天然林?哪些属于人工林?(8)我国哪个地区的淡水渔业最发达? 西部地区:气候干旱,热、水、土条件的配合上有较大缺陷,绝大部分是少数民族聚居区,农业发展历史较晚,人口稀少,劳动力不足,天然草场广布,大部分地区以畜牧业为主。那里有我国四大牧区。因为降水稀少,农区小而分散,种植业只分布在有灌溉水源的平原、河谷和绿洲。 东部地区:热、水、土条件有较为良好的配合,农业发展历史悠久,人口稠密,是我国绝大部分耕地、农作物、林、渔、副业的集中地区。其中,东部半湿润和湿润的平原地区以种植业为主;林业集中分布在东北和西南的天然林区,以及东南部的人工林区;东部沿海地区是我国海洋捕捞和海洋养殖的基地;长江中下游地区是我国淡水渔业最发达的地区。 北方与南方地区:东部秦岭—淮河以北的北方地区,以旱地作为基本耕地形态,发展了一套旱地农业生产制度,是我国各种旱粮作物的主产区。秦岭—淮河以南的南方地区,以水田作为基本耕地形态,发展了一套水田农业生产制度,是水稻以及各种亚热带、热带经济作物的主产区。社会经济条	学生认真听讲思考我国农业东西两部分各有哪些农业类型?东西两部分各有哪些农业类型?

教学环节	教师活动	学生活动
小组互动探究问题	件等的影响，我国农作物的地区分布有较为明显的地区差异。 粮食作物中的水稻、小麦的地区分布呈现"南稻北麦"的格局。 油料生产形成了长江油菜带和黄淮花生区两大生产区。 糖料作物则呈现明显的"南甘北甜"的分布特点。 棉花生产，北方以棉花为主，形成了新疆南部、黄河流域、长江流域三大棉区。 [活动]在我国西南部的山区中，农作物的种类、耕作制度随海拔高低的不同而不同。请你在教材图"山地垂直气候景观"中的适当部位填上如下四组内容，并以小组为单位讨论一下为什么这样的分布规律？ A.双季稻、香蕉，一年三熟； B.适宜发展林业、牧业； C.玉米、荞麦、燕麦，一年一熟； D.玉米、小麦，一年两熟。 （3）思考探究，交流展示，互评质疑:东部、西部、南方、北方的自然条件差异很大，造成农业的地区分布存在很大差异？问题提出后，学生可以分组合作，交流探讨。比如学科素养高而思维能力强定的学生，可能先提出自己的论断，之后其他同学也会有自己的见解，七嘴八舌互相讨论，博采众长后，形成本组的最终结论。之后就进入到班级展示环节。在黑板前面向大家，将自己本组的最终结论与大家共同分享，可以选代表去交流，也可以全组分工一起到台前交流。之后，可能其他组的同学会有质疑，之后再展开讨论和解答，遇到困惑的问题，等待学生自行解决，实在解决不了的，教师做引导，为学生的思维铺桥搭路，对难点进行引导和点拨。	

续表

教学环节	教师活动	学生活动
小组讨论学习重点	思考探究,交流展示,互评质疑:东部、西部、南方、北方的自然条件差异很大,造成农业的地区分布存在很大差异?问题提出后,学生可以分组合作,交流探讨。比如学科素养高而思维能力强定的学生,可能先提出自己的论断,之后其他同学也会有自己的见解,七嘴八舌互相讨论,博采众长后,形成本组的最终结论。之后就进入到班级展示环节。在黑板前面向大家,将自己本组的最终结论与大家共同分享,可以选代表去交流,也可以全组分工一起到台前交流。之后,可能其他组的同学会有质疑,之后再展开讨论和解答,遇到困惑的问题,等待学生自行解决,实在解决不了的,教师做引导,为学生的思维铺桥搭路,对难点进行引导和点拨。	学生边听教师讲解边认真观察教师课件图:分析造成农业的地区分布存在很大差异的原因是什么?
反馈练习	进行练习,检验学习收获。就是出一些新的问题情境,让学生运用所学分析问题,查看学生掌握知识情况。通过练习,掌握农业的重要性及农作物在我国分布情况。	学生思考回答问题
课堂小结	学生可以自由发言或者小组派出代表发言,总结这节课学习的主要内容。什么是农业?我国农业分布特点是什么?我国各地自然条件差异很大,造成农业生产和主要农作物地区分布有较为明显的差异。	学生自觉发言,掌握本节课重点

本节内容是有因地制宜发展农业的相关知识,教师将教材进行了整理,由我们的日常生活衣食住引出对农业生产的学习。重点是使学生明白什么是农业、农业的重要性、我国农业的分布,树立正确的因地制宜发展农业观,其次学会因地制宜的合理安排工农业生产。知识难度不大,为了提高学生兴趣,教学活动设计也是以设问,小组活动探究为主,将农民、农业部长的角色给予学生,增强学生学习的主动性,教会学生学习对生活有用的地理,培养学生小组合作和综合思维能力。利用课件所创设的情境不只加深了学生的感性认知, 还能引导学生积极思考和分

析,充分发挥学生的主动性和能动性,学生切身感受人与地之间的关系。激发学生对于人类不合理的活动进行深层次的反思,潜移默化地帮助学生树立正确的"人地协调观"。

(四)利用新旧知识对比来创设情境

运用新旧知识之间的联系来设置问题创设地理情境的教学方法,更能激发学生学习新知识复习学过内容的强烈的欲望。依据地理的教学目标以及教学重难点,根据所教学生的接受程度,教师在教学课件的制作过程中进行问题情景创设,激起学生学习知识的强烈兴趣,从而让学生运转大脑进行相关问题的探索和求知,激发了学生们主动解决问题的能动性,这样更能增强学生们的记忆,同时使学生们积极与教师配合,使我们的课堂氛围十分浓厚。进入初中阶段的学生们,在课堂上学习地理的时候,当学习到中国地理的时候,如何让学生巧妙熟悉的掌握中国整体地图呢?地理不是靠死记硬背的东西,而且教师要让学生对此先产生很高的兴趣,从而在后期学生的学习中才能更加主动积极的学习。

案例一:在学习七年级地理第二章第二节《海陆的变迁》,"沧海桑田"的含义指的使什么?为了说明地表形态海陆是不断变化的,我设置了问题情境,一位在青藏高原上跋涉的旅行者,途中休息时从路边岩层中随手拿起一块小石头玩赏时受小石子的纹路所吸引,他仔细观察,吃惊地发现这竟是一个含有鱼、海螺和海藻古代海洋生物化石。近年来,人们在台湾海峡海底某些地方发现有古代森林的遗迹,美洲大陆与亚欧大陆、非洲大陆原来是连在一起的,可现在中间隔着浩瀚的大西洋。从这些发现中,你有什么启示?我提出问题,引发学生深刻思考,激发学生学习的很强的兴趣。

案例二:中国有34个省级行政单位,根据我国不同省的特点,然后根据课件的展示,让学生们对于我国各省有一个整体的认知,然后教师创设问题情境,例如首都北京的邻省是什么?与新疆维吾尔自治区相邻的省有几个等相关问题情境的设置,学生们根据老师的提问,自己利用地图去主动寻找与总结,从而在学生们的头脑不断地中有了大致的印象,这种问题情境教学法可以极大地调动学生的求知的强烈欲望,同时也调动学生们的思维能力。同时学生们的学习兴趣也会非常高涨。在课堂上怎样有效地提问,就是教师根据教材的教学知识的内容,在课堂中创设良好的恰当情境问题,有计划、有针对性地提出问题,激发学生主动参与课堂并解决这些问题。有价值的课堂提问可以引起学生思考问题,并且激发学生学习的兴趣,而且问题的提出能够引起学生们的共鸣。有些问题的提出需要非常精确简洁的给出,这样才能激发学生的思维的活跃性,才能够使课堂的知识真正得到反馈,更能帮助学生提高课堂学习质量。因此,教师要深刻的认真的挖掘课本的内容知识,在课堂中做出多种多样的有效提问的方式,使教学能够达到更高的效果。

案例三:在提出"全球气候变暖的原因? 产生的后果?人类应该怎么做"问题上,学生可以扮演政府、公民和学生 3 个不同主体的角色,在主体学生自身的角度上积极给出建议。也可以提供多个教师已经给出的区域开发方案,课堂上询问学生同意哪种方案更好。比如"黄土高原水土流失的治理",教师可以供给学生几个不同的计划方案,问学生"对这几个计划方案同意与否,是否合理",从而进行探究,培养学生对于区域学习的深刻思维。

案例四:在学习不同地方日出时间早晚的知识时,很多学生认为位置越偏东的地方,日出时间就会越早,针对学生的这个错误认识,向学生提出一个问题,我国最先迎来新世纪第一道曙光的地方是浙江省东部沿海的石塘镇。这个地方当真是我国最东端吗?学生们很快意识到此种判断是错误的,这一个问题情境让学生产生了疑问,带着这个问题去学习。在教师的讲解下,学生认识到每天日出时间的早晚,不仅与经度和位置相关,还与纬度有关系,才知道纬度位置决定了昼夜长短和日出时间的早晚。然后导入经线和纬线的学习,通过地球仪的观察活动,识别经纬网的空间概念,然后引导学生归纳经纬度的递变规律自主探究。列表归纳经线纬线的概念特点,再通过启发提问式讲授学习东西半球的划分问题。最后通过应用问答题形式检测学生对经纬线形状和指示方向的掌握情况,整节课观察目的和任务明确讲清观察方法,用问题提示观察知识内容和注重观察顺序,有效地帮助学生形成正确的学习方法。培养学生观察运用地理模型学习地理知识的意识和能力,问题的提出是层层递进的提问,将学生思维导向深入,具体解决问题的方法能有效渗透知识,使不同学生个个有收获。对于提出新的问题,新的可能性,从新的角度去看旧问题,需要有想象力和创造性,提问是地理课堂中实现师生互动的最常用也是最主要的方式。随着新课程改革的深入与实施,地理课程标准提倡自主探究和合作竞赛等多种多样的地理学习方式,但无论哪种学习方式,对学生提出问题始终是学习活动的主线,贯穿在整个教学过程中。地理课堂教学应该是教师与学生共同探究问题和解决问题的复杂过程,教师在教学过程中要深入研究教材的内容和重点难点,创设课堂问题情境,充分调动学生学习积极性来引发学生积极的思维活动,让学生运用手中的教科书、地图、网络等资料,围绕这些问题,通过学习、思考、讨论、交流、探究等各种学习方法,得出结论获得和掌握知识。

(五)利用故事创设情境

用讲故事引入课堂,这样的情境设置学习更能激发学生学习的热情。

情境一:例如,学习人教版七年级地理上册第三章《天气与气候》第一节《多变的天气》,用三国中借东风的故事引入课堂,东汉建安十三年,诸葛亮几天一直观测当时的天气变化,然后预测将有东南风,他与周瑜共同拟定了借助东南风火攻曹操船队的周密战斗方案,结果是大获全胜战败曹操,从而说明天气与军事的密切关系。我用这个故事引入课堂学习多变的天气,让学生体会天气与人类的关系。用故事引入课堂,不仅可以大大提高活跃课堂气氛,从而可以增加学生学习地理的兴趣,而且开拓了学生们的思维能力,帮助学生增加了学习知识的记忆,从而提高课堂教学的质量,使学生更加深刻地认识到天气对我们日常生活的重要性。人类的生活时刻离不开天气,天气对我们人类的生活来说非常的重要。从这个故事从而引入了学生学习天气的变化这一节知识,让学生们知道天气与我们的生产生活、工农业和军事都是密切相关的。本节课的情景设置后,学生们可以分析天气与气候有什么不同了。有条件的可以带着同学去一趟气象台,到了气象台后,从头到尾了解了一个天气预报的制作过程,天气预报的制作过程的每一个环节,如天气符号,风向标,风力几级的表示方法等,就是本节课的一个难点,在这里可以轻松地解决这些知识,也可以参考课本图设置情景制作的天气预报视频,我们一同观看天气预报视频,看完这个视频后立即回到课本中的天气预报活动题,让同学们尝试做一个天气预报播报员试着把各地天气播报一下。这个教学情景检验了同学对本节课知识的掌握程度,更能充分调动学生学习地理知识的积极性。

情境二:例如,在学习地里七年级下册《东南亚》一节教学中,我讲了《方便面与红猩猩的故事》引入本课学习。然后在黑板上画出东南亚的轮廓,在图上标注上赤道和北回归线,让学生观察东南亚的纬度位置和范围,让同学们推测东南亚的气候。我并不要求学生们能说出具体的气候类型，只要孩子们能说出是热带气候就可以了。根据纬度范围和自然景观是什么气候类型呢？我发现学生说不出来，就让他们翻看课本前面学习的亚洲气候图，学生很快就发现，东南亚有热带雨林气候和热带季风气候两种气候。那么这两种气候有什么特点呢？要求学生们运用地理填充图册的材料，图中间有两种气候的分布，左边有两种气候的降水量柱状图和气温曲线图，右边有两种气候特征的描述文字，我让学生根据描述判断降水量柱状图和气温曲线分辨是哪种气候，然后观察这两种气候有哪些不同点和相同点，学生顺利地答了出来。我接着提出疑问，在这样气候条件下，当地应当选择种植哪种粮食作物呢？地理填充图册上有一则资料卡：水稻在光热较好、多湿、高温的平原，适宜的年降水量 700~1600 毫米；小麦是一种耐旱耐寒长日照温带的粮食作物，适宜年降水量是 250~800 毫米；玉米是一种不喜多水、耐旱的粮食作物，适宜的年降水量是 300~1000 毫米。利用资料卡，学生很容易答出东南亚应当选择种植水稻，并能依据材料解析理由。然后我对学生说，东南亚确实主要种植水稻粮食生产，但水稻种植的原因也有社会经济因素，并让学生读教材分析理解文字材料。正因为当地的自然条件和社会经济条件这些环境适合种水稻，东南亚居民自然把稻米作为主要粮食作物。东南亚不仅种植水稻，也种植其他热带经济作物，我让学生看地理图册上的那些资料，观察天然橡胶、油棕、蕉麻和椰子正常生长所要求的气温和降水量，并结合当地的气候图对照，让学生感悟到，东南亚选择种植这些热带经济作物是适应当地气候条件的。东南亚广泛种植这些热带经济作物，对自然环境有没有不利影响？课本阅读材料《方便面与红猩猩的故事》先让学生读一下，谈一谈这则故事说了什么问题？学生们，这样引入这节知识来学习东南亚。教师以"保护红猩猩，少吃方便面"为题，可以组织怎样的一次讨论会呢？方便面并不是什么奢侈品，是生活基本必需的，这个讨论不理想。即使不吃方便面，棕榈油会不会用于别的食品工业中？分析一下棕榈油最大的优点是产量，它是油料作物是单产最高的，它有"世界油王"也不是浪得虚名。但是棕榈油含饱和脂肪酸多，质量不是很好。所以不能安排这个讨论，请同学们思考如何兼顾棕榈油生产和保护红猩猩的栖息地。然后就是让学生发言，谈一谈生活中人类有哪些不恰当的消费，严重威胁珍稀野生动植物的一些案例。东南亚地区的学习思路与国家是有所不同的，地区学习的核心内容是"人地协调观"，也就是该地区有什么样的自然环境，人类活动应该如何与之相适应，当地人在利用自然资源和自然环境过程中吸取怎样的经验和教训。东南亚地区广泛种植热带经济作物，对自然环境有没有不利影响？在课本教材中的活动2，第二课时中南半岛山河与城市分布是较为典型的"人地协调观"的体现，思考城市分布在河流沿岸有哪些弊端？教材已经给出的是丰水季节容易发生洪涝灾害。还有什么弊端吗？几乎所有的教辅参考答案所给的都是城市的发展污染了河流，过量取水影响了水循环发生水枯竭。这个内容学生很少想到，这是河流对城市的不利影响，还是人类活动的不合理对河流的影响？想一想还是后者，我就是这样利用故事引入本课学习来帮学生分析这一节内容的，城市分布在河流沿岸会对河流也产生不利的影响。这是人地不和谐的一种表现，那么我们人类就必须保护环境，爱护自己的家园，才能是社会达到可持续发展。

情景三：我们引用《沧海桑田》这个成语故事。通过故事的语言形式的情境，说明沧海桑田的含义，引出海陆变迁的话题，让学生感受到地理知识与语文知识是相互联系的，同时增强了地理知识的趣味性，调动了学生学习思维和活动的积极性，为学习海陆变迁这一节内容创设良好的基础。运用沧海桑田这个成语，从而引导学生产生疑问，古代的人们是怎么发觉海陆是变迁的呢？是在怎样的情况下提出来海陆变迁这个观点的呢？提出来之后遇到什么样的反应了吗？他用什么来实例证明海陆是发生变化的呢？通过这一系列的问题情境的引导，调动学生思维的积极活动，引导学生学会自己提出问题，激发学生对知识更深的探求欲望。让学生以小组为单位看书、上网、查询资料等途径查找证明海陆变迁的一些证据，大陆海漂移学说的发现，提出和事实依据以及大陆漂移学说在刚提出时的弱势是什么？这时老师要提供学生快捷的查询方法，提供他们地理学科网和各小组将查询的资料进行整理汇总，然后进行全班交流，通过查询了解德国科学家魏格纳提到大陆漂移学说的过程。有的小组从古生物以及喜马拉雅山脉等例子来说明海陆变迁，有的小组还选出代表给同学讲了教材的世界海陆轮廓变迁图，有的小组进一步解释了魏格纳当时提出了大陆漂移学说的弱势：没有找到板块运动的动力，后来，板块学说回答了这个问题等。还有的组运用板块学说，把12亿年后海陆分布状况作为文字的整理分析，对海陆扩张说和板块学说你更同意哪一观点？让学生说出归纳自己的观点，并加以讨论。让学生通过自己探究后，通过小组合作学习，为学生创设探究情境，进一步详细了解海陆变迁的知识，这样获得的知识比单纯靠老师讲记忆深刻,让学生学会倾听和欣赏别人,学会从协助学习中尊重别人,从而提高他们人文素养,培养大家团队精神,其中探究活动巩固了课堂内所学的知识,同时可以提高学生对知识灵活运用能力和写作能力,也体现了人地观教学的教学理念。

(六)利用实验创设情境

设置多组数据比较的实验情景教学,加深学生对于地理知识的理解。我们课堂中设置实验情境活动的方式加入到教学中,可以充分地调动起课堂教学氛围。同时也激发学生们的动手能力以及创造思维,活动情景教学可以让学生们积极地参与到活动中。学生彼此讨论与交流,学生们在切身实验后得出相应的结论,他们最有成就感。

情境一:在学习夏季陆地与海洋的气温比较时,白天让学生们测量大海温度以及陆地的温度,没有大海的地方学生可以进行对小河水的测量,或者老师和学生可以准备一定的水量置于室外。我们将白天的海水温度与陆地的温度进行测量后,然后我们在晚间再进行海水温度与陆地的温度测量。然后大家根据数值就会得出相应的结论。在夏季,白天陆地气温会高于海洋的气温,在夜晚陆地温度要低于海洋气温。反之,在冬季则得到相反的结论。我们知道一组数据是不能得出相关结论的,所以一定要多比较几组数据,从而让学生们得到更加科学化的结论。课堂中活动教学可以大大激发学生们的动手能力,但是活动设置在一节课中不宜过多,否则学生们也会产生厌烦心理,一般一节课中以一个活动为宜。把活动设置在教学关键的重点难点处,在活动中要求学生或独立思考,相互积极互动,参与面儿一定要广,自主空间要大。教师同时要及时解决学生在活动中产生的各种各样的问题,学生们之间也可以相互讨论探究,提升学生们思维能力以及动手操作能力,自己去总结知识从而得到结论,这样学习印象深刻,而且将书本知识巧妙灵活的转变为学生自身所能掌握的知识。

情境二:学习俄罗斯这节课中,我给出俄罗斯的莫斯科与雅库茨克这两个城市多年的各月气温与降水的数据图,要求同学们分析说明两地的气候差异。来阐明俄罗斯为什么把首都定在莫斯科,而不是雅库茨克?原因是因为莫斯科年平均气温与年降水量都要高于雅库茨克,这就有利于人们的生产和生活。另一方面,气温的年较差,莫斯科小于雅库茨克。从数据上来看出来,莫斯科在气温和降水都优越于雅库茨克。虽然两地都是冬季而漫长而寒冷,夏季都是短促而温暖的这种气候。看一下数据,一眼就能分析得出为什么定都在莫斯科的原因。这是人类适应自然利用自然的人地观的表现。这种给出数据,让学生去观察得到结论的学习方法,把抽象的学习内容变得简单化。而且也加强了教师与学生之间沟通交流,吸引了全体学生投入到教学活动中去,能有效地提高课堂学习效率。

(七)利用角色扮演创设情境

角色扮演这一情景模式是根据教学内容,把游戏引入课堂让学生或老师表演、扮演,可以增加教学效果,能有效地抓住学生个性心理,调动学生情感获营造轻松愉快的学习气氛,确保学生在平等融洽的情境中学习,从而更大地提高课堂教学效率,做到寓教于趣和寓教于情,能够与时俱进营造充满魅力的课堂。利用角色效应增强学生的感受强化感官,使学生对知识有亲切感,使学生有身临其境的感觉,从而引发对知识材料的共鸣,能够激发学生主动性和积极性。使课堂教学有趣生动,并随着教学过程的逐步推进,入情、动情、抒情地进入学习高潮,让学生扮演特定的而又与教材相关的角色是很有意义并且非常有效的。角色的出现使教学内容与学生更为贴近,让他们以特定的角色去学习教材内容。都促进学生带着情感色彩去学习。活动中学生担任他的角色的情感体验的新鲜感,使学生们兴奋不已。学生在情感驱动下主动投入的那种求知的动力,决定着他们的思维,情感和语言的活动,几乎是无法遏制的。这样教材中原有的逻辑性、抽象性、图片化的内容,一下子就变得生动、形象、真切,学生的主体意识在教学过程中通过活动可以有效迅速形成,并且更加强化获得主动发展便成为现实,这正是特定的情境下角色探究所产生的积极效果。所以教师认真钻研教材,分析学生心理并且结合生活实际,尽量多的营造一方舞台,视觉上能设身处地的体验取理解学习的内容和学习的主体,这种角色充分满足了学生求知的心理需求。因为他们自己也成为整个学习情境的一部分,既是清醒的感受者,又是这种情境的参与者和创造者,从而使课堂教学富有实效性和感染力。这个过程使学生思维活动更加活跃,学习重点更为突出,促使学生在角色中充分自主学习又能合作学习,探究学习,体验在学习知识中成长的快乐。通过角色扮演,学生的主体能动性得到充分发挥,调动了学生自身学习的创造性和主动性,学生体会和尝试的感受加深,学生有更浓的学习兴趣。促进了老师的教,学生的学,把教和学有机结合起来。进一步明确了信息时代四大支柱——学会求知,学会做事,学会共处,学会做人。倘若你有一个苹果,我有一个苹果,而我们彼此交换这个苹果,那么你和我仍然各有一个苹果。但是倘若你有一种思想,我也有一种思想,而我们彼此交流这种思想,那么我们每个人将会各有两种思想,每个学生都有一些超越时空的思维方法和空间。从而产生了许多日新月异的思维,这就常会迸发出更多智慧的火花。

在学习《巴西——热带雨林的开发和保护》一节中,我就安排了一个关于亚马孙热带雨林是开发还是保护的角色扮演活动,我将全班学生分成四大组,分别扮演政府官员、当地居民、世界环保组织官员、开发商等角色,并给他们五分钟时间进行小组内讨论,然后每一组要求指定一个代表发言,并说明本组拟订的对于这个问题的方案及理由,本组的其他同学可以补充发言。当地居民一组发言:依据当地居民人口的增长,导致社会对粮食和木材需求的大大增加,我们必须开发热带雨林,才能满足人们的需求。当地居民二组发言:热带雨林面积已经比原来缩小了1/5,已经造成了那么多的环境问题,现在应该停止一切开发雨林活动。三组政府官员说:我们如果不开发热带雨林,就必须开发巴西高原,而东北地区的半干旱地区,人们在那里生活,就要在那里修建灌溉系统,需要的投资是巨大的,政府会承受不了的。四组世界环保组织官员发言:巴西热带雨林的保护措施一,建立印第安人保护区,生态环境保护区,森林公园等各种形式的雨林保护区;二采取新的手段控制对于热带雨林的乱砍滥伐行为,还要利用要卫星遥控系统,对有关地区和城镇实行监控,提供高质量的实时信息。联合国相关组织提供提出一项全球行动计划,减少砍伐森林和森林退化导致的温室气体排放。其目标是从发达国家筹资基金发展,帮助发展中国家减少毁林造成的温室气体排放。最后通过各组讨论讨论得出结论:对于热带雨林地区的开发和保护,必须走可持续发展的道路。环境我们要保护,我们也要合理的开发热带雨林,以增加人们对于粮食和木材的不断的需求。

五、地理课堂中应用情境教学的策略分析

(1)情景的设计不能只是用在课堂开始部分,当前讲授新课之前的教学中情景的创设多被用作导入使用情景的创设,教师在讲述某部分知识之前再现与本节教学内容相关的情境,运用预先设计好的创设特定语言、音乐、图表、影像或是多媒体或手段情境氛围的渲染,让学生怀着强烈的对学习内容的好奇欲望探求知识,通过提前预设情境进入后面主要教学内容学习。引入教材内容之后,教学便往往依旧恢复到继续依照原来的教学知识形式传统教学策略中去,按照原来的方法组织教学,不再注重设置新的情景进行教学了。

(2)用情景创设不要过于简单,只是形式。现在课改已经深化,对课堂教学提出了更高的要求,要求让学生在课堂中都参与进来都动起来。强调学生的自主学习与合作探究等学习方式一起使用,那么怎样才能体现这种先进的教学理念方法呢?很多教师往往没有注意学教学方法的目的和实质。更多的还只是形式上的,因此教学中注重丰富教学形式,而教学方法与教学理念往往是忽略了,结果使情境的引入停留在表面看热热闹闹,实际是作用不大不能取得相应的效果,同时这样过于强调形式主义,也很容易忽视地理学科它本身的特点。把地理课变成了电脑课来欣赏,手工制作课,或者是活动课等情况。

(3)情境实施中注意别忽视情感因素的施教。通过情境的创设进行情境教学的目的是,依据教学的知识内容从教材出发,达到良好的教学效果,引起学生积极思考体验学习的快乐,让学生愉快主动踊跃地参与学习活动中,而很多教师在教学中,情境的创设强调更多的是,重点难点,等因素融入教师自身个人观点。预先依据主观意图而设计安排,在教学过程中各个情境的实施注重的太多,而在情境设计实施中往往忽视了与学生的情感沟通这一环节。

(4)多媒体情境的使用容易走入误区。制作的多媒体课件过于注重画面精美,而忽视根据学生实际突出教学内容重难点,整个教学过程中过多地进行演示多媒体图片,多媒体课件过多地注重了教师的教的过程,对于学生用脑学习不利。教师像操作员或是讲解员一样放课件,就容易使学生产生视觉疲劳,注意力也不集中了,忽略教师和学生的情感交流,多媒体成了公开课,观摩课不可缺少的使用的一种形式,而忽视了教学内容与信息技术有机的结合。学生学习的主动性,积极性不能得到充分发挥,学生的注意力集中在生动形象的画面中也就忽视了对地理学习内容的重视。多媒体演示过程中,往往画面的移动速度过快过多,没有给学生留有一定的思考的空间。

总之,教师必须从传统的教学模式中解放出来,努力学习先进的教育理论和教学技术,不能局限于书本知识的传授和应试教育所谓的学以致用。教师必须正确把握教育改革与发展方向,经常有意识地反省自己的教学实践,从中总结经验教训,要有意识地虚心听取他人对自己教学工作的评价。通过自我总结和积极借助他人的反馈来分析自己的学习需要,进而不断充实自己教与学的知识库。另外,教师还要积极参加科际间的评课、观摩、研讨等活动,虚心学习,努力提高。在课堂中还要帮助学生更好地树立"人地协调观",在培养学生的思维能力的同时,还可以积极地组织实践活动来提升学生的地理实践能力,可以将所学地理知识灵活形象的应用到实践中,对于促进学生核心素养全面发展更具有重要的作用。

在教学中利用合理的方法创设与教材相应的情境进行教学,使学生在特定的情境中学习地理知识,激发了学生们求知的欲望,使全体学生对知识产生了浓厚的兴趣,还让学生们积极主动的学习,增强了学生创新意识。情境教学是以"身边中的地理生活现象"为基础,以"学生为主体"的教学方法。非常适合学生的心理、生理特点和认知规律的,能够帮助学生准确迅速的理解教学内容,增强学生的学习的浓厚兴趣,提高教学效果。因此,我在地理课堂教学中尝试进行了"情境教学"的实践与研究,通过研究发现,为学生创设各种恰当的问题,设计探究活动等教学情景,不仅可以为学生创设良好的学习氛围,还能充分调动学生学习的主动性和积极参与性,能够激起学生学习地理的兴趣和热情,锻炼学生的思维能力和创新发展的意识,大大提高了地理教学的实效性效果。

参考文献

[1]陈良豪,张理臻.地理"人地协调观"的内涵及培养策略[J].大连教育学院学报,2017,33(04):21-23.

[2]蔡运龙.人地关系思想的演变[J].自然辩证法研究,1989(05):48-53.

[3]娜米拉.基于地理实践力培养的地理实践案例设计研究[D].呼和浩特:内蒙古师范大学,2019.

[4]詹秀娣,袁孝亭.高中地理教科书"正确阐明人地关系"的视角及其运用[J].课程·教材·教法,2012,32(04):60-65.

[5]喻婷.基于地理课程资源开发的地理实践力培养研究[D].贵阳:贵州师范大学,2019.

[6]叶莎莎,阚伟康.浅谈初中地理人地协调观的培养策略——以"黄土高原"为例[J].中学地理教学参考,2020(18):46-48.

专题 6

"人地协调观"落实中学地理课堂教学的案例研究

——以人教版七年级地理《人类的聚居地——聚落》一课为例

天津市杨柳青第四中学　郭金爽

【作者有话说】

　　"人地协调观"的培养在我国中学地理课程教学中处于重要的位置,教师在教学中也意识到了它的重要性,但在日常的教学中我们更多的是落实自然环境对生产和生活的影响,忽视"人地协调观"的培养。因此我先从研究人地协调观的内涵出发,对人地关系做深刻的理解和把握。之后思考、总结人教版的初中地理教科书中可以有效落实"人地协调观"的章节内容。选取《人类的聚居地——聚落》一课进行剖析,从"地对人""人对地""人地协调"三个层面分析此课教学活动的设计目的、价值。通过案例的分析、对比,提供了一些比较好用的教学活动设计的思路、方式,最后得出了一些合理化的建议。希望对中学地理教师在"人地协调观"落实课堂教学的道路上有所帮助,提供一些参考。

　　在初中地理课堂中落实人地协调观念,首先要正确看待人类与地理环境之间的关系。专家学者认为,在引导学生阐明人地关系时,需要考虑"地对人的影响"

"人对地的影响"和"人地关系调节"三个方面。课堂是培养学生"人地协调观"的主场所,本文以人教版初中地理七年级上册第四章《居民与聚落》第三节《人类的聚居地——聚落》一课为主线,探讨在初中地理课堂中如何落实"人地协调观"的培养,并提出一些建议。

一、"人地协调观"落实的重要性

正在使用的 2011 年国家教育部颁布的《义务教育地理课程标准》,无论是在课程目标的设置方面还是在课程内容的选择方面或是在课程设计的思路方面以及活动建议方面,都凸显出了人地关系教学的重要性。例如,课程标准中提出了"了解人类所面临的人口、资源、环境和发展等重大问题,初步认识环境与人类活动的相互关系"的课程目标。在对"情感、态度、价值观"的评价中,学生是否形成初步的人地协调、因地制宜等地理观点也是重要的评价方面。

"人地协调观"作为一种价值观,在学生人格形成和发展的阶段能帮助学生学会认知、学会思考、学会学习,学会正确认识和处理矛盾,引导学生树立正确的价值观念,形成正确的人地关系思想,对他们今后的成长至关重要。因此"人地协调观"落实初中地理课堂教学的研究很重要。

二、核心概念

(一)人地关系

1.人地关系概念

人地关系是指人类活动与地理环境之间的相互关系。人类为了生存、发展,利用地理环境,改造地理环境,增强适应地理环境的能力,同时地理环境也影响人类活动,形成地域特征,产生地域差异。

2.人地关系的主要表现

(1)人类为了生活,必须从自然界获取各种生活资料和生产资料。

(2)人类从自然界获取生活资料和生产资料的进程中,又常常受自然界多带来的灾害影响,如水旱灾等。

(3)人们在生产活动中,又常给环境带来各种损害。

(4)人类为了更好地发展生产,以改善自己的生活,就必须对自然资源进行统一规划,合理地予以利用,并对自然环境进行合理改善。

总之,人类在生活生产活动中,要从地理环境中得到各种自然资源,与此同时,人类生活和生产的废弃物,也要排放到环境中去。环境把它受到的影响,又会对人类社会产生反馈作用。人类社会就是在与地理环境密切联系,相互制约,相互影响中不断向前发展的。

(二)人地关系思想

1.人地关系思想的具体内容从三个视角出发

(1)"地对人":①作用性质:决定性作用和非决定性作用。②作用方式:直接作用和间接作用。

(2)"人对地":①影响性质:遵守自然规律和违背自然规律。②影响方式:空间占用和物质能量交流。

(3)"人地关系调节":①技术调节:积极促进作用和负面影响。②协调观念:环境容量、因地制宜和可持续发展。

2.人地关系思想发展的历史演变

(1)采猎文明——崇拜自然——人与自然是恐惧与依赖的关系;

(2)农业文明——改造自然——人对自然的依附性大大减弱,对抗性增强;

(3)工业文明——征服自然——人地关系全面呈现不协调,人地矛盾迅速激化;

(4)当今社会——谋求人地协调——人口、资源、环境和谐发展。

(三)"人地协调观"

1."人地协调观"的内涵

"人地协调观"是指关于人口、资源、环境与发展问题的综合观念,是地理课程中蕴含的最为核心的价值观念,是人们对人类与地理环境之间的关系秉持的正确的价值观。

2."人地协调观"的价值

面对越来越突出的人口问题、资源问题、环境问题和发展问题,人们领悟到,想要让人类社会获得可持续发展,就应该调整人类对待自然的态度,努力协调好两者的关系。"人地协调观"是目前中学地理教育的基本价值观,也是地理学和地理教育的核心观点。"立德树人"是新时代教育的根本任务,也是教育的根本目的。"人地协调观"落实课题教学是实现教育根本任务的有效途径之一。

三、国内外研究现状

(一)国内"人地协调观"教育的发展

随着对人地关系重要性的认识越来越深入,我国中学地理课程也越发重视人地关系教学。1986年,我国颁布《全日制中学地理教学大纲》,该大纲充分凸显了"人地关系"重要地位,也首次明确提出"正确阐明人地关系"的要求在该大纲的初中部分就提到"确定教学内容"的第一条原则是"正确阐明人地关系"。由此,人地关系在我国中学地理课程中的核心地位逐渐被确立起来。2011版国家教育部颁布的《义务教育地理课程标准》在课程目标的设置、课程内容的选择、课程设计的思路、活动建议,都凸显出了人地关系教学的重要性。

由此可见,人地关系教学和"人地协调观"培养在我国中学地理课程教学中处于越来越重要的位置,培养学生形成正确的人地观念是我国中学地理课程的神圣使命。我国的中学地理课程对于学生"人地协调观"念的养成具有不可推卸的责任。

(二)国内外研究现状述评

国外没有"人地协调观"的说法,但与"人地协调观"相近的研究较多,如环境教育的研究等。目前,国外关于环境教育方面的研究比较多,绝大多数是在详细介绍环境教育开展过程中的具体实施手段,可以借鉴,但在初中地理课堂教学中培养学生"人地协调观",不单单是环境教育,而是要有更多地要求,例如要让学生了解人类所面临的人口、资源、环境和发展等重大问题,初步认识环境与人类活动的相互关系,是否初步形成人地协调、因地制宜等地理观点等要求。

我国地理教育界关于"人地协调观"的研究时间较短,但近年来关于地理学科"人地协调观"的相关研究的篇幅甚多,侧重对"人地协调观"的地位研究、对"人地协调观"的内涵研究、对"人地协调观"的评价研究、对"人地协调观"的培养策略研究,也有很多一线高中地理教师对教学案例进行研究。对"人地协调观"落实初中地理课堂教学的案例研究较少,对整个初中阶段"人地协调观"落实课堂教学的案例进行系统性研究的更少。

四、《人类的聚居地——聚落》案例剖析

在初中地理课堂中落实"人地协调观"念,首先要正确看待人类与地理环境之间的关系。专家学者认为,在引导学生阐明人地关系时,需要考虑"地对人的影响""人对地的影响"和"人地关系调节"三个方面。课堂是培养学生"人地协调观"的主场所,下面以人教版初中地理七年级上册第四章《居民与聚落》第三节《人类的聚居地——聚落》一课为例,探讨在初中地理课堂中如何落实"人地协调观"的培养。

(一)明确目标,体现人地协调观念

(1)以丰富直观的图片,引导学生学会描述城乡景观差别。

(2)通过小组合作探究,分析、讨论,说出聚落的形成和形态与自然环境的关系,落实"人地协调观"。

(3)通过列举典型事例,让学生感受到传统聚落是祖先留给我们的重要的文化遗产,提出协调人地关系的策略。

(4)培养学生联系实际,发现问题,分析问题,解决问题的能力,提升思维的深度和广度,懂得保护世界文化遗产的意义。

(二)活动引领,合作探究,落实"人地协调观"

【新课导入】看四张景观图片

没错,这是我们的家乡天津,是我们长期居住的地方,我们把人类的居住地,叫作聚落。这也是我们本节课的主题。

【设计意图】以自己的家为例,激发兴趣,进入新课。

1.学生活动:比一比

出示景观图片,让学生根据景观图片来描述乡村聚落和城市聚落的差异。

刚才我们看到的直观的景观图片能够反映城乡差异,其实城市和乡村的差异还体现在生产活动上。乡村主要从事的是农业,城市是工业和服务业,正是因为生产方式不同,才使得城乡景观有如此大的差异。

【设计意图】通过读图,让学生能够准确区分城市与乡村聚落,落实聚落的分类,并能用语言描述二者的差别。

2.学生活动:选一选

【合作探究一】那聚落是如何形成的呢? 它的形成会受到哪些因素的影响呢?

请在下图中选出你最心仪的地方来建造家园,写出你选址的自然条件,并说明原因。用圆圈表示你的聚落的位置。给大家4分钟的讨论时间。

【教师总结】看来,聚落的形成确实需要平坦的地形,充足的水源,丰富的自然资源等条件。也就是说自然环境会影响聚落的形成。

【设计意图】进入本节课的重难点的学习。学生通过实际操作,切身体验,发现聚落的形成于自然环境的关系,培养学生分析问题的能力和解决问题的能力。

【评价】以"那聚落是如何形成的呢? 它的形成会受到哪些因素的影响呢?"两个问题采用问题引领方式,带入学生进行教学活动,引领学生思考,进行分析,从"地对人的影响程度"的角度去看待地对人的影响。在个别具体场合,自然环境却可以成为人类活动的决定性条件,得出自然环境会影响聚落的形成这一结论。

【合作探究二】自然环境不仅影响聚落的形成,还会影响聚落的——形态。出示聚落不同形态的图片,提出问题:同是聚落,形态一样吗?有什么不同?为何会有这种差别呢?

通过这两张图片我们可以发现,在一些平原地区,地形平坦开阔,聚落形态常为团块状。

在山区,有的聚落沿山麓、谷地延伸成条带状;在一些平原地区,为了靠近水源,沿河流发展成带状聚落。

聚落是人类聚居的地方, 所以人口分布稠密的地方也是聚落密度较大的地方。大家看一下大屏幕,出示全球夜间灯光分布图。有灯光的地方就一定有聚落了,从这张图中,你能发现全球什么地方聚落分布较密集吗?

很好,看来聚落的分布也是不均匀的,有的地方稠密,有的地方稀疏。

【教师总结】自然环境会影响聚落的形成、形态和密度,那聚落的建立就应该在适应自然环境的基础上建立。

【评价】自然环境还会影响聚落的形态和密度,得出聚落的建立就应该在适应自然环境的基础上建立。引导学生思考、观察、分析,用已有的知识解决问题,从而理解这些都是人类遵循自然规律与自然和谐相处的结果,让学生形成正确的"人地协调观"和可持续发展观。

【过渡】而在聚落中最能体现其特色的应该就是建筑了,建筑结构材料的选取则应该因地制宜,适应复杂多样的自然环境。其实在自然界中的小动物们都是在适应自然的过程中繁衍生息的,他们特别能因地制宜利用当地的自然条件。

3.学生活动:搭一搭

故事:河狸搭房子

那我们人类呢? 我们不能输给小动物,那我们应该怎样因地制宜地利用自然环境,建造我们舒适的家呢? 我们进入第三个环节:搭一搭。

【合作探究三】大家看学案活动3,因地制宜搭房子。

假设你生活在这些地区,你将选择什么材料、搭建成什么样式的房子? 在你的方案中如何体现出了因地制宜的原则? 你的房子如何适应当地的环境?

可选择的建筑材料:

木头、草、冰、土、石头、毛毡、砖、竹子……

建房原则:

因地制宜、经济实用

给大家3分钟的时间。

时间到了,你的房子搭的怎么样了? 和大家分享一下。

【设计意图】感受自然界的小动物因地制宜,合理利用自然环境的方法。探究传统民居与自然环境的关系,发展学生的实践操作能力和思维能力。激发学生的学习兴趣。让学生充分感受到,我们要学习生活中有用的地理。

【评价】建筑结构材料的选取则应该因地制宜,适应复杂多样的自然环境。因此又设计了"搭一搭"这一活动。假设你生活在这些地区,你将选择什么材料、搭建成什么样式的房子?在你的方案中如何体现出了因地制宜的原则?你的房子如何适应当地的环境?引导学生进行一系列的分析、处理和解决问题,培养学生对人地关系的理性认识。

从"人对地"或者"地对人"的角度看待人地关系是分析人地关系能力的最低水平,而本节课教师通过活动设计、问题引领,带领学生"从人地相互关系的角度辩证认识人地关系"。是单角度分析到双角度分析的提升,体现了"人地关系分析"的辩证思想以及思维能力的提升。

【过渡】大家搭的房子真是不错,不仅美观而且实用,更重要的是大家能够因地制宜地利用当地的自然资源,搭建自己舒适的家。

民居是最广泛的土地利用形式,它是建筑的重要组成部分,而建筑又是最能反映聚落特色的要素,它不仅与自然环境有着密不可分的关系,而且还记录着人类发展的历史。下面请看三幅图片,你能认出这是哪里吗?

大家都能认出来,足以说明它们的特色是非常突出的。老师选出的这三个聚落可不是一般的聚落,他们还有一个共同的名字——世界文化遗产。

世界文化遗产,是人类智慧的结晶,是几千年来人类传承下来的文明,这些聚落之所以能成为世界文化遗产,不单单是因为它古老,有特色,更重要的,它能反映出当时的自然环境,这是最难能可贵的,也就赋予了它不可复制性。

4.学生活动:想一想

提问:世界文化遗产如此宝贵,我们应该如何对待世界文化遗产呢?

【合作探究四】但遗憾的是,伴随着旅游业的发展,很多世界文化遗产都成为旅游资源,在旅游资源的开发过程当中,又出现了很多的问题,丽江就是其中一个,还因此受到了世界文化遗产委员会的批评。世界文化遗产委员会为什么会批评丽江呢?大家打开书86页,阅读资料二,你找到原因了吗?

大家跟我一起看，古城原有的宁静与古朴被打破，特色没有了，当地传统的民族文化和特有的生活习俗收到了冲击，文化也就无法传承了。

同学们，能成为世界文化遗产的终归是少数。我们生活的乡村、城市绝大多数不可能成为文化遗产，但作为记录文明发展史的某些记忆片段却值得留给后人。

【过渡】苏联美学家鲍列夫就说过："人们习惯于把建筑称作世界的编年史；当歌曲和传说都已沉寂，已无任何东西能使人们回想一去不返的古代民族时，只有建筑还在说话。在'石书'的篇页上记载着人类历史的时代。"

再出示济南火车站图片和资料，加以深化。

济南老火车站曾是亚洲最大的火车站，由德国人赫尔曼·弗舍尔设计，是典型的哥特式建筑风格，曾被战后联邦德国出版的《远东旅行》列为远东第一站。

济南老火车站见证了清政府的灭亡到中华民国的转变，到抗日战争时期日本人军管铁路，再到中华人民共和国建立以后的这段历史，它是一段可以触摸的"立体的历史"。

【总结】随着工业化、城市化的飞速发展，我们家乡天津也在发生着日新异的变化，我们在发展建设家乡的同时，如何对那些有价值的、有特色的、值得留给后世的东西加以保护呢？

【布置作业】请同学们写封建议信交给你们的地理老师，由他交给相关部门。

【评价】关于世界文化遗产的保护是落实"人地协调观"的重要内容。随着城市的不断发展，住房面积扩大，工业用地规模不断增加，城市人口不断增长，自然资源不断减少，人地矛盾日益严重。在城市发展过程中，势必对原有的聚落环境也会造成伤害。那我们如何认识人与自然环境的辩证关系，就显得尤为重要。教师在这一环节与学生分析丽江古城的问题，寻找原因，想出解决办法。

之后又追加济南老火车站的事例，最后布置作业请同学们写封建议信交给你们的地理老师，由他交给相关部门。

通过本节课的教学让学生具有"人地协调观"的意识，利用各种教学活动培养学生分析人地关系的能力。最后通过世界文化遗产的保护提出协调人地关系的策略。

五、人教版初中地理教材可以落实"人地协调观"的典型章节

表 2-6-1　人教版初中地理教材可以落实"人地协调观"的典型章节

人教版教材	章	节	内容	探究活动
七年级上册	第三章：天气和气候	第一节：多变的天气 第四节：世界的气候	我们需要洁净的空气 气候与人类活动	人类活动与空气质量的关系 气候与人类活动的关系
	第四章：居民与聚落	第一节：人口与人种 第三节：人类的聚居地——聚落	不同的人种 聚落与环境 聚落与世界文化遗产 保护世界文化遗产的意义	环境对人种形成的影响 聚落与环境的关系
七年级下册	第六章：我们生活的大洲——亚洲	第一节：自然环境	世界第一大洲	亚洲不同地区居民生活的差异
	第七章：我们临近的国家和地区	第二节：东南亚 第三节：印度 第四节：俄罗斯	气候与农业生产 气候与粮食生产 发达的交通	日常消费行为与热带雨林保护 水旱灾害频繁 两次"绿色革命" 西伯利亚大铁路线路选择的原因
	第八章：东半球其他国家和地区	第二节：欧洲西部 第三节：撒哈拉以南的非洲 第四节：澳大利亚	现代化的畜牧业 人口、粮食与环境 "骑在羊背上的国家"	欧洲西部自然条件对发展畜牧业的影响 撒哈拉以南非洲面临的人地关系问题 牧羊带分布与自然条件关系

人教版教材	章	节	内容	探究活动
	第九章：西半球的国家	第一节：美国	农业地区专业化	美国农业发展的自然条件
		第二节：巴西	热带雨林的开发与保护	热带雨林应开发还是保护
	第十章：极地地区	极地地区	极地地区的环境保护	爱护地球上最后一片净土
八年级上册	第二章：中国的自然环境	第三节：河流和湖泊	长江开发与治理 黄河治理与开发	退田还湖、长江流域生态建设、黄河忧患
	第三章：中国的自然资源	第二节：土地资源	合理利用每一寸土地	合理利用土地、我国耕地危机与良田建设、我国土地基本国策
	第四章：中国的经济发展	第三节：水资源	合理利用与保护水资源 我国农业地区分布	水资源的保护、合理利用 自然环境与农业地区分布的关系、因地制宜发展
		第二节：因地制宜发展农业	发展农业要因地制宜 走科技强农之路	农业、科技在农业中的作用
八年级下册	第六章：北方地区	第三节：世界最大的黄土堆积区——北京	严重的水土流失 水土保持	分析黄土高原水土流失的自然、人为原因，及危害、治理措施
		第四节：祖国的首都——北京	历史悠久的古城	以故宫为例，了解北京名胜古迹保护
	第七章：南方地区	第二节："鱼米之乡"——长江三角洲地区	江海交汇之地	岷江对成都平原发展的影响
		第三节："东方明珠"——香港和澳门	特别行政区	认识香港城市用地开发与生态环境保护
	第八章：西北地区	第一节自然特征与农业	牧区和灌溉农业区 油气资源的开发	认识坎儿井与自然环境的关系
		第二节干旱的宝地——塔里木盆地		西气东输工程对东西部地区发展的意义
	第九章：青藏地区	第二节高原湿地——三江源地区	三江源地区的保护	保护高原湿地的意义

六、案例对比分析

为了更好地在初中地理课堂教学中落实"人地协调观",下面再通过两种不同的案例进行对比分析,帮助大家寻求一些思路。

案例1

人教版七年级地理上册　第四章　居民与聚落

第三节　人类的聚居地——聚落

环节	教学设计	分析
导入新课	看四张景观图片 没错,这是我们的家乡天津,是我们长期居住的地方,我们把人类的居住地,叫作聚落。这也是我们本节课的主题。	以自己的家为例,激发兴趣导入新课
学生活动1:比一比	在景观上,乡村和城市有什么差别呢? 我们来完成本节课的第一个活动单元:比一比 你先得分一下类  根据景观图片来描述乡村聚落和城市聚落的差异。 刚才我们看到的直观的景观图片能够反映城乡差异,其实城市和乡村的差异还体现在生产活动上。乡村主要从事的是农业,城市是工业和服务业,正是因为生产方式不同,才使得城乡景观有如此大的差异。	了解聚落的形式之后,教师以"那聚落是如何形成的呢?它的形成会受到哪些因素的影响呢?"两个问题带入学生进行教学活动,引领学生思考,进行分析,从"地对人的影响程度"的角度去看待地对人的影响。在个别具体场合,自然环境却可以成为人类活动的决定性条件。得出自然环境会影响聚落的形成这一结论。
学生活动2:选一选	那聚落是如何形成的呢?它的形成会受到哪些因素的影响呢? 接下来我们进行本节课的第二个活动单元:选一选。 大家看学案活动2,选一选。请在图中(略)选出你最心仪的地方来建造家园,写出你选址的自然条件,并说明原因。用圆圈表示你的聚落的位置。给大家4分钟的讨论时间。	

环节	教学设计	分析
	看来,聚落的形成确实需要平坦的地形,充足的水源,丰富的自然资源等条件。 也就是说自然环境会影响聚落的形成。 	
师生互动	其实,自然环境不仅影响聚落的形成,还会影响聚落的——形态。大家看这两张景观图,同是聚落,形态一样吗?有什么不同?为何会有这种差别呢? 通过这两张图片我们可以发现,在一些平原地区,地形平坦开阔,聚落形态常为团块状。 在山区,有的聚落沿山麓、谷地延伸成条带状;在一些平原地区,为了靠近水源,沿河流发展成带状聚落。 聚落是人类聚居的地方,所以人口分布稠密的地方也是聚落密度较大的地方。大家看一下大屏幕,这是全球夜间灯光分布图。有灯光的地方就一定有聚落了,从这张图中,你能发现全球什么地方聚落分布较密集吗? 老师准备了一个表格来帮助大家回答这个问题。	之后师生又进行分析自然环境还会影响聚落的形态和密度,得出聚落的建立就应该在适应自然环境的基础上建立。引导学生思考、观察、分析,用已有的知识解决问题,从而理解这些都是人类遵循自然规律与自然和谐相处的结果,让学生形成正确的人地观和可持续发展观。

环节	教学设计	分析

	从南北半球看	多分布于北半球	
	从高中低纬度看	多分布于中低纬度	
	距海远近看	多分布于沿海地区	
	从地形上看	多位于平原	

很好,看来聚落的分布也是不均匀的,有的地方稠密,有的地方稀疏。

总结:自然环境会影响聚落的形成、形态和密度,那聚落的建立就应该在适应自然环境的基础上建立。

城市
聚落　　影响　　　　　地形
乡村　　自然环境　气候　河流
　　　　适应　　　　　资源等

环节	教学设计	分析
学生活动3:搭一搭	故事:河狸搭房子 那我们人类呢?我们不能输给小动物,那我们应该怎样因地制宜地利用自然环境,建造我们舒适的家呢?我们进入第三个环节:搭一搭。 大家看学案活动3,因地制宜搭房子。 假设你生活在这些地区,你将选择什么材料、搭建成什么样式的房子?在你的方案中如何体现出了因地制宜的原则?你的房子如何适应当地的环境? 可选择的建筑材料: 木头、草、冰、土、石头、毛毡、砖、竹子…… 建房原则: 因地制宜、经济实用 给大家3分钟的时间。 时间到了,你的房子搭的怎么样了?和大家分享一下。	建筑结构材料的选取则应该因地制宜,适应复杂多样的自然环境。因此又设计了"搭一搭"这一活动。假设你生活在这些地区,你将选择什么材料、搭建成什么样式的房子?在你的方案中如何体现出了因地制宜的原则?你的房子如何适应当地的环境?引导学生进行一系列的分析、处理和解决问题,培养学生对人地关系的理性认识。

环节	教学设计	分析
		从"人对地"或者"地对人"的角度看待人地关系是分析人地关系能力的最低水平,而本节课教师通过活动设计、问题引领,带领学生"从人地相互关系的角度辩证认识人地关系"。是单角度分析到双角度分析的提升,体现了"人地关系分析"的辩证思想以及思维能力的提升。
师生互动	大家搭的房子真是不错,不仅美观而且实用,更重要的是大家能够因地制宜地利用当地的自然资源,搭建自己舒适的家。 　　民居是最广泛的土地利用形式,它是建筑的重要组成部分,而建筑又是最能反映聚落特色的要素,它不仅与自然环境有着密不可分的关系,而且还记录着人类发展的历史。下面请看三幅图片,你能认出这是哪里吗? 　　大家都能认出来,足以说明它们的特色是非常突出的。老师选出的这三个聚落可不是一般的聚落,他们还有一个共同的名字——世界文化遗产。 　　通过这三个聚落,你能总结出来什么样的聚落才能成为世界文化遗产吗? 　　丽江等聚落为什么能成为世界文化遗产?我们以丽江为例,大家跟我一起阅读教材85页资料一。 　　总结:世界文化遗产,是人类智慧的结晶,是几千年来人类传承下来的文明,这些聚落之所以能成为世界文化遗产,不单单是因为它古老、有特色,更重要的,它能反映出	

续表

环节	教学设计	分析
	当时的自然环境,(板书箭头,反映)这是最难能可贵的,也就赋予了它不可复制性。 城市 聚落 ——影响→ 自然环境 气候 乡村 ——适应→ 地形 河流 资源等 特色 古老 世界文化遗产 适应	
学生活动 4: 想一想	世界文化遗产如此宝贵,我们应该如何对待世界文化遗产呢?	
小结	但遗憾的是,伴随着旅游业的发展,很多世界文化遗产都成为旅游资源,在旅游资源的开发过程当中,又出现了很多的问题,丽江就是其中一个,还因此受到了世界文化遗产委员会的批评。世界文化遗产委员为什么会批评丽江呢?大家打开书 86 页,阅读资料二,你找到原因了吗? 　　大家跟我一起看,古城原有的宁静与古朴被打破,特色没有了,当地传统的民族文化和特有的生活习俗收到了冲击,文化也就无法传承了。 　　同学们,能成为世界文化遗产的终归是少数。我们生活的乡村、城市绝大多数不可能成为文化遗产,但作为记录文明发展史的某些记忆片段却值得留给后人。 　　苏联美学家鲍列夫就说过:"人们习惯于把建筑称作世界的编年史;当歌曲和传说都已沉寂,已无任何东西能使人们回想一去不返的古代民族时,只有建筑还在说话。在'石书'的篇页上记载着人类历史的时代。" 　　再出示济南火车站图片和资料,加以深化。 济南老火车站: 1912 年建成 1992 年被拆除 2012 年,济南市正式确认重建济南老火车站 1991 年拍摄的济南老火车站,一年后老火车站拆除	关于世界文化遗产的保护是落实"人地协调观"的重要内容。随着城市的不断发展,住房面积扩大,工业用地规模不断增加,城市人口不断增长,自然资源不断减少,人地矛盾日益严重。在城市发展过程中,势必会对原有的聚落环境造成伤害。那我们如何认识人与自然环境的辩证关系,就显得尤为重要。教师在这一环节与学生分析丽江古城的问题,寻找原因,想出解决办法。

续表

环节	教学设计	分析
	济南老火车站曾是亚洲最大的火车站,由德国人赫尔曼·弗舍尔设计,是典型的哥特式建筑风格,曾被战后联邦德国出版的《远东旅行》列为远东第一站。 济南老火车站见证了清政府的灭亡到中华民国的转变,到抗日战争时期日本人军管铁路,再到中华人民共和国建立以后的这段历史,它是一段可以触摸的"立体的历史"。 随着工业化、城市化的飞速发展,我们家乡天津也在发生着日新异的变化,我们在发展建设家乡的同时,如何对那些有价值的、有特色的、值得留给后世的东西加以保护呢? 布置作业:请同学们写封建议信交给你们的地理老师,由他交给相关部门。	之后又追加济南老火车站的事例,最后布置作业请同学们写封建议信交给你们的地理老师,由他交给相关部门。 通过本节课的教学让学生具有"人地协调观"的意识,利用各种教学活动培养学生分析人地关系的能力。最后通过世界文化遗产的保护提出协调人地关系的策略。

案例2

人教版七年级上册
影响气候的主要因素及气候与人类活动的关系

环节	教学设计	分析
导入新课	导入:同学们,在天津,春有百花秋有月,夏有凉风冬有雪。有些地方的居民是体会不到四季变化的,比如有的地方气候常年如夏,有的地方终年寒冷,有的地方常年多雨,有些地方则是全年干燥。一个地方为什么会有这样或那样的气候,什么原因导致不同地区气候存在明显的差异呢?这节课同学们将跟随老师,开启我们的"气候"之旅,研究影响气候的因素以及气候与人类活动的关系。	以问题式导入新课,直接交代本节课学习任务,以"气候"之旅开启新课激发学生学习兴趣。

续表

环节	教学设计	分析
教学环节一：去哪里？——影响气候的因素	讲述：我们今天旅行的目的地有：格陵兰岛、爪哇岛、新疆的吐鲁番盆地、青藏高原。 提问：你能在世界气候类型图中找出 ABCD 分别代表我们要去的地方吗？ 学生活动：寻找目的地 提问：老师手中有在这 4 个地区拍摄的照片。同学们，这次你能辨认出来它们分别是哪里吗？你是依据什么来辨认的呢？ 学生：凭借那里的自然风景。 老师：自然风景是一个地区气候的表征。同学们凭借景观图可以辨认这些地方，我再来考考大家。 1.将格陵兰岛的冰雪世界与爪哇岛的热带景观，两张图片做对比。 教师提问：为什么格陵兰地区终年严寒，而爪哇岛却是常年湿热。 学生：根据已有气温和降水的知识完成学案 1 归纳：因为爪哇岛位于赤道附近，纬度低，气温高，空气对流运动明显，降水丰沛。格陵兰地区纬度高，接收的太阳光照少，所以气温低。这里不仅纬度高，位于极地地区，降水稀少，所以气候终年寒冷干燥。所以我们说"纬度位置是形成气候的基本因素"(板书) 2.将新疆塔里木盆地干燥的荒漠景观与天津景观做对比。 教师提问：为什么新疆塔里木片盆地气候干燥，而同纬度的天津地区气候相对比较湿润？ 归纳：收海陆位置影响，塔里木盆地距海远，海洋上的水汽难以到达，气候干燥。而天津距海近，气候湿润。可见，海陆位置影响气候的干湿差异。 3.在新疆，有"早穿棉袄午穿纱，围着火炉吃西瓜"的说法，天津却没有你，知道为什么吗？ 归纳：还是受海陆位置的影响，塔里木盆地深居内陆，气温日变化和年变化幅度大。天津距海近，这种气温的变化幅度小。	通过图片、问题、师生讨论，分析影响气候的三大要素。

续表

环节	教学设计	分析
	由此可见"海陆位置是形成气候的主要因素"。(板书) 4.出示青藏高原、雅鲁藏布江谷地风景图。 提问:为什么青藏高原纬度低,但是气候寒冷?但同样位于青藏高原上的雅鲁藏布江谷地却相对温暖? 归纳:青藏高原被称作世界屋脊,海拔高,所以气温低,相对于整个青藏高原而言,雅鲁藏布江谷地海拔低,气温高。由此可见"地形因素是形成气候的主要因素"。(板书) 小结:通过刚才的分析,我们总结出纬度位置、海陆位置、地形是影响气候的主要因素。	
教学环节二:你最想去哪儿?——气候(正常、异常)对生产生活的影响	1.气候正常对人类活动的影响 过渡:同学们,刚才我们浮光掠影的游览了世界的4各地区。估计同学们没过瘾,没关系,接下来进入"你最想去哪环节",同学们以小组为单位,对四地开展"深度游"。前后4人一组,中间6人一组。老师每个组准备了一份资料包。里面有我在四地拍摄的照片和查找到的一些资料、有4地的气候类型图、还有一张世界气候类型图。可惜我一不小心,全部混淆了,需要同学们的帮助。大家看接下来看你要完成的任务 (1)选择四点对应的曲柱图,说明选择该气候类型的原因。 (2)根据照片提供的信息,将你组认为是同一地点的景观与对应的曲柱图进行归类。 每组选择一个你们最想去的地点,结合当地气候,对反应衣、食、住、行的照片进行依次介绍。 (3)把生长在爪哇岛的水稻移植到塔里木盆地种植是否可行呢?说明理由? (4)如果建造一雨衣雨鞋厂,工厂建在哪里产品销量会更好? 学生分组进行活动,完成任务清单,小组派代表做介绍(每组不超过2分钟)。 教师在学生说明的过程中注意引导启发气温和降水如何影响衣、食、住、行以及生产的,并将学生说的积极影响记录在海报上。	通过活动带领学生,从"地对人的影响方式"的角度去看待地对人的影响。自然环境对人类活动既有直接影响,也有间接影响。让学生感受到自然环境直接影响我们的衣食住行,甚至间接地影响到我们的建厂选址,我们人类的各种生产活动。

续表

环节	教学设计	分析
	总结:通过刚才"4地深度游",同学们一定感受到什么是一方水土养一方人!不同地区气温降水存在差异,人类的生产生活方式就各有不同。 2.异常气候对人类活动的影响 提问过渡:刚才我们研究的是气候正常时对人类活动的影响。但气候发生异常变化会给人类生产生活带来怎样的影响呢? 教师:出示干旱、寒潮、洪涝、台风等气象灾害照片和部分数字资料,引导学生读图文资料认识气候异常带来的危害。 总结:同学们看,应该降水的时候没有降水,就会出现旱灾,降水超出以往正常水量就有可能出现洪涝。可见气候异常会给人类生产生活带来危害,从而产生灾害。联合国气候组织统计:近50年来,全球气候异常造成的损失超过3.6万亿美元。 同学们再来观看一段影片今年夏季我国南方的水灾视频新闻报道。	教师又从另外一个角度带领学生分析,异常的气候又会对我们有什么影响。在这部分教学内容,建议引导学生再进一步分析我们人类利用科技是不是又避免了一些灾害的发生,凸显"地对人"的非决定性影响,也可以体现人地调节的技术的促进作用。
教学环节三:人类的未来在哪里——人类活动对气候的影响	过渡:在气候灾害面前,人类不断抗争,你是否思考过,气候为什么会发生异常变化?面对气候的异常变化,人类将何去何从呢? 学生活动:阅读教材68页"气候变暖"及学案提供的材料环球科学文章《因为气候变暖,大量沉睡的病毒或将重见天日》小组讨论回答问题: 1.什么是气候变暖? 2.气候为什么会变暖? 3.变暖的后果是什么? 4.如果你是环保局长、化工厂厂长、发展中国家的农民、一中滨海中学生,你会怎样做才能减缓大气变暖的趋势呢? 接下来,我们进入"天津达沃斯论坛"环节。有请论坛主持人上台提问。	这部分内容是"人对地"的影响,让学生不仅能分析主要原因,还能从不同层面发现与此相关的影响因素,从不同角度进行分析,系统且完整地提出协调人地关系的对策。最后得出人类活动只有尊重规律、适应气候、合理利用气候,才能

续表

环节	教学设计	分析
	教师：同学们说得非常好。很明显，人类活动也会给气候带来影响。破坏性的人类活动会对气候产生消极影响，积极地人类活动同样给予气候积极影响。人类活动只有尊重规律、适应气候、合理利用气候，才能实现人类与气候的和谐共生，从而实现人类的可持续发展。 　　同学们，中国的目前的发展模式是人与自然和谐共生的一种良性发展，也为全世界做出示范。 　　小结：同学们，让我们从实际行动出发，节约一张纸、少开一盏灯、少开一次私家车，以身作则带动身边的家人和朋友，保护气候环境，与它和谐相处，这也是人类的未来发展之路。 　　本节课的世界气候之旅到此结束，感谢同学们的聆听，再见！	实现人类与气候的和谐共生，从而实现人类的可持续发展。

七、落实"人地协调观"的教学建议

(一)建议教师要提高对人地关系的敏感度和认识

　　要培养学生的"人地协调观"念，教师应首先对人地关系有着深刻的理解和把握。这样才能站在地理科学的高度，依据学生心理与认知水平，进行教学设计，开展教学活动。首先地理教师要认识到人地矛盾，向学生讲清两点：其一，人类是以哪些方式占有自然地理要素空间的；其二，人与自然地理环境之间的物质、能量、信息的交流量、交流频率和交流比例的矛盾。其次还要向学生讲清两点：其一，在自然状态下，自然地理环境之间的物质、能量、信息的交流量、交流频率和交流比例是有其自身的客观规律性的；其二，人类在对自然地理环境施加影响时，需要遵从自然规律，否则就会带来一系列生态环境问题。第三，教师要充分认识到，人类可以通过科学技术使得人地关系发生阶段性变化。对学生进行"人地协调观"点教育,课例设计必须与学生的实际相结合,选取学生可以理解接受的实例,使学生对"地对人的影响""人对地的影响""如何实现人与地协调"等形成正确的认识。

(二)建议对教材进行深入研究、分析

充分发掘教材中渗透了"人地协调观"的内容。培养学生的"人地协调观",在初中阶段,主要是利用教材资源,发现教材当中以各种形式出现的"人地协调观"的内容,既可以指导教学设计,也可以丰富课堂活动。下面对"撒哈拉以南非洲"的教学设计和"影响气候的因素及气候与人类活动的关系"的教学设计(见第253~257页)进行研究和分析。

"撒哈拉以南非洲"教学设计

课题	撒哈拉以南非洲	执教教师	郭金爽
学科(版本)	人教版初中地理	章节	第八章第三节
学时	第一学时	年级	七年级

一、教学目标

1.结合地图,说出本区的地理位置与自然环境(地形、河湖、气候等)特点。

2.运用图片及有关资料,描述撒哈拉以南非洲富有地理特色的文化习俗。

3.通过图表资料,能够说出撒哈拉以南非洲的气候对当地农业生产和生活的影响。通过实例和图片,认识本区人口、粮食、环境等问题的严重性,理解问题产生的原因和解决的途径。

4.通过对撒哈拉以南非洲人口、粮食和环境的认识,培养学生对人地关系的正确认识。

二、学生学情分析

初中学生年龄小,在信息的接收上往往带有浓厚的感情色彩,乐于接受有趣的感性知识,所以教学过程中以"引起兴趣—加强交流与合作—引导思考"为主。若平铺直叙地讲述学生会感到枯燥,接受起来较为困难。在教学中必须考虑学生这一主体因素,对于教学活动安排必须考虑学生的特点,力求生动有趣、高效直观。

三、教学重难点分析及解决措施

(一)重点与难点

通过图表资料,能够说出撒哈拉以南非洲的气候对当地农业生产和生活的影响。

通过实例和图片,认识本区人口、粮食、环境等问题的严重性,理解问题产生的原因和解决的途径。

通过对撒哈拉以南非洲人口、粮食和环境的认识,培养学生对人地关系的正确认识。

(二)解决措施

利用自学和小组合作学习形式并结合地图,通过判断真假的活动,师生互动学习,在解决问题寻求答案的过程中,培养学生解决问题的能力,落实本课的教学目标。

四、教学准备

教学课件

五、教学设计

教学环节及时间	活动目标	教学内容	活动设计
一、导入新课	开门见山,直接点题	老师带领同学们已经旅游了很多地方了,今天我们要去撒哈拉以南的非洲。	旅游有跟团游,还有自由行,今天我们就来个自由行,自由行就得做攻略。首先先来搜集一些资料以备好攻略。
二、攻略前准备:备资料(自学)	培养学生自学	自主学习	自学书上 60 页到 63 页学习第一部分和 65 页到 66 页第三部分的内容
三、做攻略	让学生结合地图,说出本区的地理位置,并能领悟地理位置与自然环境的关系,以及地理位置、自然环境与我们人类的生活的关系	1.学习范围、海陆位置 2.学习纬度位置、半球位置	1.攻略一:选交通工具,定路线 2.攻略二:备衣服
四、欢迎仪式	了解这个地区的主要人种和特色文化	读图了解这个地区的人种:黑人的故乡 了解此区的舞蹈、绘画、木雕、手工编织、鼓声等	1. 抵达撒哈拉以南的非洲,迎接大家的是什么种人? 2.特色的文化

续表

教学环节及时间	活动目标	教学内容	活动设计
五、旅游进行时	通过判断真假的活动,进行小组学习,师生互动学习,在解决这些问题寻求答案的过程中,培养学生分析地对人、人对地的关系,树立正确的人地关系思想。培养学生解决问题的能力,落实本课的教学目标。	1.看到这里大规模种植水稻,处处是水稻田,稻香四溢的景观,是真的吗? 承转:利用科学的方法,可不可以改造自然,提高粮食的产量?（观看视频） 2.找找本区的河流和湖泊,判断河流和湖泊的特点,是真的吗? 3.赤道雪山,处在赤道常年炎热为什么有雪,是真的吗? 4.欣赏动物,这个地方动物喜欢迁徙,是真的吗? 5.这个地方的传统民居是茅草屋,是真的吗?	活动:判断是真是假? 小组活动:水稻种植条件?分析本区地形、气候,找出答案。(不太适合大规模大范围种植) 师生活动:讨论撒哈拉以南非洲的气候对当地农业生产和生活的影响,以及利用科学等手段人对地的影响。通过实例和图片,认识本区人口、粮食、环境等问题的严重性,理解问题产生的原因和解决的途径。 师生活动:了解本区的河流、山脉、民居、动物迁徙的原因。(通过分析讨论充分让学生理解人地关系)
板书提纲	撒哈拉以南的非洲　**黑种人**	**位置** 海陆位置:东临印度洋　西临大西洋 纬度位置:低纬度　**热带大陆** 半球位置:东半球　南和北半球都有领土	**自然环境** 地形:以高原为主　**高原大陆** 气候:热带草原为主 住:茅草屋　食:粮食不足　衣:夏　行:船 人口——环境

续表

课后反思	以旅游攻略创设情境,开始本次旅程,从生活中出发,使学生可以用地理知识解决生活中实际问题,激发学生的学习兴趣,充分调动学生的积极性。课堂思路清晰,环节紧凑,重难点突出,设计合理,学生课堂习惯好,每个人都积极参与到课堂中。引导学生从气候角度出发按部就班分析人口、粮食与环境的关系,培养学生对人地关系的正确认识,注重学科德育思想的渗透。课堂反馈需要再精心设计,要有梯度性。

　　人教版七年级下册第八章第三节《撒哈拉以南的非洲》一课,根据课程标准本节课重要的教学目标是通过图表资料,能够说出撒哈拉以南非洲的气候对当地农业生产和生活的影响。通过对撒哈拉以南非洲人口、粮食和环境的认识,培养学生对人地关系的正确认识。为了落实这一重要教学目标,根据教材中提供的内容,教学过程中应带领学生利用书上所给的各种图表充分分析气候、地形等自然环境对农业生产和人类活动的影响,并引导学生思考人类活动能不能影响自然,我们能不能改造自然,用什么办法可以提高本地区的粮食产量。地对人有影响,人对地也是有影响的,我们在进行教学设计和开展教学过程中,可能会着重强调地对人的影响,忽视人对地的影响,本节课就有一个很好的切入点,本地区人们为了提高粮食产量,采取了过度砍伐、开垦草原、过度放牧等活动,粮食产量没有上去,环境还遭到了破坏,环境恶化,使得这个地区人口、粮食、环境进入了恶性循环的境地。这时就可以引导学生思考除了控制人口增长,我们还能不能改造自然,提高本地区的粮食产量呢? 我们应该怎么改变呢? 人与地之间到底如何才是最好的? 从而引出"人地协调观",让学生正确认识人地关系。

　　有了以上的思考,并且也为了突破本节课的教学重难点,在撒哈拉以南的非洲一课的教学过程中,设计了"判断是真是假"的活动,设计了第一个问题:来到撒哈拉以南的非洲,看到这里大规模种植水稻,处处是水稻田,稻香四溢的景观,是真的吗? 为了回答这个问题,进而开展小组活动:思考水稻种植条件? 根据水稻种植条件学生们通过读图对本区地形、气候进行分析,找出答案。(不太适合大规模大范围种植)通过分析气候发现这个地方旱灾比较严重,因此粮食产量低,继续通过图表分析还因为人口增长过快,粮食产量低,那人们有没有想办法呢? 有,人们过度砍伐、开垦草原、过度放牧,粮食没有增产,环境还恶化,进入人口、粮食、环境的恶性循环里。这时在教学中进行大转折,有没有好的方法可以让粮食增产和不破坏环境呢?观看一段视频,中国人利用科学的方法,并把方法传授给他们,很大程度上提高了粮食的产量。在这个地方还可以对学生进行学科德育思想的渗透,了解我国对这个地区的帮助,体现中国的大国担当。让学生明白我们人类可以利用技术手段,积极改造自然,达到人地协调发展,这才是人类社会发展中的必经之路。通过这样的教学设计,让学生对人地关系达到真正的认识。

人教版七年级上册第三章第四节《世界的气候》一课中,第三个大标题为影响气候的主要因素,第四个大标题为气候与人类的活动,这两部分的教学目标为"举例说明纬度位置、海陆位置和地形对于气候的影响""通过分析人类活动与气候的相互影响,树立正确的人地观和科学发展观"。本教学设计的老师根据教学目标的要求,加之书上内容单薄,因此这位老师在教学内容选取上紧密联系时事和生活实际,列举私生活中的实例,从观察地理现象到分析影响气候差异的原因。其次分析气候与衣食住行的关系,最后,通过开展达沃斯论坛和观看绿水青山视频,增强学生社会责任感和国家认同感。

本教学设计以"跟着老师去旅行"作为主线。从"去哪里?"完成对影响气候因素的学习,到"你最想去哪儿?"探究气候(正常、异常)对生产生活的影响。最后思考"人类的未来在哪里"探讨人类活动对气候的影响。完成从学习气候知识到培养"人地协调观"这一价值观。

(三)教学设计建议

1.教学内容建议

按照教材章节内容设计或者根据教材重组教学内容进行设计。

2.教学设计方式建议

可以根据教材内容,环环联系,环环紧扣,渗透人对地,地对人,达到人地协调,以这种方式设计教学活动。还可以,以人对地,地对人,最终达到人地协调为主线,设计教学活动,直接明了的表明各活动的教学目的,学生学习的任务。

3.教学活动的形式建议

例如:可以以问题导学方式开展教学活动,也可以采用读图(尤其是蕴含一定哲理的漫画)、画图、比较、交流、辩论、角色扮演等多种形式安排教学活动。

参考文献

[1]中华人民共和国教育部.普通高中地理课程标准(2017年版)[S].北京:人民教育出版社,2018.

[2]中华人民共和国教育部.义务教育地理课程标准(2011年版)[S].北京:北京师范大学出版,2011.

[3]王梦雨,王民.关于核心素养"人地协调观"的理解与存在问题[J].地理教育,2017(07):4-6.

[4]王民."人地协调观"及其培养重点解析[J].地理教育,2017(06):4-6.

[5]阿斯雅.基于高中生"人地协调观"培养的地理教学案例设计——以内蒙古可持续发展为例[D].呼和浩特:内蒙古师范大学,2018.

[6]陈亚玲.基于"人地协调观"培养的教学设计[J].地理教学,2017(24):53-56.

[7]李迎亚.协调观视角下高中自然地理教学设计优化研究[D].石河子:石河子大学,2018.

[8]林聪.高中区域地理教学中"人地协调观"的培养策略研究[D].桂林:广西师范大学,2019.

[9]张鹃."人地协调观"在高中区域经济发展地理教学中的培养研究[D].昆明:云南师范大学,2018.

[10]袁霞.高中生"人地协调观"培养研究[D].南京:南京师范大学,2018.

[11]王水英.高中生"人地协调观"的培养策略研究[D].武汉:华中师范大学,2018.

[12]王雪纯.情境教学法在高中地理"人地协调观"培养中的运用研究[D].福州:福建师范大学,2018.

专题 **7**

"人地协调观"落实初中地理教材活动项目的策略研究

天津市双港中学　郭金俊

【作者有话说】

　　当今世界的发展,全世界共同面临着环境、资源与发展的问题,构建人类命运共同体势在必行。地理学科作为一个研究人地关系的学科就显得越来越重要。但由于地理观念的内容不好考察,并且相对知识与能力观念的内容不好落实等问题,当前我国初中阶段人地协调观的落实仍然存在一些问题,人地协调观在初中地理教学中非常容易被忽视。事实上,人地协调观讲的是人与地,因此它的落实要更多地与现实生活相结合,要通过活动来渗透。那么,明确人地协调观的核心概念,以活动为载体落实人地协调观,对人地协调观课堂活动案例进行分析,提出行之有效的实施策略就显得尤为重要,笔者依托人地协调观的相关活动教学案例,分析当前初中地理教学中人地协调观培养现状,提出针对性的改进措施,进而深化人地协调观教学的理论和实践研究。

一、核心概念界定

(一)"人地协调观"

"人地协调观"一直是地理学研究的核心领域,"人地协调观"是课标的基本要求,在 2011 年出版的《义务教育地理课程标准修订稿》的第一部分前言部分明确指出,现代社会要求公民能够科学、充分地认识人口、资源、环境和社会等相互协调发展的重要性,树立可持续发展观念。培养学生应对人口、资源、环境与发展问题的能力,这将有利于为国家乃至全球的环境保护和可持续发展培养活跃的、有责任感的公民。在学习对终身发展有用的地理课程理念中指出,地理课程引导学生从地理的视角思考问题,关注自然与社会,使学生逐步形成人地协调和可持续发展的观念,为培养具有地理素养的公民打下基础。在《义务教育地理课程标准修订稿》的第二部分课程目标中也反复强调了"人地协调观"的重要性,需要落实了解人类所面临的人口、资源、环境和发展等重大问题,初步认识环境与人类活动之间的相互关系、初步形成尊重自然,与自然和谐相处,因地制宜的意识和可持续发展的观念。由此可见,"人地协调观"落实课堂教学活动的实践探索应该从地理课程标准出发。

地理学科的研究对象是地理环境中地球表层各种自然和人文要素相互联系、相互作用而成的复杂系统,主要是研究自然环境各要素之间以及自然环境与人类活动之间复杂关系的综合性学科,简单来说研究的是岩石圈、水圈、生物圈、大气圈与人类活动这五大圈层之间的关系。由此可以看出,地理学科的是一门运用地理的基本技能和基本方法来研究人地关系的科学。

地理学科的核心素养包括"人地协调观",综合思维、区域认知和地理实践力。"人地协调观"是核心素养的基本价值理念,综合思维和区域认知是基本思想和方法,地理实践力是基本活动经验,"人地协调观"是初中教材编写的基础、灵魂、核心(图 2-7-1),人地关系作为地理学科的核心价值理念,引领着地理教学工作的进行,教学一线的地理教师,应该秉承着这种教学理念,将初中的"人地协调观"念落到实处,植入到学生的心中。

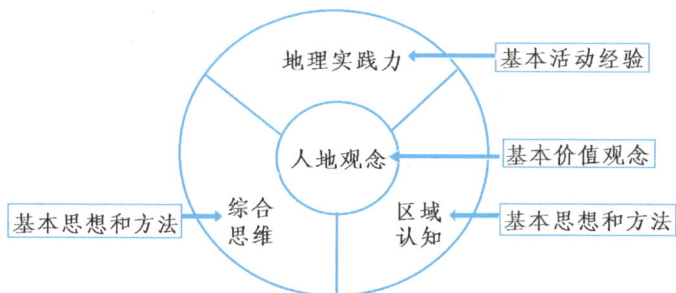

图 2-7-1　地理核心素养关系图

　　"人地协调观"要点是把握人地关系规律的基本维度,落实和培养学生的人地观念,首先要明确人地观念的基本内涵,笔者对天津师范大学詹秀娣教授和东北师范大学袁孝亭教授所著文章进行梳理,发现"人地协调观"基本内涵具体反映在三个方面即"地对人""人对地""人与地协调发展",地对人又可以根据作用性质和作用方式的不同再具体细分为地对人的决定性作用和非决定性作用、直接作用和间接作用;人对地又根据人对地的影响性质和方式的不同分为人能发挥主观能动性的通过占有空间或通过物质能量的交流对地理环境施加影响的;人地协调又可

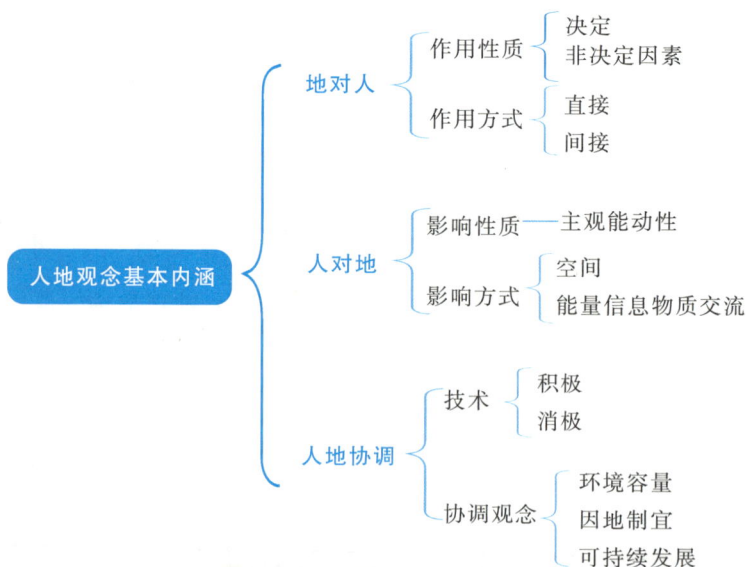

图 2-7-2　人地观念基本内涵图

分为技术的积极作用和消极影响以及协调观念中环境容量、因地制宜、可持续发展三个维度,具体见人地观念基本内涵图,教师的教学要以正确的人地观念内涵为指导,才能培养学生正确的人地观念。

(二)初中地理教材活动项目

本文所研究的"活动"是指人教版义务教育地理实验教科书中的活动项目,作为教材中不可或缺的一部分,贯穿于整本地理教材中,活动项目的形式非常丰富,包含读图概括、读图,对比分析、数据提取、观测、动手制作、模拟演示、辩论活动等,通过开展活动,不仅可以巩固基本知识,还可以提升学生的地理学习能力,更重要的是树立学生的"人地协调观"念。活动项目的设置以学生为中心,需要学生积极主动地参与到课堂中,从而提升学生"人地协调观"、综合思维、区域认知和地理实践力的地理核心素养。

本文通过对人教版义务教育地理实验教科书中的活动进行统计及分类,找出体现"人地协调观"的活动项目,并就特殊案例进行分析,找出适合"人地协调观"落实的一般规律及策略。

二、初中地理教材"活动"项目分析

纵观人教版初中四册地理教材,"活动"项目占有较大比例,为了深入了解初中地理教材中活动项目设置情况,更好地落实"人地协调观",笔者依据活动项目的操作要求结合"人地协调观"活动分类文献以及地理教学中的实际经验,将初中地理教材中"活动"项目进行了分类,划分为读图分析类、动手实践类、开放展示类,并对每类活动的项目数量和分布情况进行统计分析。三种类型的活动项目在教材的分布情况如表 2-7-1 所示。

表 2-7-1　三类"活动"项目在教材中的分布统计

活动项目类型	七上	七下	八上	八下
读图分析类	24	24	19	17
动手实践类	6	6	3	1
开放展示类	8	13	10	15
总计	38	37	32	33

从分布情况表中及比重图中可以看出，整体来看三类活动项目在各册书中所占比重比较均衡，从每类活动项目占比来看，读图分析类活动项目居多，其次是开放展示类，动手实践类活动项目最少。介于七年级下册是世界地理区域地理部分，因此动手实践类没有覆盖，读图分析类中关于各要素之间关系的内容、开放展示类中的阐述观点、分享交流，都是非常好的落实"人地协调观"的活动项目。下面就不同类型的活动项目进行具体分析。

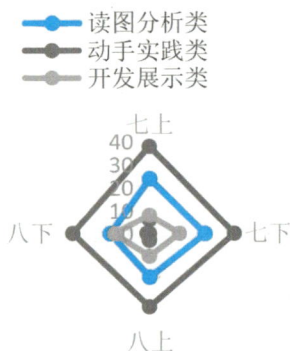

图 2-7-3　三类"活动"项目在四册教材中比重图

(一)读图分析类

地图是地理的第二语言，蕴含了丰富的信息，是学习地理的基本工具，课标要求学生学会从地图中提取信息，加工分析数据，初中阶段能简单地归纳地理事物的规律、分析原因及产生的关系。在读图分析类的活动项目中包含着读图归纳、对比分析等具体项目，但相对来说都是要培养学生的地理基本技能，比如运用对比法，比较两个地理事物的特点，得出结论。

例如：八年级第一章第一节为了说明我国优越的地理位置，教材活动栏目设计了与俄罗斯、巴西比较我国的纬度优越性，与日本和蒙古比较我们的海陆位置优越性；紧接着第二节人口给出了青海和江苏两个省的面积及人口占比图像，需要学生将图像转化成数据，计算两省的人口密度，得出我国人口分布不均的情况。这类活动项目通过据图分析地理事物之间产生的原因和关系，更加有利于学生树立因地制宜、可持续发展、人地协调发展的观念。例如：七年级上册第三章第一节

《多变的天气》给出了文字和焚烧秸秆等的图片,引导学生理解人类活动对空气质量的影响;七年级下册是世界区域地理,在下册中有很多落实"人地协调观"的活动设置,例如七下第六章第二节《东南亚》设置了活动要求学生找出东南亚主要河流,主要城市,分析城市分布与河流的关系,河流对城市分布的影响;七下第八章第二节《欧洲西部》给出了欧洲西部的气候图三个城市气温曲线图和降水量柱状图,要求学生分析欧洲西部自然条件对畜牧业的影响;再如:七下第九章第一节《美国》活动中给出了美国农业专业化分布图,要求学生根据所给例子,结合美国地形、降水图分析美国是如何因地制宜发展农业的。

(二)动手实践类

动手实践类的活动注重的是学生的参与,强调学生动手,包括地理观测、地理简易模型的制作、地理实验的模拟、拼图竞赛、地理调查的实施等多种形式。而且根据实践的场地不同,又可以分为课内实践和课外实践。

课内实践:七年级上册第一章第一节建议学生用乒乓球或其他材料制作简易的地球仪模型;七上第一章第四节《地形图的判读》要求学生利用沙土、橡皮泥等材料制作等高线地形模型。八年级第一章第一节《辽阔的疆域》,设置了以各种形式的34个省级行政区的记忆方法,教师也可以使用行政区划拼图,以拼图竞赛的形式更好地识记行政区划。

课外实践:八年级上册第三章第三节《水资源》设置了学生进行家庭水资源利用和家乡水资源利用情况调查的活动,从实际生活出发,利用乡土地理素材,了解资源现状,树立学生珍惜资源的意识;八年级下册第六章第三节《黄土高原》中设置了几个活动一个是针对植被、土壤、水量的活动,引导学生分析黄土高原水土流失的自然原因,一个活动通过图片,引导学生分析除了自然原因以外,追溯黄土高原水土流失的人为原因, 接着利用黄土高原农民的对话针对水土流失的原因,寻求解决水土流失的措施,利用这几个活动,层层递进,逐步带领学生感悟人对地、地对人、人与地之间的相互影响作用,培养学生形成正确的人地观念。

这类活动使学生积极投入到学习中去,主动参与,在学中做,在做中学,以学生为中心,符合新课程改革理念,且依据教学实践经验来看,这类活动项目中的课外实践更加有利于"人地协调观"的落实,也利于落实学习生活的地理、学习终身有用地理的地理课程理念。

(三)开放展示类

开放展示类活动项目根据方式不同可以细分为角色扮演类、模拟展示类、辩论讨论类、学习交流类。这类活动需要学生依据教材中的某一话题或课题,以不同形式开放展示自己的所思所想,各种类型在初中地理教材中都有所体现。

角色扮演类。八年级下册第六章第四节《北京》,活动设置学生分别以外国旅游者、四合院居民、国家政府人员等身份,站在不同角度进行四合院去与留提出自己的见解;模拟展示类如:七年级上册第三章第一节《多变的天气》设置了模拟预报天气的活动。

辩论讨论类。七年级下册第九章第二节《巴西》,活动设置了热带雨林的活动。可以开展角色扮演或者开展辩论的方式,探讨热带雨林未来的命运——开发还是保护。

学习交流类。学生围绕主题结合自身经验,通过查阅网络、书籍、报刊等渠道,搜索与主题相关的信息,并将这些信息收集、整理归纳后与同学交流展示,可以是课上交流展示,也可以是以手抄报、小论文的形式展示。例如:七年级下册第六章第二节《东南亚》设置了搜集有关人们日常消费行为与野生动植物保护相关的故事、法律法规与同学们分享;通过世界区域地理的学习,选择一个没有学习过的区域,利用网络搜集相关资料和图片,制作成PPT,向全班展示交流。

由于"人地协调观"是一种观念,观念存在于人的意识中,需要通过讨论、交流、展示来呈现,开放展示类活动项目通过课前主动收集、调查,课上交流、讨论、反思。在交流中产生思想碰撞,通过手抄报、辩论赛、思维导图、小论文等形式,使学生地理知识的深度和广度得到扩展,实现了情感态度价值观的升华。

三、"人地协调观"在初中地理教材活动项目中的体现

依据上述对"人地协调观"的含义梳理及初中地理教材中活动项目的分布情况及分类可以看出,初中地理教材中不同类型的活动项目都可以成为很好的落实

"人地协调观"的载体,为了更加清晰、具体地认识这些活动项目中有关人地协调观的活动情况,笔者又从"人地协调观"含义的角度对初中地理教材活动项目中涉及"人地协调观"的活动数目进行了统计,具体数据见表 2-7-2 及图 2-7-4。

表 2-7-2   "人地协调观""活动"项目在初中四册地理教材中的分布统计

年级	章数	节数	地对人	人对地	人地协调	人地协调观活动数	活动总数
七年级上册	5	13	7	2	1	10	36
七年级下册	5	13	17	1	3	21	39
八年级上册	4	12	6	1	6	13	34
八年级下册	5	12	11	2	7	20	35
合计	19	50	41	6	17	64	144

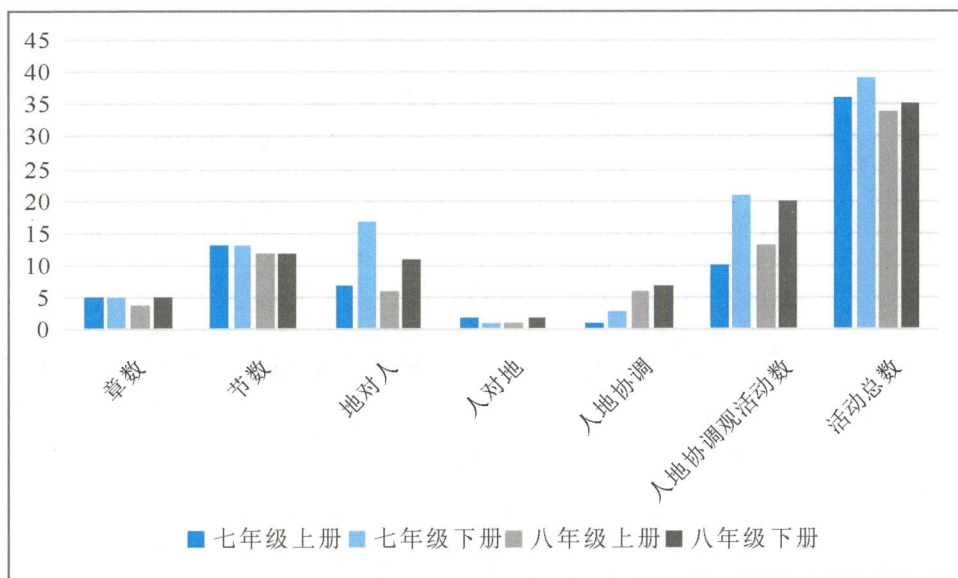

图 2-7-4   "人地协调观""活动"项目在四册教材中比重图

统计结果如表 2-7-2 及图 2-7-4 所示,"人地协调观"活动总数为 64 个,四册书中的所有活动总数为 144 个,"人地协调观"活动占了所有初中四册教材活动的 44%,占了将近一半,足以见得"人地协调观"在初中地理四册教材中的重要作用。另外从"人地协调观"的三个内涵来看,地对人的活动最多,其次是人地协调,最少的是人对地的活动。由此也可以说明在资源匮乏、环境污染、社会问题频发的当今人类社会,人类活动对地理环境的改造不是认知的重中之重,人类能否与自然和谐相处则是在初中阶段需要渗透的重点内容。因此,初中地理课程中主要更倾向于强调地理环境对人类的影响,以及人地之间如何协调发展这两方面,这就要求教师在教学中要依据课标,围绕教材,寻找丰富的反映人地关系的素材,落实好这部分价值理念。

从分析数据还可以看出,七年级下册和八年级下册的"人地协调观"活动数分别为 21 个和 20 个,明显多于七年级上册和八年级上册,说明"人地协调观"在区域地理中体现相对较多,说明"人地协调观"更好地在区域地理中得以落实,通过分析某一区域的自然要素与人类活动之间的关系,可以更好地培养学生正确的"人地协调观"。

四、"人地协调观"活动的策略分析

(一)充分开发地理课堂网络资源

随着信息技术的不断发展,学生可以通过网络了解搜集到大部分他们想到得到的信息,在互联网+的时代,学校能给予学生什么?学生又到底需要的是什么?这些问题是值得我们教师思考的问题。学校作为一个学习的场所,首先它的优势就在于在一个场所中,学生亲身和同伴有交流的机会,他们可以通过教师设计的活动,在学习过程中让学生学会学习、学会思考、学会反思、学会合作、形成价值观念等等,因此,在设计教学活动时教师要设计一些方法类活动,让学生在做中学,在活动中形成能力与价值观念。与此同时,初中地理教材活动项目类型的多样性决定了初中地理课堂教学形式的多样性,初中生正处于身心发展的快速时期,对未知世界充满了好奇,因此在进行落实"人地协调观"的活动设计时要利用最近发展区理论,设计一些学生旧知有一定基础,又对新知充满疑惑的活动,打破时空限制,活动素材与时俱进,活动设计体现创新性、开放性、增加互动性,例如:可以利用抖音或各种公众号的资源,整合有效资源,加强教研、利用角色扮演、模拟演示等开放展示形式,激发学生学习兴趣,培养学生"人地协调观"念。

1.设计体现创新性

例如:在七年级下册第九章第二节《巴西》一节中,笔者以巴西国旗为主线,围绕巴西国旗将蔚蓝色星球看作地球,将白色飘带看作赤道,将黄色代表丰收,看作巴西的资源,绿色代表着充满生机的热带雨林,在对每一个元素进行学习的同时,学生体会到自然环境各要素之间相互作用相互联系,如位置影响着气候,自然环境又影响着人类的生产和生活,如地形、气候影响农业、自然资源影响工业发展等,在这个过程中,学生逐步形成正确的"人地协调观"。

2.设计体现开放性

利用角色扮演、模拟展示等活动体现了构建开放地理课堂的课程理念。

(1)角色扮演

例如:在人教版七年级上册《影响气候的主要因素及气候与人类活动的关系》一节中设置角色扮演活动,活动题目:《人类的未来在哪里——人类活动对气候的影响》。

在气候灾害面前,人类不断抗争,你是否思考过,气候为什么会发生异常变化? 面对气候的异常变化,人类将何去何从呢?

【学生活动】阅读教材 68 页"气候变暖"及学案提供的材料环球科学文章《因为气候变暖,大量沉睡的病毒或将重见天日》小组讨论回答问题:

- 什么是气候变暖?
- 气候为什么会变暖?
- 变暖的后果是什么?
- 如果你是环保局长、化工厂厂长、发展中国家的农民、一中滨海中学的学生,你会怎样做才能减缓大气变暖的趋势呢?

接下来,我们进入"天津达沃斯论坛"环节。有请论坛主持人上台提问。

由学生主持论坛,不同角度的学生发表自己角色的观点。

【教师总结】同学们说得非常好。很明显,人类活动也会给气候带来影响。破坏性的人类活动会对气候产生消极影响, 积极地人类活动同样给予气候积极影响。人类活动只有尊重规律、适应气候、合理利用气候,才能实现人类与气候的和谐共生,从而实现人类的可持续发展。

再如:人教版八年级下册第六章第四节《北京》一节中关于四合院的去留,老师也可以设计成几个不同的角色,分别为四合院的主人、国外游客者、开发商、文物保护家。

在人教版八年级下册第六章第四节《北京》中,设置了活动,活动题目:四合院的归宿。

学生观看四合院介绍的视频,了解四合院的文化历史。

【学生活动】在不断发展中,现代化的发展需要越来越多的土地,而古城需要保护,它们之间形成了矛盾,是追赶现代还是保持古老呢?请1–4组的同学们分别以四合院的主人、国外游客者、开发商、文物保护家的角度,探讨四合院的未来归宿。

在角色扮演的活动中,体会城市发展过程中,历史遗迹的发展与保护的问题,树立正确的"人地协调观"。

(2)模拟展示

例如:人教版七年级下册第八章第二节《欧洲西部》一节中,繁荣的旅游业这一框题可以设计为模拟旅游线路展示,学生模拟小导游,课前通过旅行社、网络、家人朋友等渠道收集欧洲西部旅游景点,以小组为单位,设计一个本组的欧洲西部旅游线路,每小组选择一个代表展示本组的欧洲西部旅游路线。再比如,人教版七年级上册第三章第一节《多变的天气》一节中设置让学生模拟预报天气的活动,这些模拟展示活动都能让学生在展示的过程中体会不同区域人们自然、人文、历史等的差异,形成正确地全球意识和正确的人地观念。

(二)充分发挥小组合作学习作用

小组合作是学习主动学习的过程,在"人地协调观"的落实中要充分利用小组合作,学生是课堂的主人,应充分发挥学生的主体地位,让学生通过小组合作的方式,达到团队合作 1+1>2 的效果。在小组合作中让学生听到别人不同的想法不同的声音,小组内、小组间进行思维的碰撞,情感的提升,价值观的养成。

关于小组合作的应用案例和平区第十一中学的王珊珊老师在人教版七年级上册《影响气候的主要因素及气候与人类活动的关系》一节中给我们提供了良好示范,小组合作设置如下:

你最想去哪儿?——气候(正常、异常)对生产生活的影响这一课堂小组合作活动,这一活动又分为两部分:一是气候正常的影响,二是气候异常的影响。

1.气候正常对人类活动的影响

同学们以小组为单位,对四地开展"深度游"。前后 4 人一组,中间 6 人一组。老师给每个组准备了一份资料包。里面有四地的照片和查找到的一些资料,有 4 地的气候类型图,还有一张世界气候类型图。可惜老师一不小心,全部混淆了,需要同学们的帮助。大家看接下来看你们要完成的任务。

(1)选择四点对应的曲柱图,说明选择该气候类型的原因。

(2)根据照片提供的信息,将你组认为是同一地点的景观与对应的曲柱图进行归类。每组选择一个你们最想去的地点,结合当地气候,对反应衣、食、住、行的照片进行依次介绍。

(3)把生长在爪哇岛的水稻移植到塔里木盆地种植是否可行呢?说明理由?

(4)如果建造一雨衣雨鞋厂,工厂建在哪里产品销量会更好?

学生分组进行活动,完成任务清单,小组派代表做介绍。

2.异常气候对人类活动的影响

教师出示干旱、寒潮、洪涝、台风等气象灾害照片和部分数字资料,引导学生读图文资料认识气候异常带来的危害,同学们观看一段今年夏季我国南方的水灾视频新闻报道。

学生在合作分析及展示的过程中明确了气候是如何影响人类的衣、食、住、行以及生产活动的,从而树立学生要尊重自然、与自然和谐相处的"人地协调观"。

(三)积极开拓校外地理教学实践活动

《义务教育地理课程标准(2011 年版)》中明确指出,地理课程具有区域性、综合性、思想性、生活性和实践性的课程性质,地理课程含有丰富的实践内容,包括图表绘制、学具制作、实验、演示、野外观察、社会调查和乡土地理考察等,是一门实践性很强的课程。"人地协调观"的落实离不开思维的内化,更离不开学生的参与、体验等实践性,"人地协调观"的地理活动要以具有实践性的"活动"为载体,展开教学过程,开发社会综合素材教学资源,充分注重区域特色的乡土地理教学活动的开展,通过将所学知识与丰富的社会实践形结合,使静态的地理知识活化,潜移默化中培养学生的"人地协调观"念。前面介绍了动手实践活动中分课内和课外实践,课外实践更加有利于"人地协调观"的落实,因此以下例子以课外实践例子做简单介绍。

1.参观泰达环保活动

七年级上册的人地协调活动中,第三章第一节《多变的天气》一节课标中要求培养学生认识人类活动对空气质量的影响,教材中也有对空气质量的认识,为让学生深刻体会人类活动对空气质量的影响,咸水沽三中的地理教师李龙阁老师带领学生进行了参观天津市泰达环保的活动,学生们跟随老师及工作人员参观了泰达环保垃圾处理厂,观察了样板间,工厂的整体的结构及处理车间,观看了一个模型图,观看垃圾处理的视频,了解垃圾处理的重要性,去了生产车间,了解了垃圾是如何通过机器粉碎、焚烧、去除污染气体等步骤,最后排放到空气当中的过程。参观过后学生撰写了活动的观后感,深切感受到了环境保护原来就在我们身边,树立了良好的"人地协调观"念。

2.黄土高原水土流失活动

人类能否尊重自然、与自然和谐相处、因地制宜的发展是在初中阶段需要渗透的重点内容。人教版教材《地理》八年级下册第六章第三节《世界最大的黄土堆积区——黄土高原》一节中,课标中要求根据资料,分析某区域内存在的自然灾害与环境问题,了解区域环境保护与资源开放利用的成功经验,黄土高原的水土流失受到自然和人为的双重影响,水土流失给黄土高原带来了巨大影响的同时,也给黄河下游区域的发展带来巨大影响,因此,探究黄土高原水土流失的原因对于学生正确认识"人地协调观",树立人地协调意识尤为重要。

此部分内容不论初中还是高中教材都有涉及,也有很多老师做了许多实践的探索,对黄土高原水土流失原因的实践多以教材中的活动为载体,以小组合作实验的方式进行。

实验分为四组,分别从影响水土流失的不同要素进行实验、记录及分析(见表2-7-3)。

表2-7-3 分组探究影响水土流失的不同要素

组 名	实验过程	实验结论
第一组	1与2的比较:水量相同,坡度相同,土壤性质相同,植被不同,用相同的强度和水量,往沙土顶端洒水,发现植被稀少的2,冲刷更严重	其他条件一定的情况下,植被越稀疏,水土流失越严重
第二组	2与3的比较:水量相同,土壤性质相同,植被相同,坡度不同,2的坡度小,3的坡度大,用相同的强度和水量,往沙土顶端洒水,发现坡度更陡的3,冲刷更严重	其他条件一定的情况下,坡度越大,水土流失越严重
第三组	3与4的比较:水量相同,坡度相同,植被覆盖情况相同,土壤性质不同,3是沙土,4是黏土,用相同的强度和水量,往沙土顶端洒水,发现土质疏松的沙土,冲刷更严重	其他条件一定的情况下,土质越疏松,水土流失越严重
第四组	3与5的比较:坡度相同,植被覆盖情况相同,土壤性质相同,用不同的水量,往沙土顶端洒水,发现水量越大,冲刷更严重	其他条件一定的情况下,水量越大,水土流失越严重

实验过后PPT展示水土流失的人为原因,通过实验和图片,学生亲自参与,在做中学,在做中悟,辩证地认识了黄土高原水土流失的原因是自然原因和人为原因共同作用的结果,充分认识到人类活动对自然环境的影响,树立正确的"人地协调观"。

3.水资源家庭用水社会调查活动

地理课程学习身边的地理、构建开放的地理课堂的基本理念要求地理课堂应充分重视校内外课程资源的开放,着力拓展学习空间,地理课程实践性的特点要求地理课程的实践内容包含多方面,包括社会调查等内容,除此以外地理课程具有生活性的特点也要求,开发生活中的乡土的地理,通过学生身边的例子,理解人地协调的重要性。

人教版八年级上册第三章第三节《水资源》一节中,教材的最后设置了家庭用水的小调查活动,学生回家均对自己家庭用水情况做了调查,并在全班进行了交流讨论。

大家归纳总结出如下结论。

(1)大部分家庭一个月的用水费用在50元左右属于正常情况,有的同学的家庭水费高达二三百元,这也引起了这些同学的高度重视。

(2)从调查中发现,大部分家庭存在着用水问题是:用水解冻食物的情况,家庭中很少使用节水器具、洗衣机经常没有储满衣服就洗等情况。

(3)值得肯定的是,很多家庭中的水龙头没有漏水情况,大部分家庭也都比较有节水意识,在洗碗时会关掉水龙头,也很少有过量使用洗涤剂的情况。

同学们也通过调查写下了自己家庭的节水计划,例如:一水多用、勤关水龙头、接水时不过多接水、开水龙头时把水开的小一点、洗澡时间不宜过长、需要解冻的食物提前拿出来或用微波炉来加热不用水来解冻、家里准备储水的桶、在厕所水箱里放一瓶装满水的饮料瓶等。

通过学习水资源这一节,同学们知道了我们水资源的时空分布不均,以及华北地区的严重缺水,通过此次家庭节水小调查活动将"人地协调观"念内化为学生心中的情感,同学们体会到了节约用水与我们每一个人息息相关。

(四)制定明确的教学目标

明确教学目标相当于有的放矢,可以减少教师在教学时的随意性,要在教学中贯彻落实"人地协调观"念,需要教师提前对课标和教材进行系统性的梳理,例如:哪些课标落实了"人地协调观",哪些教材的哪个章节落实的,教师必须做到心里有数,这就需要教师在课下下功夫,教师必须充分了解本节课的教学目标以及它们彼此之间的联系——这让教师的教学能够保持连贯性,将分散的内容集合起来,有利于提高学习效率的同时,促进四大核心素养的落地。

笔者对初中四册书的课标进行了梳理,通过梳理发现初中阶段的人地关系在四册书中都有落实,其中在七年级下册和八年级下册的区域地理中,"人地协调观"的体现较多一点,并且通过梳理初中地理四册教材人对地、地对人、人地协调三方面的课标发现,人类活动对地理环境的影响涵盖了两条课标,地理环境对人类活动的影响涵盖了 10 条课标, 人地协调涵盖了 7 条课标, 由此说明随着人类社会的不断发展, 人类越来越关注人与自然的和谐相处。因此, 初中地理课程中主要更倾向于强调地理环境对人类的影响, 以及人地之间如何协调发展这两方面, 这就要求教师在教学中要依据课标, 围绕教材, 寻找丰富的反映人地关系的素材, 落实好这部分价值理念。

在《巴西》一节, 笔者首先在课初就明确了本节课中关于"人地协调观"需要落实的课标内容, 即举例说出某国家在自然资源开发和环境保护方面的经验、教训, 并结合本节教材落实"人地协调观"核心素养的最核心内容是巴西热带雨林的保护, 因此制定了本节课落实"人地协调观"的学习目标为以巴西热带雨林开发和保护为例, 树立学生的全球观, 培养学生保护自然, "人地协调观"。让学生知道在接下来的活动中要做些什么, 为什么这么做, 会收获什么成果, 将本节课的学习目标和学习的重点牢牢落实到巴西的文化、人种、与环境这几个重点方面上, 使本节课能紧紧围绕"人地协调观"这一地理核心素养展开。

在围绕人地协调这一主线展开教学的同时, 为将"人地协调观"落到实处, 在热带雨林的开发与保护这一部分, 笔者首先在充分了解学情的情况下, 利用学生已有经验, 结合生物学的知识, 让学生说出热带雨林有哪些价值, 然后通过展示搜集好的热带雨林遭到破坏的视频, 以及利用谷歌地球截取的热带雨林遭到破坏的图片, 让学生从理性认识转换到感性认识。

接着设计了"开发 vs 保护"这一思辨的活动, 引发学生深度思考, 在不同角度不同需求的人眼中, 保护还是开发具有现实存在的意义和价值, 并且要让学生认识到一味地保护并不能解决巴西的很多实际问题, 雨林的保护不是巴西一国之事, 是全世界的人们需要共同努力的问题, 通过一系列的教学设计将"人地协调观"层层递进, 层层落实。

开发 VS 保护

听有关人员说,如果不开发热带雨林,必须开发巴西高原东北部的半干旱地区。要在那里修建灌溉系统,需要巨大的投资,政府可能承受不了。

人口的增长,导致对粮食和木材需求的增加,我们必须开发热带雨林。

热带雨林面积已经比原来缩小了1/5,造成了那么多环境问题。现在应该停止一切开发活动。

图 2-7-5 热带雨林的开发与保护

(五)创设问题情境

人地观念形成的第一步是对某一形成区域认知,区域的位置又是区域认知的主要内容,因为区域所在的位置,直接影响到本区的气候、气候又深刻影响到农业等诸多方面发展,因此,认识巴西的位置特点,是学生形成人地观念的第一步,为了让学生消除对巴西的陌生感,笔者通过谷歌地球定位到双港中学,从学生最熟悉的地方开始,由近及远,拉近了与学生之间的距离,利于激发学生的学习兴趣,并且从学生最了解的巴西文化足球、桑巴舞、狂欢节入手,让学生对巴西有了一个初步的人地认识。

导入	教师资源	教师活动		学生活动	
创设情境	利用谷歌地球定位到双港中学,再从双港中学到南美洲	引入	今天我们要学习的是南美洲面积最大,经济最发达的国家	回答	巴西
		提问	你能说说你所了解的这个国家吗?	回答	桑巴舞狂欢节足球
设计意图	以谷歌地球为情境,从学校出发,增加情境性,让学生有归属感 通过课前对学情的调查,学生对巴西的文化比较了解,学生可以说出巴西烤肉、足球、一些球星以及桑巴舞等				

紧接着以巴西国旗为情境,引导学生以巴西位置、资源、雨林为线索展开对巴西人地关系的进一步认识。

探究	教师资源	教师活动		学生活动	
自主学习	PPT 展示巴西国旗	引入	今天我们就要开启巴西之旅了,仔细观察巴西国旗,一共有几种颜色?	回答	黄、绿、蓝、白
		提问	蓝色代表什么?白色飘带代表什么?	回答	地球,赤道

(六)注重活动的联结性

如果想把知识间的关联作用发挥到更大,就要对知识进行整合,一个个活动的设计不是孤立存在的,每个活动都应该是充满联结的,有一个统一的指向和灵魂。这样才能将知识、能力和情感落实到位。新精英创始人古典在《跃迁》中提到"知识晶体",即将零散的知识结构化。

在《巴西》一节中，笔者在设计时就比较注重知识之间的内在联结，包括学生活动的设计以及板书的设计都力图形成知识体系，例如本区的知识结构如图2-7-6。看似孤立的知识实际上是存在内在联系的，本节课的内容看似零散，但其核心是紧紧围绕着"人地协调观"展开，地理环境中的位置、地形、气候、资源影响着工农业的发展，某区的历史因素又影响着本区的人种和文化构成，学生只有理解的人地之间的联系并掌握了如何寻找知识间的联系，才能建立稳定的知识结构，便于情感态度的升华。

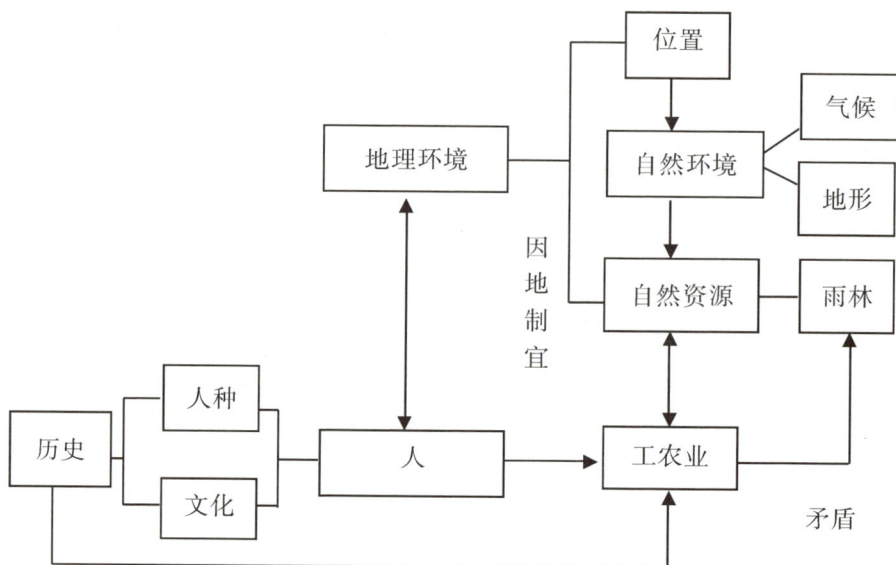

图 2-7-6　巴西知识结构图

(七)构建开放多元的评价体系

实际教学中我们经常能听到很多老师会说，这个问题很好理解为什么学生还是不会，为什么会出现这样的问题呢，因为真正的情感升华发生在学生对知识内容的加工中，在内化中。学生对所学知识必须要有同化和顺应的过程。那么，思维不是具象的，我们如何得知一节课下来学生到底掌握了多少，留在大脑中的记忆到底有多少、是零散的还是具有关联的，我们应该构建更加开放的多元的评价体系，例如可以通过就一个课题撰写小论文、制作手抄报、绘制思维导图等形式。其中思维可视化的过程对大脑进行有意义的追踪。思维导图就是一个非常棒的思维可视化工具，每一个学生的思维导图的呈现都是独一无二的，它代表着一节课下来学生知识的掌握情况，以及思维的联结性。

五、"人地协调观"活动的实践案例

为了便于老师们更好地理解初中地理教材中活动项目落实"人地协调观"的具体体现，为一线教师实际教学提供一些参考，笔者选取了两个活动有关落实"人地协调观"活动项目的教学实践案例。两个案例一个选取的七年级上册地球和地图部分，一个选择了七年级下册世界地理即区域地理的部分，因为区域是体现"人地协调观"最好的载体，区域中可以体现整体性、差异性、联系性。所以，不论是七年级下册还是八年级下册都有很多体现"人地协调观"的例子，这里仅举出其中一例就不再一一赘述。其中《多变的天气》一节通过了解天气对气候的影响、人类活动对空气质量的影响，使学生可以充分感受到"地对人、地对人、人地协调的"人地协调观"念"。《撒哈拉以南的非洲》这一节学生从活动中体会本区人口、粮食与环境的关系，让学生感受人地协调对于区域的可持续发展的重要性。

总之，在初中地理中利用活动进行"人地协调观"的培养和落实，有利于提高学生的终身学习能力，有利于培养能适应 21 世纪发展需要的人，有利于培养具有可持续发展观、拥有全球意识的社会公民，在教学中值得更多的老师不断地实践和探索。

(一)教学案例一:多变的天气

课　题	人教版七年级上册		
学科(版本)	人教版	章　节	第三章第一节
学　时	1课时	年　级	七年级

一、教学目标

　　知识与技能:知道"天气"与"气候"的区别,并能在生活中正确使用

　　过程与方法:能识别常用的天气符号,能看懂简单的天气图

　　情感态度及价值观:认识天气与人类活动的关系,培养学生辩证看待问题,树立学生"人地协调观"和可持续发展的观念

二、学情分析

　　学生在小学科学课上学习了一些地理知识,再加上学生原有的生活体验,学生对天气有了一些感性认识,加之这部分内容也不是很难,对激发学生兴趣,突破重难点都有益处

三、教学重难点分析及解决措施

(一)重点与难点

　　重点:

　　1.识别常用的天气符号,能看懂简单的天气图

　　2.用实例说明人类活动对空气质量的影响

　　难点:识别常见天气符号

(二)解决措施

　　运用信息技术希沃白板功能,充分互动,深刻体会

四、教学准备

　　作课教室课件演示、信息技术课件前期制作

五、教学设计

续表

环节及时间	活动目标	教学内容	活动设计	媒体应用及分析
【导入新课】	从旧知自然过渡到新知	前面我们已经学习了地球的基本情况,从这节课我们就开始了大气圈的探索,一起来学习天气与气候		
【学习目标】	明确目标,才能有的放矢	展示学习目标	思维导图的学习目标,更加清晰,美观,逻辑性更强	运用希沃白板制作思维导图
【创设情境】	通过情境调动学生的学习兴趣,降低学习的难度,从学生身边入手,学习生活中的地理	对比两张校园图片,体会不同的天气状况	"聊天"时间 白板展示校园采风照片,说出不同的天气状况	学校不同天气状况下的图片
【创设情境】	学会描述天气	利用QQ天气学会从哪些方面描述天气:气温、阴晴,雨雪,风	白板展示从QQ天气中的截图,红色圈显示一类信息,并提问:从哪些方面描述天气	利用QQ天气,轻松落实天气的描述
【创设情境】	了解天气的多变,和气候的相对稳定	小爱一天的遭遇 白板展示中国行政地图,并给出天津、湖北、海南	利用小爱一天的变化体现天气的多变,以天津、湖北、海南三个地区的气候特点的描述认识气候的相对稳定	利用网络可爱表情,符合七年级学生的心智特点 利用希沃白板的蒙层功能突破重难点

环节及时间	活动目标	教学内容	活动设计	媒体应用及分析
【阶段小结】	边学边练,步步夯实,落实天气与气候的学习目标	白板展示天气与气候的对比表格	利用表格对比,更加清晰明了	
【课堂活动】	利用生动有趣的活动,落实学习目标	学生上台参与活动,拖拽小青蛙到相应的位置	学生上台增加活动,明确天气和气候的区别	利用希沃白板的课堂活动功能,落实教学目标
【课堂活动】	培养科学严谨的精神,了解天气预报的制作过程	了解天气预报的制作过程,明确卫星云图不同颜色代表的意义	白板展示气象卫星、卫星云图、气象雷达	
【学生活动】	在做中学,步步突破重难点,落实识别常用的天气符号,能看懂简单的天气图的教学重点	我会说—— 我会画—— 最强大脑挑战赛—— 小小天气预报员	设计我会说,掌握风向和风力,我会画活动,让学生不仅会说还会写,最强大脑挑战赛分为四个链接,每个链接后有一组天气符号题突破重点,小小天气预报员让学生真实体现播报天气预报的同时,增加互动性和生活性,四个活动层层递进,不断落实学习目标,突破教学重难点	利用希沃白板的即时书写功能及时反馈 利用多媒体激发多种感官协作,激发学生能动性

续表

环节及时间	活动目标	教学内容	活动设计	媒体应用及分析
【学生活动】	理解天气对人类活动的影响以及人类活动对天气的影响	教师补充天气对人们生产、生活影响的图片，并引导学生进行分类 天气对健康、安全、军事、农业等方面的关系	通过图片说出天气影响着人类活动的哪些方面，并归类	结合实际，图片更加直观，利用气温骤降儿童医院人满为患，加深天气对人类活动的影响，平时生活中也要注重地理素材的收集，让学生体会到地理就在我们的生活中，落实学习身边地理的课程理念
【思维探究】	培养学生环保意识、可持续发展观念，对学生进行情感态度价值观的提升	天气会影响人类活动，同样人类活动也会影响天气，我们现在不仅关注每天的天气，也更多地关注空气质量	通过空气质量了解我国不同地区空气质量的高低	
【思维拓展】	树立"人地协调观"，提升情感态度价值观	探讨身边有哪些保护空气质量的例子	给学生补充身边保护空气质量的例子，例如：限号、外环线以内禁放鞭炮、煤改气	对教材知识的拓展
【巩固练习】	通过希沃白板课堂活动对教学效果进行验收	学生完成本课学习内容的试题	学生参与森林运动会，在游戏中，通过答题获得分数，答错会受到惩罚，答对最多的获得冠军	利用希沃白板的课堂活动功能
【课堂小结】	板书结构化，注重知识间的联系	师生共同完成结构化板书	分为三个方面，再次建构知识体系	

环节及时间	活动目标	教学内容	活动设计	媒体应用及分析

| 板书提纲 | | | | |

制作 ——┐
符号 ——┴—— 多变的天气 —— 与气候的区别

↕

人类活动

教学效果及反思

【教学效果】

　　1.师生关系融洽,学生参与度极高

　　2.发掘学生优点,对学生课堂活动及课堂生成给予及时点评,且多鼓励,激励性语言

　　3.信息技术辅助教学起到了良好的作用,做到了信息技术与学科的融合,增强了学生的能动性

　　4.教学中着眼于学科核心素养和课程理念的养成,充分利用学生身边的地理素材,有知识的拓展、有情感的提升,有能力的锻炼

【教学反思】

　　1.多媒体的作用是辅助教学,但多媒体的运用不应不能过多,落实目标,突破重难点即可

　　2.注意课堂语言的准确性、精练性

(二)教学案例二:撒哈拉以南的非洲

课　题	《撒哈拉以南的非洲》		
学科(版本)	人教版七年级下册	章　节	第八章第三节
学　时	1课时	年　级	七年级

【教材分析】

　　本册书属于区域地理世界地理部分,本册共五章,根据课标选择了一个大洲、五个地区、五个国家,第八章是本册的第三个章节,首先学习了第六章《我们生活的大洲——亚洲》,简单介绍了亚洲的位置范围及自然环境基本情况,随后按照距离从近及远,以亚洲为起点,第七章介绍临近亚洲的地区和国家,第八章介绍东半球的地区和国家,第九章介绍西半球的国家,最后第十章是本册书的结束语,以特殊地区极地为结尾。本节是选取东半球中比较有代表性、典型性的非洲地区,重点阐述了本区的人种、经济及可持续发展

【课时安排】计划用一课时完成

【教学目标】

　　知识与技能:了解撒哈拉以南非洲的位置、地形和气候等自然环境特点

　　过程与方法:了解这里是黑种人的聚集地,这里的经济特点以及造成这种经济状况的原因

　　情感态度及价值观:理解本区人口、粮食与环境问题产生的原因,树立正确的人地观

【教学重、难点】

　　重点、难点:理解本区人口、粮食与环境问题产生的原因,树立正确的人地观

【学情分析】

　　学生对非洲有了一些感性认识,加之这部分内容也不是很难,利用小组合作,激发学生兴趣,突破重难点

【教学策略与信息技术应用】

　　利用希沃白班的蒙层功能以及互动、课堂活动等充分调动学生的积极性,将教学内容与信息技术相互融合

环节及时间	活动目标	教学内容	活动设计	媒体应用及分析
【导入新课】	以欢快的舞蹈和视频，在欣赏视频的同时，了解本区的风土人情，并让学生放松下来	伴随着欢快的节奏和优美的舞蹈，我们今天要学习一个新的地区，估计大家已经都猜到了这个地方了		
【学习目标】	明确目标，才能有的放矢	确切地说应该是撒哈拉以南的非洲 展示学习目标	思维导图的学习目标，更加清晰,美观,逻辑性更强	运用希沃白板制作思维导图
【自主学习】	自主学习本区的位置，明确本区的纬度和海陆位置	在空白处画出南、北回归线、赤道、填出大西洋和印度洋	在空白处画出南、北回归线、赤道、填出大西洋和印度洋	
【小组合作】	小组合作突破重难点	你对撒哈拉以南非洲有什么了解吗	小组合作,学生分为黑、热、高、饿、富or穷五个组,合作讨论本区的自然环境与人文特点	
【合作学习】	小组合作明确本区人口及人种特点	黑种人的故乡,了解撒哈拉以南非洲的人口、人种特点以及文化	分组完成	
	通过小组合作了解本区的气候特点，培养读图析图能力	白板展示本区景观图、降水柱状图和气温曲线图	读图完成本区气候特点	
【思维探究】	培养学生可持续发展观念，对学生进行情感态度价值观的提升	本区人口、环境、经济的关系	通过填表格，了解各要素之间的关系，并能讲解出	利用希沃白板的课堂活动功能
【巩固练习】	通过希沃白板课堂活动对教学效果进行验收	本节课的重点知识	学生参与森林运动会,在游戏中,通过答题获得分数，答错会受到惩罚，答对最多的获得冠军	
【课堂小结】	板书结构化，注重知识间的联系	师生共同完成结构化板书	分为四个方面，再次建构知识体系	

板书提纲	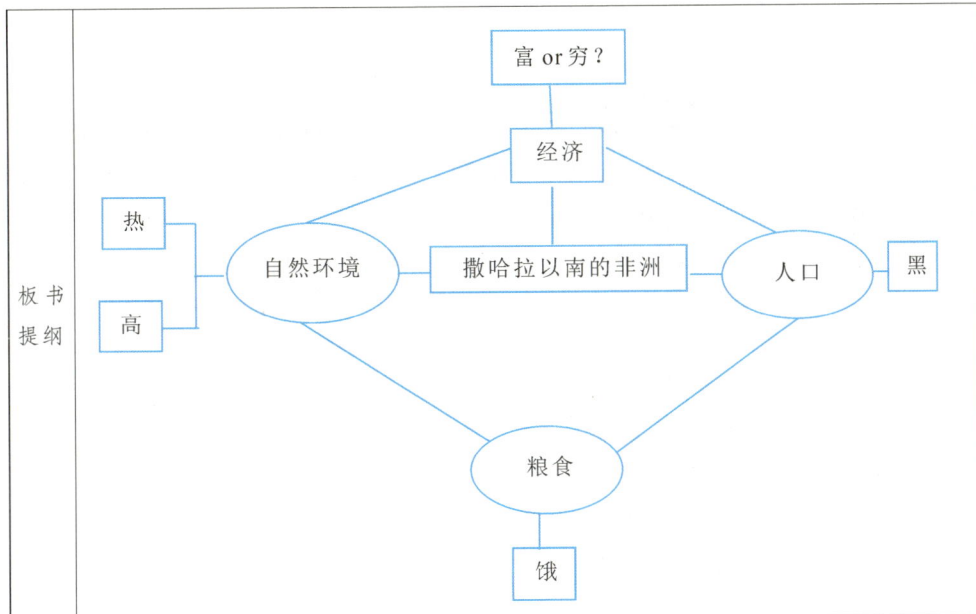
课后反思	**一、落实了三维目标和基本学习思路** 　　本节课是人教版七年级下册第八章第三节撒哈拉以南的非洲,是本册书学习的第三个地区,学生有一些学习区域地理的基础,本节课主要的思路和亮点是以下四个方面,并且通过本节课充分落实了思路和三维目标突破了重难点: 　　1.渗透地理学科核心素养,通过撒哈拉以南的非洲人口、粮食与环境问题,树立学生正确的"人地协调观"念,这部分也是本节课的提升部分。 　　2.本节课以关键字为线索,把本节课的重点内容凝练成了黑、高、热、饿、富or穷几个关键字,分小组展开活动,充分落实了教学目标的同学培养了学生的学习能力,学生的学习效率极大的提高。 　　3.注重知识间的内在联系,板书更加结构化。通过结构化板书,体会,历史、经济、人口、粮食与环境等要素之间的内在联系。 　　4.充分利用现代信息技术,现代信息技术与学科结合。充分利用希沃白板的互动功能,增加课堂的互动性、趣味性。 **二、本节课有所改进的地方:** 　　学生活动的设计可以更加深入广泛,例如:课下让学生收集以下黑种人文化的方方面面可以展示,扩宽学习的广度。增加各关键字之间的联系,例如黑的原因有气候方面热的影响,经济又增加了贫困,人口又导致了粮食短缺和饥饿,粮食问题又导致了环境问题,可以让学生小组间最后深入说一说。

291

参考文献

[1] 詹秀娣,袁孝亭.注重地理教学中"正确阐明人地关系"的研究[J].地理教育,2012(Z2):4-6.

[2]满建利,贾素知,聂丽娜.初中地理"人地观念"素养的培养策略与实践——以"黄河的治理与开发"为例[J].地理教育,2018(04)40-42.

[3]秦超.初中地理"人地协调观"的教学实践研究 ——以人教版八年级上册"因地制宜发展农业"为例[J].课程教学研究,2019(11):75-79.

[4]贾福平.初中地理教材的"活动"课文分析及其教学建议[J].内蒙古师范大学学报,2010,23(04):130-133.

[5]叶莎莎,阚伟康.浅谈初中地理"人地协调观"的培养策略——以"黄土高原"为例[J].中学地理教学参考,2020(18):46-48.

[6]姜玉纯,张涛.高中地理人地协调观培养现状及培养策略——基于河北正定中学的调查[J].中学地理教学参考,2020(24):25-27+31.

第 3 篇

评 价 篇

专题 **1**

基于"阳光课堂"试题分析的 "人地协调观"测评研究

天津市第二十八中学　倪英

【作者有话说】

　　本文作为"初中地理'人地协调观'的培养研究"的子课题,以研究本市初中地理教学中"人地协调观"素养的测评现状为主要方向,通过对"阳光课堂"练习中的习题分布结构和典型题型的分析,了解我们在初中地理教学中"人地协调观"的测评方式。"人地协调观"的培养是一种对学生的思想意识的培养,是内化于心的,同时也是外显于行的。文中通过分析笔者的教学设计和教学案例,提出一些可行的建议,希望对教育教学能起到借鉴和辅助作用。

人口、资源、环境,与可持续发展已成为当今世界上许多国家关注的焦点,人们也逐渐意识到,在我们生活的环境之中,人类对环境生态肩负着不可推卸的责任。环境保护、教育为本,我国《普通高中地理课程标准(2017 年版)》,提出的四大地理核心素养,把"人地协调观"放在首位。说明人地关系是地理学中最为核心的研究主题和基本的思维视角,初高中地理课程在育人目标上具有一致性,内容上具有连贯性,核心素养的构成上具有统一性。虽然初中学段具有自身教育对象个性特征及学龄学段的独立完整性,但是"人地协调观"同时也是初中地理教学中的重要核心素养,将其有效渗透到初中地理教学中,能够帮助学生更好的理解人口资源环境与可持续发展之间的联系,引导学生树立正确的"人地协调观"意识,从而培养学生能够从地理视角分析生活中的问题,做一个有环境担当的公民。

"人地协调观"是人们正确对待人地关系的价值观念,具体反映在"人对地的影响""地对人的影响""人地和谐"等问题所持的正确见解和观点。"人地协调观"认为人和地理环境是客观存在的, 人类的生存和活动都要受到地理环境的影响。同时人类的生存与活动也会对地理环境造成一定的影响,可见人类与地理环境是双向互动式的共存;从时间的发展上看,人与环境的共存模式呈现出:由互占主导到互相协调,和谐共存。经历如下过程:①在古代人类畏惧自然臣服于自然;②近代社会自然占主导,人类社会的发展由地理环境决定,形成地理环境决定论;③在现代社会中人类对自然环境的统治欲望和能力增强,形成人定胜天的格局;④在后现代社会中人类形成尊重自然,人类社会希望与自然界形成相互和谐发展的格局。我们在人类发展的历史长河中经历过被自然奴役的时代,也经历过挑战自然、战胜自然的时代,但无论在哪个时代我们人类都不是地球上真正的胜利者。正如恩格斯曾经说过我们不要过分陶醉于我们人类对自然界的胜利,对于每一次这样的胜利,自然界都对我们进行报复。"人地协调观"发展至今我们已经深刻地认识到只有人类与自然和谐共存,才会有更好的发展和美好的明天。学生作为未来的地球公民,只有树立正确的"人地协调观",在发展中正确地处理人地关系,我们的社会才会和地球的生存在同一轨道上运行,朝着双赢的方向发展。

在人生价值观形成的重要阶段,中学时代的教育起到不可忽视的作用。培养学生的"人地协调观"在于使学生面对不断出现的人口、资源、环境和可持续发展问题的时候,能够认识到人类社会要想朝更好的方向发展,必须尊重自然,协调好人类活动与自然生态环境的关系,因地制宜的发展。据此,新课程标准给出了针对"人地协调观"的培养目标:学生能够正确地看待地理环境与人类活动的相互影响,深入认识两者相互影响的不同方式、强度、后果。理解人们对地理关系认识阶段性表现及原因,认同"人地协调观"对可持续发展具有的重要意义,形成尊重自然和谐发展的态度。

天津市初中地理配套练习丛书《阳光课堂》遵循课程标准所体现的新的教学理念,采用讲练结合,以练为主的模式练习题设置,在注重基础知识和基本技能的同时,特别关注了新课程的新要求,习题的形式以选择题与主观题练习题为主。关注了人口、资源、环境和区域发展等问题,以利于学生正确认识人地关系,形成可持续发展的观念。《阳光课堂》作为教材的补充与延伸,在巩固和加强学生基础知识和基本技能的同时,紧密联系课堂与社会生活及学生经验的联系。相关习题的编写把与"人地协调观"中有关人类及其各种社会活动与地理环境的关系,对人地关系的认识、理解和判断渗透其中,帮助学生正确地认识人与地在发展过程中的关系,并引导学生树立正确的"人地协调观"意识,养成有益于人类社会与环境和谐发展的行为。这是地理学和地理教育的核心观点。"人地协调观"主要反映在地对人有什么影响、人对地有什么影响、人与地如何更好地协调发展等一系列问题的看法上。在分析和解决这类问题时,拥有正确合理的"人地协调观"是首要出发点,也是地理核心素养的一个重要组成部分,同时它也为我们能够更好地研究和解决地理问题提供了帮助。培养学生树立了良好的"人地协调观",就能对地理环境与人类活动之间相互影响和相互制约形成正确"人地协调观"认知。在实际生活中遇到相关的问题时,能够利用正确的人地观念去积极的解决问题,并且从问题中得到启示,这也最大程度的发挥了地理核心素养的育人价值。《阳光课堂》中关于"人地协调观"的习题源于生活,贴近学生的认知,形式多样,有助于配合教材帮助学生树立正确的"人地协调观"意识和养成珍爱地球,善待环境的行为。

一、以"阳光课堂为依据"的试题分析

以"阳光课堂"为依据,对天津市初中地理"人地协调观素养"的试题数量及类型做以下分析。阳光课堂的题型与天津市初中地理会考题型一致分为选择题与非选择题。针对七、八年级阳光课堂中涉及有关"人地协调观"素养的习题进行分析,根据初中地理课程标准中对"情感、态度、价值观的评价"要求,其中涉及"人地协调观"素养的有两点:一是否形成初步的人地协调、因地制宜等地理观点;二是否形成有关环境、资源的保护意识和法制意识以及关心和爱护地理环境的行为习惯。

(一)习题分布结构的分析

阳光课堂的题型主要有选择题和非选择题,选择题考查学生思维的结果,非选择题能考查学生思维的过程。课时训练部分没有分值的设定,但是在各个单元检测题中的分值结构还是能够反映该试卷侧重于通过选择题的形式来考查学生的"人地协调观"的形成。

表 3-1-1　七上阳光课堂习题分析

章　节	选择题(数量)	所占比例(%)	非选择题(数量)	所占比例(%)
第一章	1	5.8	0	0
第二章	0	0	0	0
第三章	3	20	2	13.3
第四章	9	20.4	4	9
第五章	0	0	0	0
单元评价一	0	0	0	0
单元评价二	0	0	0	0
单元评价三	2	8	1	4
单元评价四	6	24	3	12
单元评价五	0	0	0	0
期中	0	0	0	0
期末	0	0	0	0

表 3-1-2　七下阳光课堂习题分析

章　节	选择题(数量)	所占比例(%)	非选择题(数量)	所占比例(%)
第六章	1	3.3	2	6.7
第七章	6	9.7	2	3.2
第八章	4	6.6	5	8.1
第九章	2	6.7	1	3.3
第十章	1	6.7	0	0
单元评价六	0	0	1	4.2
单元评价七	1	4.2	1	4.2
单元评价八	3	13.6	2	9
单元评价九	4	17.3	1	4.3
单元评价十	3	13	1	4.3
期中	0	0	0	0
期末	1	3.4	0	0

表 3-1-3　八上阳光课堂习题分析

章　节	选择题(数量)	所占比例(%)	非选择题(数量)	所占比例(%)
第一章	1	2.3	0	0
第二章	11	11.6	2	2.1
第三章	17	43.6	4	10.3
第四章	5	9.3	1	1.9
单元评价一	0	0	0	0
单元评价二	0	0	1	4
单元评价三	7	29.2	3	12.5
单元评价四	0	0	1	4
期中	0	0	0	0
期末	2	8	0	0

表 3-1-4　八下阳光课堂习题分析

章　节	选择题(数量)	所占比例(%)	非选择题(数量)	所占比例(%)
第五章	2	14.2	2	14.2
第六章	5	7.7	2	3.1
第七章	2	3.5	0	0
第八章	2	6.7	2	6.7
第九章	1	3.7	2	7.4
第十章	1	9.0	1	9.0
单元评价五	2	8.7	0	0
单元评价六	5	20.8	1	4.2
单元评价七	1	4	1	4
单元评价八	4	16.7	2	8.3
单元评价九	14	73.7	1	5.3
单元评价十	10	58.8	2	11.8
期中	0	0	0	0
期末	2	8	0	0

从试题的分布结构上看,在以自然地理知识为主的章节中人地关系的试题出现的很少。例如七年级上册从第一章到第三章仅出现了四道选择题和两道主观题。主要是因为前三章的知识内容以地球的基本知识为主包括认识地球、地球的运动、地图的阅读、等高线地形、海陆分布、板块的构造等自然地理知识和地理相关的基本概念,涉及人类活动的知识点比较少。在第三章第四节涉及了人类活动与气候的关系,出现了少量的"人地协调观"题型,以漫画题和材料题为主。从整个学段看,"人地协调观"素养的考查集中在七年级下册和八年级下册的人文地理部分。从七年级下册至八年级下册主要内容为区域地理并涉及人类活动,所以在章节练习中出现了以选择题、材料题为主的人地关系练习题。

试题材料的展现方式是试题的基本要素,它的作用是对学生进行刺激,产生让学生表现心理结构或能力的环境。试题材料是地理试题的重要组成部分,学生通过分析地理试题材料,可以促进知识、能力和素养的迁移,实现新课程地理学科考查学生地理知识、地理能力和地理素养的目标。地理试题材料一般包括选材区域、呈现方式等。以下从试题材料选取的区域、呈现方式、设问角度形式三个方面对七、八年级地理《阳光课堂》中有关"人地协调观"的试题进行统计分析。

(二)试题选材的区域分析

1.试题选材区域统计

表 3-1-5　试题选材区域统计

年　　级	七年级	八年级
世界地理部分	涉及日本、东南亚、印度、俄罗斯、中东、欧洲、非洲、澳大利亚、美国、巴西以及两极地区	
中国地理部分		北方地区、南方地区、西北地区、青藏地区、河流湖泊的治理

2.选材区域特点

两个年级在试题选材区域上,七年级重点区域在七下的世界地理中,涉及东南亚、日本、印度等国家和地区,这些国家和地区在发展的过程中或多或少都遇到了如何正确对待人类发展与环境和谐相处的问题。选择这些区域作为"人地协调观"习题,有助于学生认识到人与地协调发展的必然性,不再是任何一个国家自己的问题,更是全球共同关注的问题,是人类共同体今后要共同面对的问题。引导学生学会关注全球性的环境问题,逐步形成全球性的发展眼光和战略思维能力。八年级更侧重于考查国内区域,选取的国内区域具有全面性和典型性。选取大部分区域位于国内中西部地区,如黄土高原、青藏高原、云贵高原等,尤其是在八下中国区域地理中几乎每个章节都有涉及"人地协调观"素养的试题。以这些区域的发展与治理为背景的案例习题,有助于让学生再次认识到"绿水青山就是金山银山"的国家发展理念。

(三)试题材料的呈现方式对比分析

1.试题材料呈现方式统计

新课标地理试题信息的呈现方式多种多样,既有单纯文字材料题,又有地理图表,既有图表组合,还有图文组合。阳光课堂的试题呈现为图文结合、地理图像、材料情境题三种形式为主。

2.试题呈现方式的特点

第一图像与文字相结合为主。七、八年级的阳光课堂中"人地协调观"试题材料的呈现方式以图文结合的形式为主,这也体现了地理试题"无图不成题"的地理学科特色与传统。各种形式的图像将地理问题形象化,有助于学生的理解。

第二地理材料与漫画结合出现的次数较多。例如,雾霾沙尘的图画、人口的增长、土地资源和水资源的使用现状漫画多次出现在试题中,借助漫画的特殊表现形式将问题阐释得更加明了化。这种问题的情境设置更贴近于初中学生的心理特点,也更贴近于学生的生活而被学生乐于接受。因为"人地协调观"素养的培养是源于我们的生活,最后还要服务于我们的生活。

第三情境材料题。"人地协调观"的感性体验来自于具体地理环境中的地理现象,"人地协调观"的形成是在解决真实的人地关系问题中得到内化。我们身边的气候变化、自然灾害、新闻素材等,都可以作为人地关系问题的情境创设素材。通过情境素材的选取和教师的引导,使学生的"人地协调观"培养内化于心,外显于行。

(四)试题设问角度对比分析

第一,总体上影响类与措施类为设问的主要方式。习题更侧重从影响类、措施类两个角度对考查"人地协调观"的试题进行设问,例如,非洲习题中设计人口增加与土地荒漠化的因果关系,青海三江源地区如何缓解生态环境的恶化。八年级中关于水资源、土地资源通过漫画问题的形式引导学生思考在资源使用的过程中出现了哪些问题,注重让学生分析人地关系问题产生的不利影响及如何采取措施改善人地关系。

第二,部分习题属于原因分析类,注重考查人地关系问题产生的原因,例如黄土高原的水土流失问题、"地上河"问题及青藏高原冻土融化的原因。类似习题以材料加图示的形式增加原因分析的设问,一方面可以提升学生对人地关系问题的分析能力;另一方面通过分析人地关系问题产生的原因,提高学生的责任意识。

二、阳光课堂典型试题特点分析

(一)漫画题

15.读图,回答下列问题。

甲   乙

(1)甲图的意思:人口增长使得_____面积缩小了。

(2)乙图的意思:人类滥伐森林,导致_____面积逐渐扩大。

(3)你认为应该怎样解决人口问题?把你的措施写下来。

图 3-1-1

19.读甲、乙两幅图,回答问题。

甲   乙

(1)图甲的意思:人口增长使得_____面积缩小了。

(2)图乙的意思:人类滥伐森林,导致_____面积逐渐扩大。

(3)我国土地资源在利用中除了图中所示的问题,你还知道哪些问题?

图 3-1-2

著名漫画理论家方成说:"漫画也是一种语言形式,漫画就是画思想。"漫画多从生活现象中取材,通过夸张、比喻、象征、寓意等手法,表现为幽默、诙谐的画面,借以讽刺、批评(多以讽刺为主)或歌颂某些人和事,启迪人们领悟深奥的道理(寓意)。漫画题材的试题以学生喜闻乐见的形式考查了地理相关知识,是学生较为喜欢和得分率较高的一种题型。地理漫画反映现实问题,本身趣味性强,通过幽默、夸张、象征的表现手法,将生活中的一些行为、现象表达出来。其中深层含义跃然纸上,既形象直观又寓意深刻。以漫画为载体进行命题,符合学生认知规律和心理特点,也是近些年会考的常见题型。解答此类题时,要从漫画中提取信息并结合所学知识进行解答。

图 3-1-1 和图 3-1-2 是以七年级上册第四章第一节 15 题和八年级上册第三章第二节 19 题为例,这类题型以漫画为载体,侧重人对地的影响,考查人口增长过快带来对环境的影响。甲幅图直接反映了由于人口的增长给耕地和森林资源带来的压力,通过漫画展示出人口增加需要扩大居住面积,需要占用更多的土地

资源,地球上的自然资源是有限的,人类在地球上的生存空间同样是有限的。世界人口的急剧增长,社会经济的迅速发展,给资源和环境造成了空前的压力,也给人类的生存和发展带来了一系列的问题。乙图通过林退沙进的现象反映出林地资源遭到破坏后对环境产生的影响。试题设问的难度不大,甚至图中就已经预示了答案,特别是在第三问的开放性设问中还给学生们留下丰富的答题空间。主要考查学生在处理人与地的关系中,采取何种措施让人类的发展与土地环境相协调。试题设计的主旨是引导学生认识到在"人对地"的影响过程中,人类对自然采取的行为决定了人类未来生存环境的质量。

当然,我们的人地关系不仅仅限于地球表面的自然环境,还应该包括我们的大气环境。图 3-1-3 所选例题通过对大气环境变化的现状分析,学生应该了解到温室效应的产生原因,以及温室气体的来源和如何减少温室气体的排放。本题从漫画切入,考查了全球变暖的产生的原因,解题时要分析地理现象之间的联系:如地球出汗表示全球产生的温室效应导致气温升高,工厂的排放物和汽车代表通过我们的生产和生活向自然界排放的温室气体来源,其次我们还应该让学生知道如何才能减少温室气体的排放量。虽然题目没有考查学生如何减少温室气体的排放量,但是从措施的角度我们应该让学生形成一个内化于心,外显于行的"人地协调观"意识素养。

诱 思 探 究

读漫画,回答下列问题。

啊,地球出汗了!

(1)这幅漫画的题目是"啊,地球出汗了!",它反映的当前全球性的大气环境问题是 _____

_____。

(2)该环境问题产生的主要原因:

① _____ ;

② _____ 。

图 3-1-3

303

以漫画为题,形象生动,兴趣盎然,它能巧妙地将学生现实生活中的热点问题、教材重点难点相结合起来,做到了理论联系实际;可以较好地考查学生的情感态度价值观的意识形态的形成和学生的阅读水平、以及运用已有的知识解决实际生活中问题的能力。能够提升学生的分析能力、理解能力、领悟能力及理论联系实际的能力,从而给人以教育和启发。解答漫画选择题,要做到以下三点:一是认真看漫画,这是解答好漫画题的前提条件。二是读懂寓意,每幅漫画都反映特定的地理问题,一般可从画面内容中读出来,如"小鸟的悲哀""请把我也带走吧""恨别鸟惊心"反映的是滥砍滥伐森林导致动物失去家园,水土流失的问题;"地球出汗了"反映的是全球气候变暖,温室效应的问题;"我转不动了""飞来的山峰"反映的是全球人口带来的压力问题;"小草的哀求"反映的是过度放牧问题;"背井离乡"反映的是水污染问题。三是准确找出题中的有用信息,这是解答好漫画题的关键。

(二)图文并茂题

读图分析法是地理学习中最为重要的一种学习和解题方法,地图具有独立阐述和说明地理事物和地理现象的功能。图像的阅读分析有利于培养思维能力、分析能力和综合运用能力。在地理教材中,有很多生动形象的图像,能够有效地吸引学生的注意力,调动学生的积极性。地理图表不仅可以使地理原理和地理规律得到直观的表达,而且能够很好地彰显地理学科特色,同时又有助于考查学生从图表中获取、解读其蕴含的信息,并利用已得到的信息结合所学知识来分析,解答问题的能力。读图时,首先要充分利用图中信息,结合所学知识,解决实际问题。虽然对不同的图分析方法不一样,但总的原则是一样的,那就是根据题目的要求,题干的描述、问题的设置,充分挖掘题目中的有效信息,然后再用准确的地理术语进行归纳整理。

以七年级第七章第二节第五题为例(图略),本题需要学生根据已给的地形图和气候类型图进行分析得出该地区地形、土壤的特点和气温降水特征,从而得出环境对人类生活影响。本题主要从原因的角度分析地理环境对人们生活的影响,要求学生根据所给的地形图和气候图分析该地区的地形特点和气候特征,由此判断当地的农业生产类型和居民的饮食习惯。

环境问题主要表现为环境污染和生态破坏,环境污染问题类试题在选材上多倾向于人类活动对环境的污染,治理措施多是通过科技手段回收污染物,体现了人地协调观;生态破坏问题类试题,其情境多依托生态脆弱区或人口密集区的生态破坏现象来营造,通过对治理途径或措施的剖析,考查区域认知、人地协调观等核心素养。以八年级第三章评价检测第23题所选的试题为例(图略),该题既考查了学生对人地关系问题的原因认识,也考查了学生针对人地关系问题提出解决措施的能力,培养学生的环境责任意识。本小题共分四小问,借助为祖国母亲诊断"病症"的情境考查学生人地协调观素养的形成,问题考查涉及我国的水土流失、水资源短缺、草原退化、能源紧张等环境问题的分布、原因、解决措施以及与能源有关的工程等知识。所选取地理区域的人地关系具有典型性,有助于让学生认识到我国的环境发展现状。

(三)材料解析题

图3-1-4以七年级上册第三章第四节第十题为例,材料解析题是一种主观性试题。它的设计是在试题中引出一段或几段材料,要求应试者在读懂试题材料的前提下,依据材料所体现的知识网络,从提供的种种材料中最大限度地获取有效信息,逐一解答试题中所提出的各个问题。这种试题能够有效地考查学生驾驭材料的阅读能力、分析能力以及综合运用能力、知识迁移能力等较高层次的学科能力,学生在材料题上的功夫能反映该考生对知识掌握熟练程度和相关知识面。

10.阅读材料,回答下列问题。

材料一 哥本哈根联合国气候变化大会的主要目的是讨论在2012年《京都议定书》第一期承诺到期后的温室气体减排安排。在大会召开期间,中国诞生了一个新的大众流行语——"今天你低碳了吗?"同时,现实生活中也出现了"低碳一族"。

材料二 漫画"低碳并非高不可攀"。

(1)下列能加速全球气候变暖的行为是(　　)

A.骑自行车,坐公交车出行

B.2018年3月24日,全球多个城市参加"地球一小时"熄灯活动

C.使用太阳能热水器

D.大量砍伐巴西热带雨林,发展巴西经济

(2)参考漫画的提示,说出生活中两种"低碳"的良好行为。

(3)为引起人们对"低碳生活"的重视,小悦写了一些宣传语:"提倡低碳,呵护地球""低碳生活,从我做起"等,请你也来试一试。(请不要与小悦雷同)

图3-1-4

本小题通过图片和文字的材料考查学生"人地协调观"意识的形成,特别是第2、3小问为开放式综合题。综合题采用开放式设问,目的在于培养学生描述和阐述事物论证和探讨问题的能力。开放式设问,既有利于学生的思维过程,又能检测学生对学科知识的掌握程度,还可以综合考查学生的语言组织能力。此类问题难度较小,例如试题要求让学生根据漫画提示,写出低碳生活的行为有哪些,写一些低碳生活的宣传语。其目的主要培养学生的"人地协调观"意识的素养,让素养意识内化于心,外显于行。

同样,八年级下册第十章评价检测综合题的第16题(图略)也是从环境治理的角度考查学生的"人地协调观"意识的形成。从材料中可以看出,我国的石化能源所占比重过大,导致耕地被破坏,空气污染严重。环境污染问题类试题在选材上多倾向于人类活动对环境的污染,治理措施多是通过科技手段回收污染物,体现了"人地协调观"。本题考查学生对大气污染的原因认知以及治理措施的提出,题目最后的开放性设问让学生提出针对环境治理的见解。为了改变这种能源消费状况,我们应该在日常生活中提倡植树造林和低碳生活,在生产过程当中开发新能源。

三、对初中地理教学的启示

我们的教育教学行为直接影响着学生"人地协调观"素养的培养效果,地理教学目标逐渐从"三维目标"转向"核心素养"。"人地协调观"素养又是核心素养的核心,培养学生"人地协调观"的素养是地理教学的核心,我们可尝试着从下述几个方面来进行:

(一)入挖掘教学内容,渗透"人地协调观"

"人地协调观"作为一种价值观念,通过知识点的学习来渗透,需要教师在日常教学中不断对学生进行渗透,要使"人地协调观"的培养效果最佳,需要教师在教学内容中深入挖掘,并进行有机渗透。在课堂教学中,地理学科因其综合性的特点,时常会涉及一些与环境相关的内容。例如:巴西和非洲的热带雨林不断遭受砍伐,很多生活在热带雨林中动植物濒临灭绝,甚至生活在热带雨林中一些病菌开始蔓延到人类的生活圈内,威胁到人类自身。在城市汽车飞速而过,留下的黑烟久久不能散去，因为工业化大生产大量的 CO_2 包围着城市，将地球团团围住,SO_2、NO_2 形成的酸雨腐蚀着森林、农田甚至建筑物,闻名于世泰姬陵也不能幸免于难。20 世纪的八大公害事件,危及了无数人的生命,时至今日那里的土地仍无法恢复耕种。英国的泰晤士河、德国的鲁尔区也都因为工业大生产其环境遭到破坏,两国政府不得不斥巨资为损坏环境的行为"买单"。人类在工业发展取得利润的时候,却忽视了他们把环境当作了成本。同时也列举出我们中国的文化蕴涵着天人合一的思想,早在夏商时代就已经形成了朴素的"人地协调观"素养思想,《史记·殷本纪》中记载:商汤外出狩猎,见有人张网捕猎并祈祷说"愿天下四方的鸟兽都掉进我的罗网!"汤不以为然地说"你这不是要把天下的鸟兽都一网打尽吗?"于是下令撤掉三面的网并默默祈祷"想到左边去的就往左走,想到右边去的就往右走,不听我命令的就自投罗网吧!"诸侯们听说这件事后,都称赞商汤的"仁慈"连鸟兽都受到恩泽,于是纷纷归顺于他,不久推翻了夏王朝。这也是成语"网开三面"的由来。在《吕氏春秋》中也有相关记载"竭泽而渔,岂不获得? 而明年无鱼;焚薮而田,岂不获得? 而明年无兽。"意思是说,把水排尽来捕鱼,怎么可能捕不到? 但是明年就没有鱼了;烧毁树林来打猎,怎么可能打不到? 但是明年就没有野兽了。唐朝诗人白居易在《鸟》这首诗中写道,"谁道群生性命微,一般骨肉一般皮。劝君莫打枝头鸟,子在巢中望母归。"全诗语言朴实自然,以鸟喻人提出人类应善待动物,并以"子盼母归"的动人情景来感动人们。通过蕴含真情的"子望母归"的自然现象劝诫人们善待动物,善待我们的自然环境。李商隐在品尝完竹笋的美味之后在他的一首小诗《初食笋呈座中》中写道,"嫩箨香苞初出林,於陵论价贵如金。皇都陆海应无数,忍剪凌云一寸心。"凌云一寸心指嫩笋一寸,鲜嫩的竹笋美味可口,论其价格是长安城中价格不菲的鲜味,如果不被人剪来做菜,将来定是要长成高高的竹子,是谓凌云之志,当然这里含蓄地表达了诗人自己"虚负凌云万丈才,一生襟抱未曾开"的不得志。还有宋代爱国诗人范仲淹在《书扇示门人》诗中所写:"一派青山景色幽,前人田地后人收。后人收得休欢喜,还有后人在后头。"这首诗语言通俗易懂,道理却供人回味,体现了人地和谐相处和可持续发展的思想观念。这些经典故事都指出我们的先人们早就认识到了生态环境的重要性，对自然要取之有度、用之有节,与环境和谐相处的思想。

在学习两极地区时,因为全球变暖冰雪消融,导致海平面上升,受到威胁的绝不只是两极地区的动物,更会威胁到一些低海拔城市和国家。当同学们看到无家可归的北极熊而心生同情时,我们可以给学生们增加一些因全球变暖而受到影响的国家如:图瓦卢,这是一个将成为全球第一个因海平面上升而进行全民迁移的国家,图瓦卢九个小岛将在世界地图上永远消失。这样学生们就会意识到人类的不当行为不但会影响到动物的生存,更会影响人类自己的命运。通过展现哥本哈根环境大会的主题雕塑让学生感受:环境恶化会阻碍人类的发展,甚至危及人类的生存,唤起学生们的环境道德意识和环境保护的使命感。而一张海平面升高60米后的中国版图更会引起学生们的震撼,并推荐学生可以看看相关的电影如:《2012》和《后天》,引导学生应该要爱护地球,爱护我们共同的环境。融合信息技术的教学方式结合教材的相关内容,可以在课堂中引用一些地理科普纪录片的精彩片段,如《航拍中国》中优美的画面和精彩的解说,都为我们提供了丰富的"人地协调观"教学资源,帮助学生树立形成的"人地协调观"素养。

在课堂教学中我们也可以通过自制的简易实验让学生感受人类对地理环境的影响。例如在学习水资源时,课堂上模拟我们的生活和生产对水资源造成的污染,为了避免产生额外的污染,我用酱油代替直接排放工业的污水,用食醋代替未经处理的生活污水,用芥末酱代替污染水体的固体垃圾,用辣椒油代替过量使用的农药和化肥,用花椒粒代替水土流失的泥沙,用苦瓜汁代替我们过量使用的杀虫剂,用一盘生菜来代表我们的自然环境。将"污染的水体"放到我们的"大自然中",再请我们的师生每人去品尝一下"人类对环境的杰作",个中滋味我想会在我们每一个人心头油然而生。怪味的凉拌菜我们能勉强吃下一小口,水资源被污染的恶果我们人类能吃下去吗?同样我们在学习土地资源时,我给同学们用巧克力代表土地,用各种口味的调料代表不同的污染源,最后通过品尝一块怪味的巧克力体验到土地被污染的滋味。采用真实情境和体验式教学的效果远胜于我们说教式教学,特别是学生身边发生的,或是有条件让学生亲身参与经历,都会让学生深刻意识到"善待自然也就是善待我们自己",认识到我们人类的每一种行为会给自然带来的影响,而这些影响也都会影响到人类自己,进而树立正确的"人地协调观"意识。作为教师适时指导学生形成良好的环保生活习惯,在课堂教学中及时而又自然地渗透环境教育,培养学生"人地协调观"意识。以下以《自然资源的基本特征》为例,介绍在笔者教学环节中的对学生"人地协调观"意识的培养,希望给大家提供参考。

【学情分析】

本节课知识点相对较少,学生比较容易理解,可以充分地让他们活动:联系实际生产、生活实例说明"自然资源与我们"的密切联系,可再生资源和非可再生资源的差别,不同种类的资源应有区别的进行合理利用和保护,从而培养学生保护资源,保护环境的意识。联系与本课有关的生活中的知识更有利于培养学生的学习兴趣。

【教材分析】

本节课是人教版义务教育课程标准实验教科书八年级地理(上册)第三章第一节《自然资源的基本特征》。自然资源是地理环境的重要组成部分,是自然界中关系国家经济发展、产业布局和人民生活的重要因素之一,学好本节知识对于学习水资源、土地资源以及区域地理知识将会起到重要的铺垫作用。

【教学目标】

知识与技能:

(1)让学生能举例说出什么是自然资源,它有哪些主要类型。

(2)能够区分可再生资源和非可再生资源,而且能够针对不同种类的资源进行合理利用和保护。

(3)能说我国自然资源的特点是总量多,人均少,利用不尽合理。

【过程与方法】

能根据有关数据资料概括出我国资源总量多,人均资源占有量少,利用不尽合理的国情,能够经过讨论后制定本组、本班节约利用和保护资源的具体措施。

【情感态度与价值观】

能通过了解我国资源的国情,懂得节约利用和保护资源的重要性,树立节约资源、爱护环境的意识和行为习惯。

【教学重点】

(1)会举例说明自然资源与我们日常生活、生产的联系。

(2)懂得节约利用和保护资源的重要性。

【教学难点】

(1)会区分可再生资源和非可再生资源,理解可再生资源如果不被合理利用和保护,也将变成非可再生资源。

(2)能够根据有关数据资料概括出我国资源总量丰富、人均不足的国情现状。

【教学方法】

设疑引导、练习巩固、材料分析、归纳总结、小组讨论、图片辨析、抢答互动

【板书】

自然资源的基本特征

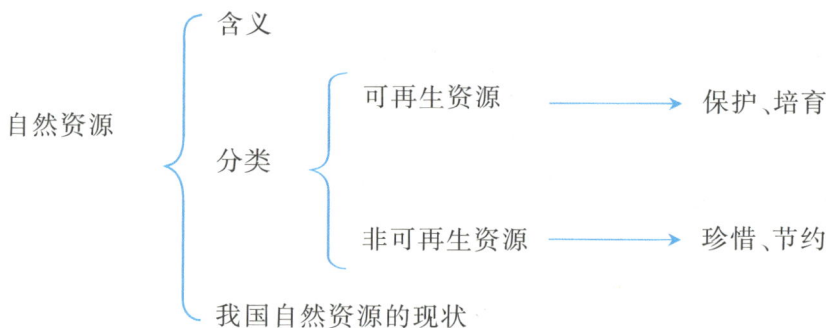

自然资源
- 含义
- 分类
  - 可再生资源 → 保护、培育
  - 非可再生资源 → 珍惜、节约
- 我国自然资源的现状

【教学设计】

教学环节	教师活动	学生活动	设计意图
导入:请大家欣赏一段城市风光的视频,看一看这座城市美不美?克拉玛依城市的历史只有50多年,之前是什么样呢?	是石油的存在,人们选择在这里建城,还是因为石油,使城市繁荣和发展,由此可见,石油是一种非常重要的自然资源,实际上,人们的生产和生活都离不开各种各样的自然资源。这节课,我们就一起来探讨一下什么是自然资源以及我国自然资源的状况。	学生看视频,读展示材料	导入的设计主要是为提高学生兴趣。"没有水、没有草、连鸟都不飞的戈壁荒滩"却崛起了一座现代化城市,这种反差对比一下子勾起学生的好奇心,把学生带入学习情境,同时突出了自然资源的重要性。

续表

教学环节	教师活动	学生活动	设计意图
一、什么是自然资源	图说自然资源的概念。	(小练习)	检验能否判断哪些物质属于自然资源
师生互动	依次提供一些我们日常生活和生产中常见的词语,据这些词语的提示,说出他们与那些自然资源有关,看谁说得又快又准。	通过上面的互动大家有什么感受?	提示:刚才的提示语是我们生产和生活常见的,由这些提示语大家马上想到了不同的自然资源,说明……自然资源与我们息息相关,我们的生产生活离不开自然资源。
二、自然资源的分类	引入教材3.1可循环使用的土地资源和3.2用一点就少一点的煤炭资源进行比较。	通过比较可再生资源和非可再生资源的形成过程和速度的不同,明确可再生资源和非可再生资源要区别对待。	对于可再生资源:要合理利用,并且注意保护和培育,对于非可再生资源:应该十分珍惜和节约使用。
师生互动	认识和区分可再生资源和非可再生资源。	(小练习)讨论如何正确使用可再生资源与非可再生资源。	引导学生正确区分和利用可再生资源和非可再生资源。
三、我国自然资源的现状	示我国自然资源现状表,让学生对"地大物博"有清醒的认识材料分析:我国资源的使用现状	学生填写我国资源统计表。思考:我国资源总量丰富,却人均不足的原因?小组讨论:为我国资源出谋划策	使学生意识到:自然资源总量丰富,人均不足是我国自然资源的基本国情。自引导学生开动脑筋,想对策,作为中学生我们有哪些可以做的?
课堂反馈			对基本知识及时巩固

【教学反思】

导入的设计主要是为提高学生兴趣。"没有水、没有草、连鸟都不飞的戈壁荒滩"却崛起了一座现代化城市,这种反差对比一下子勾起学生的好奇心,把学生带入学习情境,克拉玛依的自然条件是非常恶劣的,但是就在这没有水、没有草、连鸟都不飞的戈壁荒滩,却崛起了一座现代化城市,因为石油,使城市繁荣和发展,这样的设计可以让学生感受到自然环境对人类生存发展的影响——地对人的影响。从课堂效果看,学生兴趣盎然,很快进入情境。

在给自然资源下定义的环节,采用由自然资源的利用形式追溯到它的自然状态,进而分析特点:"自然界中、有利用价值","以下四种物质或能量中哪些是自然资源?"这时有同学提出"闪电也是自然资源",并提出了理由:一是闪电存在于自然界,二是闪电具有巨大的能量,利用起来可以做好多事。我这时感到非常高兴,学生说的没错,的确如此,作为老师的我又何尝没这样想过,我觉得学生能够提出质疑并发表自己的见解是非常难能可贵的,此时让我觉得答案的正确与否已经不是那么重要了,关键是我们可以就这一问题进行深层次探讨"人类利用资源的形式会随着生产力的发展而改变",我给学生解释道:"我也和你有过同感,在一些科幻电影中,我们见到过利用闪电的情况,但在现实生活中,就目前人类的科技水平而言,暂时无法利用,但并不代表闪电永远无法利用,因为人类是不断进步的。古代神话中的'嫦娥奔月、千里眼和顺风耳'目前已经都实现了,相信随着科技的发展,闪电在不久的将来也会成为我们人类可以利用一种自然资源。"通过这一个话题,不仅可以让学生更加明确了什么是自然资源,同时也引导学生认识到随着科技的发展,会有更多的能源为人类所用,增加了学生的自信心和自豪感,收到了很好的教学效果。抢答互动环节形式则比较新颖活泼,学生的参与热情被充分地调动起来,同时也进一步明确了自然资源与我们生产和生活的密切关系。

在看视频、谈感受的过程中,我播放了网络视频《我是一只小小鸟》,这是在备课初期精心选择的,因为本课的重点是让学生懂得保护资源的重要性,学会和自然环境和谐相处,共同发展。这段视频在备课时我看了很多次,每次都让我自己非常感慨。"小鸟是我们人类的朋友,是一种非常珍贵的生物资源,它的存在让我们的地球充满了生机,也使我们的地球更加美丽,但是视频中的小鸟到处流浪,终日提心吊胆东躲西藏,它无非就是想有口饭吃,有一个属于自己的家,大家说它的要求过分吗?""不过分。"可是偌大的地球却没有它的容身之地,最后还是落入了人们精心设计的陷阱。我忽然想到了一幅漫画"枪声一响,没有胜利者",我们忙来忙去,不但是为了自己,也是为了自己的后代而辛苦地努力,可是,如果我们发现人们的所作所为结果反而是在搬起石头砸自己的脚,我不知人们会做何感想。通过该视频,让学生在视觉上有一种冲击,在情感上有一种震撼,再氛围上起到一种烘托作用,通过学生谈感受和教师的语言衬托,使情感教育达到一个高潮。这也是本课的归宿,即日常行为和情感教育中渗透"人地协调观"意识。

【流程图】

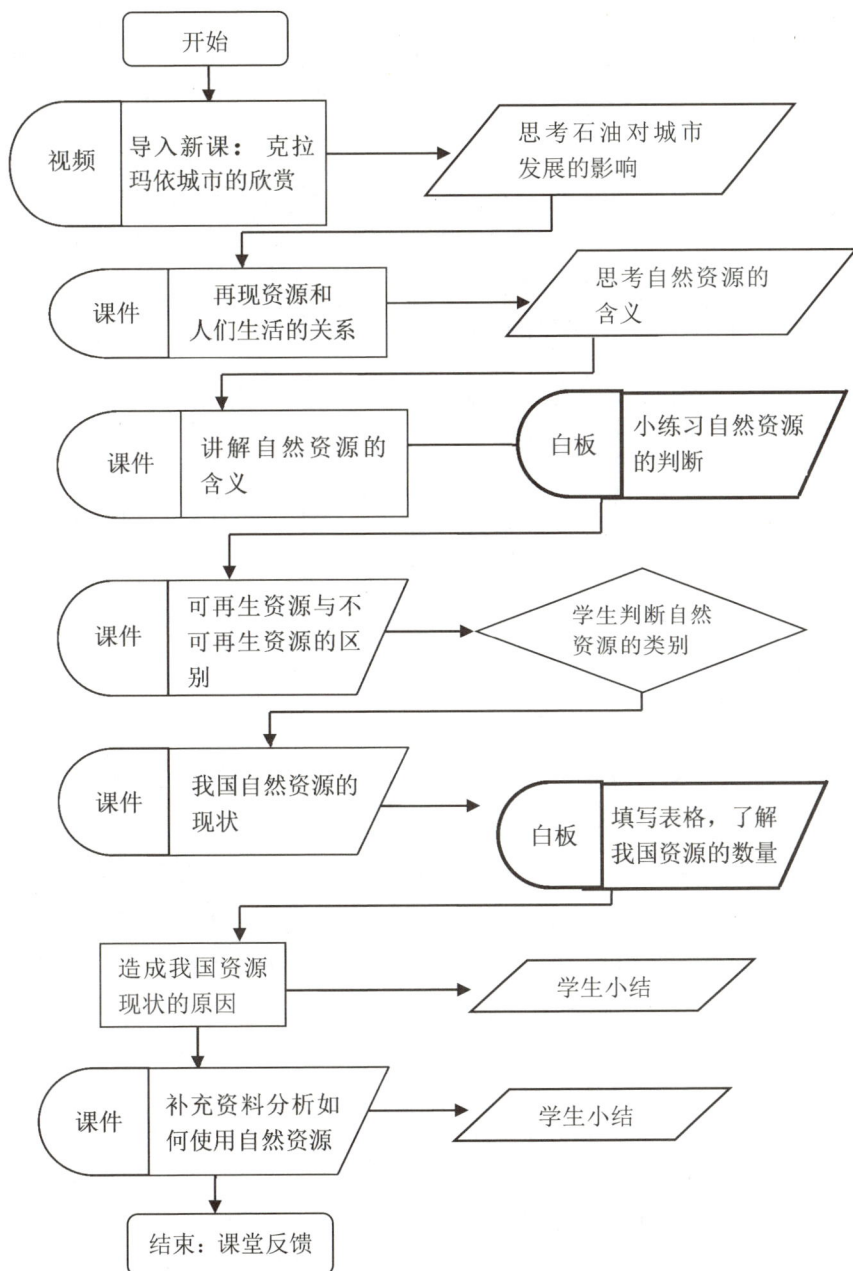

图 3-1-5　自然资源的基本特征教学流程图

(二)采用多种教学方式,培养学生"人地协调观"素养

教师通过案例教学培养学生"人地协调观"素养。在日常的教学中"因地制宜"的案例选择可以不必拘泥于教材中所提供的案例,选择学生身边的事例,贴近学生生活更为学生们熟悉,更容易投入,并且也更让学生体会到生活离不开地理。通过案例的分析进行归纳总结,引导学生形成解决同一类型问题的思路,而不是简单机械的掌握案例本身的内容。教师通过引导学生对案例进行分析归纳,在学生讨论交流的基础上,总结出解决此类问题的思路方法。由于"人地协调观"素养的培养在知识层面上有多个角度,不同的知识表征和认识效果的差异适合运用不同的教学方法。如跟现实生活密切相关的内容可用情景教学法,对逻辑思维要求较高的知识可以运用探究式教学法,操作性较强的内容可以运用实验法,开放性知识可以使用角色扮演法等。关键是通过整合多种教学方法,最终达到最佳的教学效果。

例如,在学习《世界的气候》时,课程标准要求学生理解气候对人类活动的影响,增强环保意识。针对全球气候的变化学生们有很多观点要表达,因此我们在课堂上开展了一场《近代气候变化与人类活动的关系》的课堂辩论。

【教学背景】

全球气候变化首先表现为大时间尺度的自然波动,历史上多次发生的气候波动对地球的生态环境产生了明显的影响,导致了各地冷暖、有干湿的变化,动物、植物分布的变化和物种的诞生、消亡,以及人类早期文明在各地的兴衰。尽管全球气候变化表现为不同时间尺度的冷暖交替,但目前全球气候变化主要表现为近代,尤其是近几十年的全球变暖。因此本节课的重点意在让学生了解近代全球气候变化主要是气候变暖对目前、未来人类活动产生的影响。在情感上引导学生认识到全球变暖对各地生态环境及人类社会产生的负面影响,思考每个人对全球环境应尽的义务和责任。

【教学方法】

在教学中充分利用图表、案例教材,以事实为依据,引导学生阅读、观察、分析、归纳、得出结论,而不是教师独自讲授、告诉。

例如,以楼兰古国遗址被发现的故事,作为课题的导入,反映气候的变化对城

市、乡村等聚落的影响。还可以引用动物、植物分布的变化反映气候的变迁。如"中国野象的迁移";《诗经》中记载"若作和羹,尔唯盐梅。"在北方盐与梅同样是做菜不可缺少的佐料,而如今梅子只有在南方地区才有,晋陕地区的人们只有以醋代梅了;又如河南的简称"豫"字就是一个人牵着大象的标志;安阳殷墟发现了亚热带动物残骸。用历史知识作为课程导入的环节不但可以激发学生的学习兴趣,而且可以结合我国气候变化的资料、统计图,引导学生通过分析上述案例说明气候变化对动物、植物分布的影响,甚至包括人类的生活变化。培养学生利用图表、案例教材,观察、分析、归纳、得出结论的能力。

【教学案例】

关于"近代全球气候变化对人类活动及社会发展的影响"是本节的教学重点,而且也是对学生进行环境道德教育的切入点。学习的内容应该与学生的生活相联系,更要设身处地揣摩学生的心理。初中学生特别喜欢小动物,我就从学生们喜欢的角度,给大家找到北极熊的相关资料。

"2004 年美国科学家在波弗特湾发现了 4 只被溺死的北极熊,同年,人们在一个坍塌的洞穴中找到了两具小北极熊的尸体,和一具残缺不全的母熊尸体。经美国和加拿大的科学家调查,这起事件竟然是小熊的爸爸——雄性北极熊所为。人们还发现,26 只饥饿的北极熊来到西伯利亚东部一个村庄,疯狂寻找食物,吓得村民不敢出门,只能发送无线电信号求救。科学家将北极熊发生的这一系列事件归咎于全球变暖导致的北极冰盖的退缩。北极熊不是水生动物,它们的家在海冰上。在正常情况下,北极熊游 40~50 千米是可能的,但是要游 50~100 千米恐怕就难以安全登岸,会有溺死的危险。所以,善游泳的北极熊是因为海中冰块分离开的长度超过了它们的游泳能力而被溺死。憨态可掬的北极熊变身凶手和闯入人类居住区同样是冰块分离使猎物减少产生饥饿造成的。"学生们读到上述材料的时候都为北极熊生存环境的恶化感到担忧,更自然地想到是全球气候变暖使北极熊成为首当其冲的"环境难民"。

初一的学生具有一定的信息搜集和整理能力,在学习方面具有一定的自主性和交流能力。在课前预习的时候,事先将全班分为五组,并由小组成员共同商榷一个大家感兴趣的专题,最后确定了五个专题:①近代气候变暖对全球冰川的影响;②近代气候变暖对海平面和海岸带的影响;③近代气候变暖对农业的影响;④近代气候变暖对人类健康的影响;⑤近代气候变暖的原因及应对措施。每组5名成员分别负责文献资料的搜集、结论的总结、汇报。关于上述专题的资料目前的新闻媒体和网络资源中有很多信息可查,但最难的还是如何从众多信息中筛选出最有价值的。经过同学们的整理,将教材以外的相关知识补充给大家,扩大同学们的知识视野。

同学们搜集到了一些相关数据和资料:在过去的50年中,南极地区的气温上升了2.5 ℃。在1995—2002年间,南极地区失去了大约1.25平方千米的冰架,相当于卢森堡国土面积的4倍。全球气温升高会使大洋海水热膨胀,陆地冰川消融,从而导致海平面上升。岛屿国家面临着被海水淹没的威胁,如图瓦鲁岛国的居民已于2001年向新西兰提出举国申请成为新西兰居民。土地的丧失,直接影响小岛居民的生活。已经有600多名失去土地的图瓦鲁居民移居到新西兰,其中仅有75人得到合法的新西兰移民身份,剩下的人则排在长长的等候名单上,等待每年数量有限的移民配额。

这时有位同学举手说:"老师,如果气候变暖两极升温那么高纬度地区的国家就可以大力发展农业了。甚至我国东北地区就可以达到一年两熟了,对农业来说这是好事。"有些同学们赞同他的观点,"老师我看过相关报道说撒哈拉地区降水量比以前多了,如果全球变暖沙漠会变成绿洲。""老师,我也支持他的观点,全球变暖使北极地区土壤中的叶绿素含量大增,可能会有新的植物物种诞生。"

负责农业专题的小组就开始反驳他了:"气温升高会使农业的病虫害的分布区扩大,使一些病虫害的生长季节延长,繁殖代数增加。而且暖冬也有利于幼虫安全过冬,加剧病虫害的流行和杂草的蔓延,使这些地区不得不施用大量的农药和除草剂。对于农作物而言,气候变暖会缩短农作物的生长周期,减少营养物质的积累和籽粒的产量。"

健康专题小组的同学也加入了:"全球变暖使热浪的频率和强度增加,从而因高温死亡的人数增加。全球变暖会令植物提早开花,CO_2的浓度增加会让植物造出更多的花粉,使空气中的花粉浓度增加。过敏原早来,过敏期延长,加剧了过敏病症。"

距下课时间还剩10分钟左右,还没有发言的第五组同学已经按捺不住了,该组中一名机智的成员站起来,非常郑重地说:"请让我代表专家组对上述的小辩论做个小结:全球气候变暖最终还是弊大于利。"并从自然原因和人为原因两个角度分析了全球变暖的原因。自然因素:地球目前处于第四纪间冰期,气温有所升高。人为因素:①大量使用矿物燃料,过量排放 CO_2;②毁林,使森林吸收 CO_2 的总量下降。针对全球变暖的危害我们提出了缓解措施,提高能源的利用效率,采用新能源,减少 CO_2 的排放量。倡议全班以小组为单位为缓解全球变暖创作一幅宣传画。将同学们置身于他们熟悉的地理环境中通过话题讨论、角色扮演分析了环境中存在的人地关系问题,加深了学生情感价值观的体验。

在整个的教学环节中能够体现出同学们在课前做的精心准备,将学习的过程延伸到我们的生活中,将学习的成果应用到生活中,达到教学生活化的目的。特别是学生们收集了很多气候变化给动植物带来影响的资料,虽然我们都知道气候变化无论是对人类还是动物都会带来影响,但当这些资料展示给我们时,同学们还是震撼了也包括我自己。此时我想无论是参与资料收集的同学还是参加辩论的同学,在通过话题的讨论分析近代气候变化与人类活动的关系时,他们的脑海中保护大气环境就是在保护我们自己生存空间的思想已然形成,并逐步树立"人地协调观"。

除了课堂辩论的教学外,我们还可以通过开展地理实践调查培养学生的"人地协调观"意识。选择的地理调查则应侧重于从学生身边可以看得见、摸得着的地方开展,学生可以通过收集身边的资料,运用掌握的地理知识和技能,进行以环境与发展问题为中心的研究性实践活动。在调查的过程中,学生可以更加真实地去感悟和体验生活中人地关系问题,通过实践活动研究可以让学生了解、体验人类活动和地理环境的关系,理解人类活动应该与地理环境协调发展,将"人地协调观"素养内化于心,外显于行。例如通过学习中国的水资源一节,了解到我国淡水资源不仅短缺而且受到污染,我校的地理调查活动就是以家乡水资源的利用现状为主题进行调查,这不仅是对教材内容的补充,也是对教材内容的进一步拓展、深化;对学生而言,在地理调查的过程中还可以培养他们收集与处理第一手信息的能力。

在学习中国的水资源现状后,我校开展了以家乡水资源的利用现状为主题的社会实践调查。根据调查的方法我们分为问卷调查小组、网络调查小组、文献调查小组、后期制作小组。负责问卷调查的小组成员设计了 1 份问卷调查表,在这次调查中同学们以在校学生、周围居民、学生家长为调查对象,总共发出 204 份问卷,实际收到有效问卷 197 份。并对问卷调查的结果进行了数据统计。通过分析同学

们得到的调查结果是：对天津市水资源的利用现状不了解的人占总调查人数的
3%，以及没有节水意识的人占总调查人数的1%，在生活没有使用节水方法人数
的占总调查人数的1%。

以下是问卷调查的结果。

表 3-1-6 "家乡水资源的利用现状"问卷调查结果

	知道	不清楚	不清楚
1.是否知道天津市是最缺水的城市	180	12	5
2.是否知道天津市缺水的原因	111	62	24
3.是否知道天津市水资源来源	160	30	7
4.是否知道南水北调三大工程	153	34	10
	愿意	不愿意	无所谓
5.是否愿意使用节水方法？	193	2	2
6.今后会有意识节水吗？	194	1	2
7.愿意宣传节水吗？	184	3	10

针对有些居民对家乡的水资源现状不了解和没有节水方法、节水意识的情
况，文献调查小组同学们将搜集到有关天津市水资源的现状、水资源短缺的原因、
南水北调三大工程、生活中的一些节水小窍门制作成宣传小卡片发放到每位参与
问卷调查的人，向大家宣传节水的重要性和方法。另外网络调查小组的同学们将
搜集到有关社会中不文明的用水现象、水资源受到污染的现象等素材制作成以
"珍惜水资源"为主题的演示文稿在校园内播放，发起"节约用水，从我做起"的校
园活动。另外负责美术设计和宣传制作小组的同学在吸收前面三组同学的调查结
果的基础上并发挥自己美术绘画和设计的优势，利用校园文化的主阵地——校园
板报向大家宣传水资源的合理利用。

通过这次活动，学生的体会有很多方面，在参与天津市水资源状况的问卷调
查过程中，有的同学最大的收获就是学会了与人交往与同学合作。上网查询的过
程中，有的同学觉得上网查询有点难，因为有些答案不是上网就能找到的，加上对
电脑操作也不是很熟练，因为有了老师和同学的帮忙，找到了要找的答案并学会
了网络搜集资料的方法。负责搜集文献资料的同学，在对资料进行分析综合，学会
了对信息去粗取精、去伪存真的加工，并在文献的搜集过程中锻炼了耐心。最后同

学撰写了关于家乡水资源利用现状的调查报告。锻炼了同学们的写作能力和信息的表达能力。

更为重要的是让同学们知道水资源对我们的生活和生产活动非常重要,懂得了珍惜水资源并学会在生活中一水多用。别是在学校做卫生擦地时,由于不是使用自己家的水,浪费现象就更加严重了。因此地理小组的同学们找出有效的方法解决做卫生时过度用水的问题,不让淡水资源白白浪费。

以下是我校地理小组的同学针对在学校做卫生擦地时设计的 "三级涮墩布法"节水方案,该活动的设计理念:改变用"流动水涮墩布"改为"用不流动水涮墩布"达到节约水资源的目标。

实施方法:

(1)测量用流水涮一次墩布(共四把)的用水量,将测得的结果作为研究方案的数据。

(2)用"三级涮墩布法"的节水方法涮一次墩布(共四把),将四把墩布分两组。第一步:三个水桶注满水,依次涮墩布。经过三次涮洗,墩布应该涮洗干净,第三桶水还比较清澈。第二步:将第一桶脏水换掉,补充一桶干净的水。涮第二组墩布,统计用水量。

分析实施结果:

用常规方法涮一次墩布用水多少升?

用改进的方法涮一次墩布用水多少升? 比原先节约多少升水?

推广到学校做卫生时一楼层一起涮墩布用多少桶水? 比原先节约多少升水? 通过实验你有什么收获?

表 3-1-7 工作分配

工作项目	小组成员	时间	是否完成
观察小组	周帅、韩旭	2018 年 5 月每天的卫生扫除时间	完成
实验操作	魏皓明、刘鑫、靳鑫	2018 年 6 月每天的卫生扫除时间	完成
数据统计	张月、杨铭	2018 年 6 月课余时间	基本完成
汇报小结	吕梦冰、高超	2018 年 9 月	完成
宣传推广	杨鑫		完成

表 3-1-8 实验步骤

步骤	方　法		
1	将三个水桶(容积为 15 升)同时注满清水		
2	依次在三个水桶中涮墩布,三个水桶的水情况分别是:		
	浊	中	清
3	到掉浊水,换成清水,再涮一把墩布,三个水桶的水情况是:		
	清	浊	中
4	重复第三步的操作,三个水桶的水情况是:		
	中	清	浊
5	重复第三步的操作,三个水桶的水情况是:		
	浊	中	清
6	重复第三步的操作,三个水桶的水情况是:		
	清	浊	中

表 3-1-9 对比数据

	一间教室 4 把墩布	一层楼 10 把墩布	一幢楼 30 把墩布	全校 1 月 (30 天)	全校 1 年 (365 天)
传统涮墩布法耗水量	120 升	300 升	900 升	约 27 吨	约 330 吨
三级涮墩布法耗水量	90 升	190 升	435 升	约 13 吨	约 158 吨
节水量	30 升	110 升	465 升	约 14 吨	约 172 吨

通过简单的数据对比,不难发现涮的墩布数量越多、次数越多所节约的水量就越多。我校地理活动小组计划在2018年5月至9月将此项活动的实施结果,制作成宣传画,利用校园板报的空间,在全校进行推广,我校将在涮墩布方面节约水资源每年达172吨。为国家节能减排的工作进一份义务。同时我校地理活动小组的成员通过绘制宣传报的方式在周围的小区的居民和进行节水宣传,推广"三级涮墩布法"使用范围,在全社会进行节约水资源的宣传活动。在这次小组活动的过程中能够培养学生的节水意识,虽然水资源具有可再生性,但是过度使用也会造成水资源的浪费与枯竭。学生在调查实践中能够主动用地理思维去分析生活中有关"人地协调观"问题,有助于学生正确地认识到人类在发展自我的同时,要有资源、环境可持续发展的意识,只有与环境和谐发展我们自己才能朝更好的方向发展,人类才会有更好的未来,同时将"人地协调观"素养外化养成正确的人地行为。

(三)采用多样化评价方式,促进学生习得"人地协调观"素养

"人地协调观"作为一种价值观念,其形成过程是内在的,难以对其直接评价,但其表征方式是外在的。要想全方位地评价学生的"人地协调观"素养,可以从其言语表达、行为习惯、责任态度等多个方面开展。多样化的评价方式,可以用口头提问、课后作业、小报论文、课外活动、学生互评等形式来考查学生的"人地协调观"素养。

在教学中进行环境道德教育,还应增强环境道德的实践性。让学生"在环境中学习","在环境中体验",感受各种环境问题,使感知得到理性地提升,将观念与行为有机的结合,促使环境观念内化成自觉的行为。生活中有许多环保小事就在我们身边,如在书包里放上一双筷子,无论走到哪里就餐到可以减少一次性筷子的使用。号召大家使用钢笔,减少圆珠笔芯这种塑料制品的消耗。同学们之间少赠送卡片,可以把祝福的话写在树叶上,制成书签意义会更深远。写作业、做练习时白纸要双面使用,减少了纸张的消耗也就是保护了森林。提出"少用一张纸,保护一棵树"的行动。号召学生把环保落在实处,从现在做起,从身边做起,形成一种习惯、一种时尚、一种文化。

"人地协调观"素养的养成是每一个公民必备的基本素养,教师可以通过课堂教学开展丰富的实践活动,如调查、实验、问题探究、活动实践等。不仅可以加深学

生对"人地协调观"的理解,同时还可以提升学生的行动能力,使学生在真实的情境中加深对人地关系的感悟,提升学生的实践能力,达到内化于心,外显于行。

参考文献

[1]张静,于蓉.初中地理"人地协调观"关键能力解读与教学策略[J].江苏教育,2019(27):42–45.

[2]张书华.赏漫画 研真题——漫画类试题分析与备考启示[J].中学政治教学参考,2011(28):47–50.

[3]陈召平.基于"人地协调观"视角的江苏省高中地理学业水平测试试题分析与启示[D].上海:上海师范大学,2018.

[4]段文权.农村中学环境教育实践探索[J].地理教育,2007(02):64–65.

[5]人民教育出版社教学资源编辑室.初中地理阳光课堂金牌练习册[M].北京:人民教育出版社,2013.

专题 **2**

基于天津市初中学业水平考查试卷分析的"人地协调观"测评研究

天津市滨海新区汉沽第八中学 曹春茹

【作者有话说】

受目前应试教育、评价机制等的影响,很多学校对地理学科的重视度不够,教师以传统的知识讲授为主,影响了学生对地理知识的灵活运用,评价和解决人地关系问题的能力较低,"人地协调观"素养水平整体不高。

随着课程改革全面深化,立德树人根本任务的落实,学生核心素养落实到地理学科教学中,"人地协调观"素养的培养越来越受到重视。初中地理学业水平测试中对"人地协调观"素养水平的考查内容越来越多,对初中地理学业水平有关"人地协调观"培养的试题进行分析,有助于更好地对新课程的评价要求进行落实,并且为初中地理课堂教学提供一些参考性建议。

如何通过更科学的测评,引导地理教学更高效?怎样让"人地协调观"真正深入学生的心中?我从"人地协调观"的测评角度出发,结合教学实际和初中学业考查试卷命题趋势展开论证。

新课程改革中的一个重要环节就是课程评价,随着《新课程标准》的公布,人们关于评价问题展开了越来越多的研究。新课程提出要建立能够促进教师逐步提高、学生全面发展以及课程逐渐发展的评价体系,并且要对个人的多方面发展和进步的潜能多加关注。新课程改革倡导的课程评价——"立足过程、促进发展",不仅体现了评价体系的转变,更重要的是评价的理念、手段以及实施过程的变革。《九年义务教育初中地理教学大纲(试用修订版)》指出要注意基础知识教学、基本技能和能力培养、德育渗透的有机结合,即地理核心素养的培养。"人地协调观"是地理核心素养的重要组成部分,同时也是地理课程最为核心的价值观。近年来初中地理学业水平测试显现了新的趋势,作为初中学生毕业和升学的基本依据,初中学业水平测试中逐渐转向关注对学生核心素养的考查,也就是说对"人地协调观"考查的试题渐渐增多。对初中地理学业水平测试题进行分析,有助于更好的落实新课程的评价要求,便于进一步开展相关课程评价的工作,并且为初中地理课程教学提供一些参考性建议。所以对天津市初中地理学业水平考查试卷有关"人地协调观"试题进行研究是很有必要的。

随着经济社会的快速发展,人地关系问题变得越来越突出。作为研究人地关系问题的学科,地理学被时代赋予了重要的使命。初中地理课程是我国基础教育的重要组成部分,因此承担了培养学生树立正确人地关系的任务。最新颁布的《义务教育初中地理课程标准》明确指出"人地协调观"是地理学科核心素养的组成部分,并将培养地理学科核心素养作为中学地理课程的总目标,初中地理教学与评价将以地理学科核心素养为中心。初中地理学业考查作为地理教学的重要评价手段,对地理教学具有导向作用。研究学业考试中考查"人地协调观"的试题,总结考查"人地协调观"试题存在的优点与不足,可为命题与教学提供建议,同时通过改善地理教学与评价促进学生"人地协调观"的养成。

本文立足于前人研究,以"人地协调观"为切入点,对天津市初中学生"人地协调观"培养现状进行调查,以地理课程标准为理论基础,对2011—2020年天津市初中地理学业水平测试题中考查"人地协调观"的试题进行整理,依次从考查分值、考点内容、具体素养考查、试题材料等层面对其中考查的"人地协调观"试题进行分析,得出天津市初中地理学业水平测试中考查"人地协调观"试题的特点与不足;最后对以上问题提出针对性的教学策略与试题命制建议,以此反馈初中地理教学,有利于转变教师观念,重视培养学生的"人地协调观"素养,从而促进学生全面发展。

一、"人地协调观"内涵浅析

(一)地理核心素养

对于地理核心素养的概念,目前学术界还未达成一致看法,也未给出最明确的概念。有人认为地理核心素养是指学生应具备的终身发展和社会发展需要的、必备的地理学科品质和地理核心能力,是所有学生都应该具有的关键的、必要的共同素养,是地理知识、地理学科能力和情感态度价值观的综合表现,具有连续性和阶段性;李家清认为:"地理核心素养是个人终身发展和未来社会具备的关键素养,在本质上它是一般地理素养的精髓和灵魂,在数量上是少而精、在功能上是最重要和最必要的地理素养"。地理素养是由地理知识、地理方法、地理能力、地理态度、地理情感等要素构成,它们之间相互影响、相互联系。而地理核心素养由"人地协调观"、区域认知、综合思维、地理实践力四部分内容组成。

(二)人地关系

人地关系是现代地理学研究的重要课题,也是人们认识世界一直探索着的问题,公元前几百年亚里士多德首先提出了环境决定论,直到今天,人们还在对人地关系不断探寻和研究。伴随着社会生产力的发展,人类对于人地关系的认识也存在着历史演变。目前主要在人文地理学著作中阐述了对人地关系的研究,胡兆量认为人地关系综合关联了自然过程和社会过程,其中,"人"指人类社会的全部,由生产力、经济基础和上层建筑组成,"地"指自然环境的全部,与自然地理环境等同。吴传钧先生认为,人地关系即指人类社会及其活动与自然环境之间的关系,包括两者之间的相互反馈和相互影响。人地关系有着丰富的内涵和意义,因此要对"人""地""关系"三者包括的范围进行明确定义。一般来说,"人"是指整个人类系统,包括人口系统、经济系统和社会系统,"地"指自然地理环境,包括自然资源、自然环境等,"关系"指"人""地"两者之间互相产生的影响、相互调节。人地关系往往包括以下三个方面:一是"地对人的影响",地理环境是人类活动重要的外部条件,但有时也会起决定作用,地理环境对人类活动有着间接或直接的影响;二是"人对地的影响",一直以来人类活动会利用或违背自然规律去改造自然,或通过对空间的占有、通过物质、能量、信息的交流等方式对自然环境施加影响;三是人类和地理环境之间的相互影响与调节,其中要关注技术在人地关系中的媒介作用,而"人地协调观"一直是人们追求的基本准则。初中知识体系中,关于"地对人的影响",主要涉及的知识点为:地球自转和公转对生活生产的影响、天气对日常生活的影响、地表形态对交通运输的影响、自然灾害对地理环境的影响、自然环境对聚落的影响、气候对民居和服饰的影响等;关于"人对地的影响",主要涉及的知识点为:农业生产活动、城市和工业污染对自然环境的影响、资源短缺、生态破坏、水土流失和荒漠化的成因与治理、流域的开发、森林的开发和保护、资源跨区域调配、工程的影响等;关于"人地协调",主要涉及的知识点为:水资源合理利用、工业合理布局、农业因地制宜、自然保护区建设、生态环境的保护、某区自然资源的合理利用、资源跨区域调配等。

(三)"人地协调观"

"人地协调观"是地理学和地理教育的核心观念,指人们对人类与地理环境之间形成协调关系的必要性和可能性的认识理解和判断。学生建立"人地协调观",就能够正确认识地理环境对人类活动的影响,以及人类活动影响环境的不同方式,强度和后果,能够理解人们对人地关系认识的阶段性表现及其原因,能够结合现实中出现的人地矛盾的实例分析原因,提出改进建议,从而指导人们正确处理生产生活与自然环境保护的关系。

表 3-2-1 "人地协调观"的具体表现

"人地协调观"	具体表现
科学的人口观	人口数量的增长要同资源环境和社会经济相适应
科学的资源观	在科学发展观的指导下,对资源进行科学、全面、系统的认识和理解
科学的环境观	正确认识人类对赖以生存的地球环境及人与环境相互关系
可持续发展观	指发展既满足当代人的需要,又不损害后代人满足需要的发展

面对当前日趋严峻的人口、资源、环境和发展问题,"人地协调观"要求我们树立正确科学的人口观、环境观、资源观和可持续发展观。

二、"人地协调观"的研究背景

地球上的自然条件和自然资源是人类赖以生存的基本条件。自然环境是人类存在发展的基础,地理环境对人类的影响是巨大的。随着人口的增长,社会发展与科学技术水平的提高,人类对地理环境的影响也越来越大。对自然的索取变得更加贪婪,环境问题变得越来越严重。虽然没有枪炮,没有硝烟,却在残杀着生灵,毁坏着环境。没有哪一个国家和地区能够逃避不断发生的环境污染和自然资源的破坏。它直接威胁着生态环境,威胁着人类的健康和子孙后代的生存。地球上的洪水、干旱、沙尘暴越来越频发,冰川面积不断减少,动植物资源灭绝速度加快。江河湖海水污染,雾霾天气增多等,都严重影响了我们的生活。这就使人地协调这一思想越来越重要。

中学生发展核心素养的关键核心是要培养"全面发展的人",以核心素养为载体和桥梁,明确学生应具备的必备品格和关键能力。2016 年修订完成的《普通高中地理课程标准(修订稿)》提出了地理核心素养的概念,由"人地协调观"、区域认知、综合思维和地理实践力四大方面组成。

地理核心素养是学生适应未来生活一种必备的地理核心能力和学科品质,而"人地协调观"是地理核心素养的核心价值观念,旨在培养学生科学的人口观、环境观、资源观、发展观,实现人与自然和谐相处,从而达到可持续发展。在分析和解决各种地理问题时,正确的人地观念是解决地理问题的有效途径。在地理教学中,以"人地协调观"为核心主线,在地理知识中构建人地协调,综合思维中剖析人地协调,区域认知中寻找人地协调,地理实践中应用人地协调,使地理核心素养的培养真正落地开花。

《九年义务教育初中地理教学大纲(试用修订版)》指出要注意基础知识教学、基本技能和能力培养、德育渗透的有机结合,即地理核心素养的培养。"人地协调观"是地理核心素养的重要组成部分,同时也是地理课程最为核心的价值观。学业水平测试是衡量学生是否达到国家规定的学习要求、保障义务教育基本的教学质量、推动学生全面发展的一项重要考试制度,地理学业水平测试意在测评学生的学习能力和地理素养。

三、初中地理学业水平测试中"人地协调观"试题研究意义

(一)研究现状

受目前应试教育、评价机制等的影响,很多学校对地理学科的重视度不够,教师以传统的知识讲授为主,影响了学生对地理知识的灵活运用,评价和解决人地关系问题的能力较低,"人地协调观"素养水平整体不高。

近年来,随着全面深化课程改革,落实立德树人的根本任务,各学段学生发展核心素养体系,并要求将其落实到各学科教学中,所以"人地协调观"的素养培养越来越受到重视。初中学业水平测试中对"人地协调观"素养水平的考查内容越来越多,对初中地理学业水平有关"人地协调观"培养的试题进行分析,有助于更好地对新课程的评价要求进行落实,更便于开展相关课程评价的工作,并且为初中地理课程教学提供一些参考性建议。

另外,初中学业水平测试作为学生学习和教师教学的一个指挥棒,对历年初中地理学业水平测试"人地协调观"试题展开认真的分析是很有必要的,能够使教师了解考试趋势和考点分布,增强教师对"人地协调观"培养的重视度,使学生养成"人地协调观"思想和意识,从而使地理课堂成为能够引导学生进行深度思考、以培养学生能力为目标、促成学科核心素养培养的教学主阵地。

(二)研究意义

1.有利于促进地理核心素养的培养落实

地理核心素养是学生适应未来生活一种必备的地理核心能力和学科品质,而"人地协调观"是地理核心素养的核心价值观念,旨在培养学生科学的人口观、环

境观、资源观、发展观,实现人与自然和谐相处,从而达到可持续发展。在分析和解决各种地理问题时,正确的人地观念是解决地理问题的有效途径。在地理教学中,以"人地协调观"为核心主线,在地理知识中构建人地协调,综合思维中剖析人地协调,区域认知中寻找人地协调,地理实践中应用人地协调,使地理核心素养的培养真正落地开花。

2.有助于增强地理学业水平测试的测评作用

学业水平测试是衡量学生是否达到国家规定的学习要求、保障义务教育基本的教学质量、推动学生全面发展的一项重要考试制度,地理学业水平测试意在测评学生的学习能力和地理素养。但是在如今的考试中,很多学生能够有较强的应试能力,但不能够很好的运用所学知识去发现、分析、解决实际问题。因此为进一步提高学生获取地理知识和解决地理问题的能力,加大对初中地理学业水平测试的研究势在必行。

3.有助于改善学法和教法

学业成绩的检查与评定是整个教学过程的有机组成部分。通过考试,不仅可以使学生及时了解自己学习的优缺点,以及找出各方面学习目标的差距,自动改进学习方法,加强薄弱环节的学习,充分发挥学习的主观能动作用。促进学生知识增长和能力的提高,同时对教师来说也是教学效果的信息反馈。通过这些信息反馈,教师能及时调整教学工作,进行教学研究,改进教学方法,以便不断地提高教学质量。因此有必要对考试进行认真的,科学的研究和探讨。使考试建立在科学合理,客观可靠的基础上。任何一次较高质量的考试,都必须有较高质量的试题。命题在考试中占有很重要的地位和作用,考什么,怎么考,在很大程度上指挥着学生学什么和怎么学。命题搞得好,就可以正确的引导学生努力及实现教学目标,就会取得好的教育效果。初中学业水平考查是学生学习和教师教学的指挥棒,对历年初中地理学业水平考查"人地协调观"试题展开认真的分析、研究能够使教师了解考试趋势和考点分布,增强教师对"人地协调观"培养的重视度,给教师教学教什么和怎么教指明方向。

四、初中地理课程标准分析

　　初中地理课程标准是初中地理学业水平测试卷编制的基本依据,对本文的分析和研究起了指导作用,是本文的理论基础。《义务教育初中地理课程标准》提出要渗透学生的爱国主义情感,引导学生形成科学的环境观、人口观、环境观和可持续发展观。课程基本理念之一是学习对学生终身发展有用的地理,引导学生关注社会,关注现实,关注生活,渐渐树立人地协调与可持续发展理念,为培养现代公民必备地理素养奠定基础。因此评价地理学习不仅要对学生的认知水平进行评价,更要从鉴定性评价转变为发展性评价。这也都体现了课程标准中重视对地理核心素养的教学评价。初中地理课程标准是初中地理学业水平测试命题的依据,地理教学评价的重要目标就是地理核心素养,那么"人地协调观"作为地理核心素养之一,也会成为地理教学评价的侧重目标之一,因此,本文的研究在初中地理课程标准的指导下方向会更加明确。

　　地理教学和评价是以《义务教育初中地理课程标准》为基准的,天津市初中地理学业水平测试卷的编制就是以此为依据。对"人地协调观"的要求主要是从初中地理课程标准的课程目标中得出。课程目标是教育目标的细化和具体化,所以初中地理学业水平测试目标也是以课程标准的课程目标为基准,作为地理核心素养的重要组成部分,"人地协调观"在课程目标中是有体现的,笔者对其中体现的人地协调观目标加以统计,见表3-2-2。

表3-2-2 《义务教育初中地理课程标准》的人地协调关系体现

课程总目标	知识与技能目标	情感、态度与价值观目标
要求学生了解环境和发展问题,形成初步的地理科学素养与人文素养,树立爱国主义情感,逐渐树立全球意识和可持续发展观	能初步说明在地理环境形成中,地形气候等自然地理要素的作用以及对人类活动产生的影响 了解人类面临的人口环境资源发展等问题,初步认识人类活动和环境之间的关系	关心环境与发展,关心我国的基本地理国情,树立热爱家乡热爱祖国的意识与情感。 知道因地制宜,协调人地关系的意义,树立可持续发展的观念,增强对资源环境的保护和法制意识,逐步养成关心,爱护地理环境的行为习惯

本文根据《义务教育初中地理课程标准》课程目标要求,对天津市初中地理学业水平测试中涉及"人地协调观"的试题内容进行分析和研究。增强教师对"人地协调观"培养的重视度,培养学生"人地协调观"的思想和意识,从而促进学生全面发展。

五、以天津市近十年初中地理学业水平测试试题为对象进行分析研究

本文以"人地协调观"为切入点,以天津市近十年初中地理学业水平测试试题为对象进行研究,分析其中考查的"人地协调观"试题情况,以此反馈初中地理教学,从而转变教师观念,重视培养学生的"人地协调观"素养,促进学生全面发展。另外通过对体现"人地协调观"试题的具体分析,更能为其他命题者提供参考,从而对地理题型、出题方式进行新的探索,进而利于提高命题水平。最后,根据自身教育实践及教学经验,针对以上问题,提出强化初中地理"人地协调观"的培养策略与试题命制建议。下面我以近十年天津市初中学业水平考查试卷为例,分析"人地协调观"在初中地理教学中的落实情况。

(一)"人地协调观"考查试题的统计与分析

1.考查分值统计

天津市初中地理学业水平测试题由选择题和综合题两大部分组成,满分100分。

这一部分内容主要从题型与题号、分值、所占比重方面分析"人地关系"在试题中的体现,见表3-2-3。

表3-2-3 "人地协调观"在天津市初中学业水平考查试卷中的分布统计

时 间	选择题	综合题	合计	所占比重
2011 年	9	26(4)27(2)(3)(4)(5)(6)	14 分	14%
2012 年	17、19、22、23	25(2)(3)(4)(5)26(5)	20 分	20%
2013 年	11、13、19、23	24(3)25(3)27(3)	20 分	20%
2014 年	12、20、21、23	26(2)(4)	12 分	12%
2015 年	17、18	24(4)26(5)27(1)(2)(3)	16 分	16%
2016 年	4、19、20、21、22、23	24(4)26(2)(3)	20 分	20%
2017 年	5、7、13、15、21	26(5)27(3)	14 分	14%
2018 年	14、18、23	26(2)27(3)(4)	14 分	14%
2019 年	11、15	24(1)	6 分	6%
2020 年	15、22	26(2)27(2)(3)	14 分	14%

通过以上表格分析可以看出,天津市初中地理学业水平测试中对"人地关系"的考查知识体现较多,且分值和比重大致呈增长的趋势。2019 年分值稍低,只有 6分,2012、2013、2016 年分值最高,为 20 分,这 3 年试卷关于"人地协调观"的试题占比达到试卷总分的 20%,比重还是非常高的。由此可以看出,在天津市初中地理学业水平测试中,对"人地关系"考查的相关知识要求和能力要求在提高,命题时把一些偏、难的知识点进行取舍剔除,试卷难度整体波动小,选择题难度主要表现为简单或中等,综合题表现为中等难度。

2.“人地协调观”考查试题内容统计

“人地协调观”考查试题内容统计为具体研究试题中“人地关系”的相关内容，将之具体可以分为“地对人的影响”“人对地的影响”以及“人地之间调节”等三个方面(见表 3-2-4)。

表 3-2-4 “人地协调观”考察试题内容统计

	评定维度			小组评定	老师评定			
人口	交通	聚落	自然灾害	生态环境问题	农业	工业	资源	环境保护
2011	2			2	4			2	4
2012	2		2		4	4		4	6
2013			8		4	2		4	2
2014			2		2			4	4
2015			2		4			6	4
2016		2		2	4			6	4
2017			4		4	2		2	2
2018	2	2	2		2			4	4
2019					4				2
2020	2	2	2		2			2	6
总计	6 分	6 分	22 分	4 分	34 分	8 分	2 分	32 分	38 分

从上图看以出，在天津市初中地理学业水平试题体现与“人地关系”有关的内容中，“人地协调”内容所占分值和比例是最高的，并且呈平稳上升状态。“地对人的影响”部分的内容虽有波动，但总体也在稳步上升状态。“人对地的影响”部分的内容总体比重小，因此，在考查“人地关系”相关内容方面，“人地协调”的内容所占比重是最高的，这也表明了命题者对这方面内容比较重视。

3.具体素养考查统计

"人地协调观"素养由科学的人口观、科学的资源观、科学的环境观、可持续发展观四种素养组成,同一试题体现的具体素养可能会有所侧重,也可能会体现多种素养,本文对"人地关系"试题进行分类,统计试题考查的具体素养(见表3-2-5)。

表3-2-5　人天津市近十年初中地理学业水平测试"人地关系"试题考查的具体素养统计

年　　级	七年级	八年级
科学人口观	2011:日本工业分布在沿海的原因 2012:非洲北部的城市分布 2018:台湾岛城市分布	6分
科学资源观	2012:水资源的空间分布、森林资源的价值 2014、2016:南北方水土资源的配置 2016:内蒙古的风能利用 2017、2018:京津冀水资源问题、空气污染问题 2020:西气东输	28分
科学环境观	2012、2016、2017、2018、2019:极地环境保护 2013:黄河的治理、巴西热带雨林遭到破坏的影响 2014 天津小汽车限购、三江源的保护、黄土高原的生态问题 2015:大气污染问题、缓解天津用水不足问题 2016、2019:黄土高原的水土流失 2015、2017、2018、2020:文明出行方式 2018:三江源的保护	38分
可持续发展观	2012、2013、2014、2015、2016、2017、2020:传统聚落的保护 2012 青海省的农业发展 2020:可持续发展问题 2013、2015:如何看待人口、资源、环境与经济发展 2016、2017:长江中下游的区域发展	46分

根据统计得出,天津市初中地理学业水平测试对"人地协调观"的具体素养考查中,关注科学的资源观、环境观和可持续发展问题,分值较高,其中对可持续发展的考查分值最高,体现了对区域可持续发展的重视。而考查人口问题分值最低,

分值分布不均衡。

(二)人地关系试题分析

人地关系内容的考查越来越多,并且在试题中占据较高的分值比重,学科的研究主线,促进人地关系和谐,实现区域可持续发展依然是今后地理学习研究和考查的重点。

1.试题设计特点

(1)试题命制紧扣初中地理课程标准要求

《义务教育初中地理课程标准》提倡学生要理解和适应地理环境,初步培养学生处理区域人口、环境、资源和发展问题的可持续发展观念,培养成为有环保意识和可持续发展观念的有责任感的公民。这是时代赋予地理教育的使命,天津市初中地理学业水平测试近十年考查"人地协调观"的试题较好地落实了这一课标要求,重点考察典型区域存在的可持续发展问题,考查考生关于区域可持续发展问题的知识、观念和做法。

【案例1】2018年选择题

材料:"一带一路"将沿线各国紧密联系在一起,给沿线国家经济带来了活力,读图回答8~10题。

(图略)

8.马六甲海峡是海上丝绸之路的重要通道,它连接的两个大洋是(　　)

A.太平洋和印度洋　　　　B.太平洋和北冰洋

C.北冰洋和印度洋　　　　D.大西洋和北冰洋

9.图中①地区是世界最大的石油产地,①地区是(　　)

A.欧洲西部　　B.东南亚　　C.南亚　　D.中东

10.内罗毕所在的撒哈拉以南非洲人种多为(　　)

A.白色人种　　　B.黄色人种　　　C.黑色人种　　　D.棕色人种

在"一带一路"战略中,中国与西亚、非洲等地重点开展能源及生态环保方面的合作,这就需要考生以"一带一路"战略为基础,联系这些地区的自然地理环境,分析得出合理的结论。这道题以初中地理课程标准为基准,符合其要求的范围,不仅对学生的地理知识和地理能力进行考查,也对学生的"人地协调观"进行了考查。

【案例2】2018 年第 26 题

读图回答下列问题:(16 分)

(图略)

(1)在图中适当位置正确填出秦岭、长江、黄河。(6 分)

(2)三江源自然保护区江河的最初水源是 _____。近年来三江源自然保护区,水土流失、草地沙化、野生生物锐减等生态环境问题仍然存在。请你为保护该地区生态环境献出一条计策。(4 分)

_____。

(3)港珠澳大桥是世界最长的跨海大桥,它位于我国濒临的四大海洋中的 _____ 海。港珠澳大桥建设中克服的困难有 _____ ,其建设的作用是 _____。(6 分)

第(2)小题,是三江源的环境保护问题,此题以考察考生地理问题产生原因的综合分析能力和区域可持续发展观念。

这些考查内容均是课标三维教学目标的要求,是学校正常教学所能达到的标准和要求,也是学生通过正常学习能够达到的学习目标。这一点,即是原则,又是根本。它有利于教师依据课标教学,推进课改的深入,同时在某种程度上减轻了考试给师生带来的过重负担。

试卷呈现形式已被师生接受并得到认可。考查既是一场愉悦的环球旅行,又是一次学生情感目标即"人地协调观"的落实。

(2)新闻热点问题突出

近几年的地理会考试题里反映新闻热点问题的内容逐年增多。真正把学生所学与社会现实相联系,试题素材均以当年重大时事及地理热点问题作为背景映衬或直接设问,引发学生兴趣,增强"人地协调观"念的情感,达到了学以致用的多重目的。

【案例3】2020 年会考试题

选择题出现了两组材料:

一组是:今年春天我们经历了新冠疫情的严峻考验,全国人民齐心协力,取得了阶段性胜利。读图回答1~5题(图略):

(1)"全国各地驰援武汉"等战疫举措从北京向全国发出,突显北京市主要职能是(　　)

A.经济中心　　B.政治中心　　C.文化中心　　D.交通中心

(2)武汉是这次疫情中最受关注的城市,作为省级行政中心,它属于(　　)

A.湖北省　　B.湖南省　　C.广东省　　D.山西省

(3)我国地域广大,各地医护人员从四面八方汇集武汉,我国陆地领土面积约为(　　)

A.560万平方千米　　　　　　　B.780万平方千米

C.960万平方千米　　　　　　　D.1700万平方千米

(4)从天津向武汉紧急调运医疗急救设备,最佳运输方式是(　　)

A.管道　　B.公路　　C.水路　　D.航空

(5)疫情平稳后,武汉文化局在网上向各省发出感谢卡。其中一张上写着:"八闽来助,江城有福","闽"指的是(　　)

A.福建省　　B.上海市　　C.吉林省　　D.四川省

另外一组是:嗨,珠峰,你长高了吗?随着我国2020珠峰高程测量正式启动,关于你"身高"的历史数据即将迎来一波儿"刷新"。你——珠穆朗玛峰,是喜马拉雅山脉的最高峰。读图回答17~19题(图略):

(17)喜马拉雅山脉位于我国四大地理区域中的(　　)

A.北方地区　　B.南方地区　　C.青藏地区　　D.西北地区

(18)测绘队员在本区遇到的主要问题是(　　)

A.干旱缺水　　B.暴雨洪涝　　C.高温酷热　　D.高寒缺氧

(19)图中服饰是本区居民传统服饰,此服饰适应本区的自然环境特点是(　　)

A.昼夜温差大　　B.全天高温　　C.地形崎岖　　D.年温差大

[案例4]2018年会考试题

北京时间2018年1月31日晚,一场精彩的月全食在天宇上演,本次月全食,我国绝大部分地区都可以观测到其全过程,读图回答6~7题(图略):

6.当天津的小崔观测月全食时,远在英国伦敦的小张刚刚吃过午饭,产生这种时间差异的原因是(　　)

A.天气变化　　B.地球运动　　C.海陆变迁　　D.环境污染

7.小崔在天津观测月全食的最佳天气为(　　)

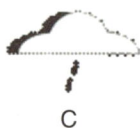

A　　　　　　B　　　　　　C　　　　　　D

2012年选择题第4题:我国有辽阔的海疆,分布着众多的岛屿。读下图回答4~6题(图略)。

4.长江入海口处的崇明岛面积不断增大的原因是(　　)

A.泥沙淤积　　B.填海造陆　　C.水面下降　　D.岛屿抬升

5.钓鱼岛位于我国(　　)

A.渤海　　　　B.黄海　　　　C.东海　　　　D.南海

6.下列图片与西沙群岛上的景观相对应的是(　　)

A　　　　　　B　　　　　　C　　　　　　D

2014年选择题第20题:天津市全面实行小客车限购、限行政策……实施该政策是由于(　　)

A.居民消费需求下降　　　　B.小客车生产量减少

C.空气污染空前严重　　　　D.汽油供应日趋紧张

这些新闻热点问题均以当年重大时事及地理热点问题作为背景映衬或直接设问,引发兴趣,增强考生自信。达到了学以致用,树立观念,增强情感的多重目的,而且都关系到当今社会的三大热点,即人口、资源、环境问题,且都与地理学有密切联系。针对这种情况,我们在教学时,就必须培养学生平时多关注全球实事形势和自然环境等问题,增强学生的全球意识和环境意识。让学生学会用地理的眼光对其进行观察、思考、分析,以培养他们关注国家的发展、关注民族的未来,从而培养人地协调、可持续发展的观念。

(3)素材图文结合,考查形式多样

图文结合为试题材料呈现的主要形式。天津市初中学业水平考查秉承了地理学科的一大特点:试卷以大量图表传达地理信息,突出地理学科特点。采用图文结合相互补充,且文字材料言简意赅,用较少的文字阐述丰富的地理信息是会考卷试题的最大特色,即有助于考查学生从文字表述中获取地理信息的能力,又有减轻考生阅读负担的作用。

如2017年整套地理试题共计图31幅(组),超过了25道题的数量。以后每年的试卷延续了这种特点。2020年单幅图超过35幅。图片多种类型,包括地形图 、剖面图 、地理位置图和地理景观图等, 这些图像的呈现, 既体现了地理学科特点,更重要的是考查了学生获取和解读地图及图像信息,对图像信息进行处理和运用的基本能力。图像生动,信息丰富,辅助文字解释,便于学生提取地理信息,挖掘其中的人地关系,深层次地考查学生对"人地协调观"的认识和理解程度。

(4)环境观念意识考查显著

通过近十年天津市学业水平考查试题分析来看, 对环境观念的考查越来越多,每年所占的分值都很高,基本上每年都占到6~8分,以2020年的会考试卷为例,其中关于环境问题的试题占了8分。

【案例5】2020年会考试卷选择题的第22题

下列做法可能造成空气污染的是( )

A.少开私家车出行　　　　B.出行骑共享单车

C.节假日燃放鞭炮　　　　D.建筑工地洒水降尘

此题呈现人类主动改变活动行为适应区域地理环境,减少对地理环境的影响。

27题的第(3)(4)题,(3)绿色发展是天津地域发展的方向。为建设宜居生态型城市,天津规划建设了三个南北生态保护区。结合图文资料,写出突出山地生态建设的是;突出水库湿地生态建设的是。(4分)

(4)结合图中滨海新区国家发展战略定位,写出一条促进滨海新区经济、社会、环境快速健康发展的有效措施:(2分)

这些题注重读图分析及运用地理知识分析生活中的环境问题,引导考生从身边小事做起,关心和保护环境,难度较低。

环境问题的出现与人类社会的发展观是分不开的,因此,要从根本上解决环境问题,就必须改变人类长期以来的发展思想,发展观念,必须开展环境保护教育,将环境保护教育以及可持续发展的思想贯彻到整个教育过程中去,通过培养,提高学生的环境保护意识以及自身的环境素养,才是解决环境问题的根本之道。

培养环境与可持续发展素质是提高全民族思想道德素质和科学文化素质的基本手段之一,因此必须贯彻从学生抓起的方针,要让学生以自己的知识与能力树立保护生态环境解决环境污染的观念,具备保护环境不污染环境保护自然生态不破坏生态节约资源及不滥用浪费资源的素质。

另外,学业水平考试侧重考查我国生态环境脆弱地区的生态环境问题,如2018年26题第(2)小题三江源自然保护区,近年来三江源自然保护区,水土流失、草地沙化、野生生物锐减等生态环境问题仍然存在。请你为保护该地区生态环境献出一条计策。2016年第26题(2)小题:在长江、黄河的发源地,国家为保护水源地设立了什么自然保护区。黄河下游形成"地上河",主要原因是由于黄土高原的什么环境问题严重。近十年来会考试卷侧重考查科学的环境观,且试题材料多取自我国生态环境脆弱的地区,以现实生活中的真实问题为情景,充分考察考生理论联系实际的能力。

与环境观的考查形成对比的则是人口观的考查体现较少,近十年天津市学业水平考查仅有三年涉及人口内容的考查,仅2011年、2012年、2018年3年共6分涉及人口的问题,明显偏少,人口的快速增长会产生人地矛盾,人地矛盾将会转化为人地关系问题,因此,人口问题是人地关系问题产生的重要因素。所以,为了更高水平的培养并评价学生的"人地协调观",天津市初中地理学业水平测试卷可对"科学人口观"的考查试题分值适量增加。

几种观念的混合考查一直是历年地理会考的主旋律,充分考查了学生对"人地协调观"的价值判断和分析能力,旨在要求学生在科学认识人口、资源、环境和可持续发展的基础上,深入领会各观念要素之间的相互联系,做到融会贯通、举一反三。

(5)注重对可持续发展观的考查

"人地协调观"素养主要包括科学的人口观、科学的资源观、科学的环境观和可持续发展观。2011—2020年天津市初中地理学业水平测试卷对"人地协调观"的考查,兼顾了对科学的资源观、环境观的考查,主要集中于可持续发展观的考查。尽管我们的经济迅速发展,但我们同样面临环境恶化、资源利用率低等突出问题,因此走可持续发展之路是我们的必然趋势。初中地理对"人地协调观"素养的考查更加注重可持续发展观的培养,结合情景材料的一些地理问题,分析人地关系调节中出现问题的原因,提出解决人地协调的措施与建议,如2018年分析"一带一路"战略中,中国与西亚、非洲等地开展能源及生态环保方面的问题;2019年第24题,南翠屏公园山体造景全部采用建筑渣土;2020年第27题,绿色发展天津,建设宜居生态城市。这几道题都涉及对可持续发展思想和途径的考查。

侧重"人地协调发展"的考查充分反映人地矛盾最终须落实到协调发展这一原则上,做到因地制宜,实现社会经济发展与生态相协调。

2.典型试题分析

从上述统计中可知,"人地协调观"处处渗透在初中学业水平考查试卷的试题和答题过程中,试题大多是以某一真实情境为载体,以"人地协调观"为审视视角,针对具体人类活动进行理解分析和评价。本文选取几道能够深刻体现"人地协调观"的试题作为案例,深入探讨初中学业考查地理试题体现的"人地协调观"思想内涵和考查思路。

(1)自然环境对人类活动的例题

自然地理环境是人类生存发展的基础,对人类活动的影响体现在两方面:为人类生产和生活提供物质和能量;为人类生产和生活展开提供活动地理空间。辩证理解就是需要从有利与不利两方面去看待自然环境对人类活动的影响。2016年会考试卷第24题(3)小题:长江中下游地区是著名的"鱼米之乡"。长江对该区域发展所起的作用有哪些?此题考查区域环境对当地农业生产种植的有利条件分析,更多则是体现在自然地理要素对人类各种活动的制约。自然环境是人类生存发展的基础的理念。自然环境要素普遍选择了地形、气候、河流等较为常见的自然环境要素,也是在日常教学中最为重要的教学内容,试卷体现了以真实情景为问题背景,以地理核心知识为载体,考查学生辩证理解自然环境对人类活动的素养。

(2)人类活动对地理环境作用例题

人地关系是双向的,既反映在理解地理环境对人类活动的影响上,更重要体现在以具体地理事象或真实情景为认知载体,理性审视与认知人类活动对地理环境的作用,让人类行为合乎自然规律,与自然和谐相处,这样的审视和认知,在多份试卷中首先体现在环境意识在试卷试题中的渗透。

【案例1】2011年学业考查试卷第27题的第(5)小题

很多大洲的农民为增加农作物产量,大量使用除草剂和杀虫剂,它们含有的有害物质散布到全球,南极洲的动物体内也发现了这些有害物质。南极洲的代表性动物是(　　)

本题的考查目的是让学生了解南极洲的代表性动物,对应的知识点是七年级下册第十章的学习内容《极地地区》。通过答题可以考查学生对"人类活动对区域地理环境的影响"这部分内容的掌握程度,经过理性审视,认识到人与自然和谐相处的重要性,树立可持续发展理念。

2013年学业考查试卷第25题以中国第28次南极考察船停靠在南美洲乌斯怀亚港,亚马孙原始热带雨林遭到严重破坏为情景材料,分析雨林减少对全球环境的影响,题目本身渗透着自然环境保护和可持续发展的理念,其次是体现在人类需要因地制宜选择积极活动行为,以避免对环境的消极影响。

【案例2】2012年试卷第23题

下列做法不利于减轻雾霾影响的是(　　)

A.少开私家车出行　　　　　　B.春节期间多放鞭炮

C.清明节不烧纸钱　　　　　　D.建筑工地洒水降尘。

【案例3】2014年20题

天津市全面实行小客车限购、限行政策。据此回答20~21题。

20.实施该政策是由于(　　)

A.居民消费需求下降　　　　　B.小客车生产量减少

C.空气污染空前严重　　　　　D.汽油供应日趋紧张

21.为便利限行后的出行,下列措施合理的是(　　)

A.增加公交专用车道　　　　　B.禁止自行车的使用

C.上调公交乘坐票价　　　　　D.减缓地铁修建速度

【案例4】2018年第18题

天津市共享单车发展迅速,城市共享单车的发展(　　)

①增加城市交通拥堵　　　②减少汽车尾气排放

③加剧大气污染程度　　　④解决出行"最后一公里"问题

此题考查的这些内容呈现的是人类主动改变生产活动行为,适应区域地理环境,减少对地理环境的影响,再次审视和反思,使学生全面理性和辩证的认知人类活动行为的意识和能力,人类活动对地理环境的影响,也可能是利弊皆有的。

(3)凸显人地关系协调发展的例题

人地关系协调发展就是对现实中人地关系的简要分析,理解区域中各个构成要素之间的相互关系,并对人地关系呈现出来的问题进行分析评价,能够以此提出合理的协调和解决措施,这是"人地协调观"是否真正内化于心,外显于形的重要标志,相比前两个考察方向,人地关系协调发展的考察基本集中在非选择题部分,如2019年试卷第11题:某班师生通过实验,探究影响黄土高原水生流失的原因,在土质、密度、降水强度都相同的条件下,下面一组实验可得出的影响因素是A.植被;B.土质;C.坡度;D.降水强度;第24题(1)小题:天津南翠屏公园共种植树木33万余株,山体造景全部采用建筑渣土充分体现什么功能。试题在生产生活中寻找真实的地理事实为载体,以真实发生的人际关系问题为探究对象,凸显人地关系应该协调发展的理念。2018年选择题第8~10题背景材料,分析"一带一路"战略中,中国与西亚、非洲等地开展能源及生态环保方面的问题;2019年第24题,南翠屏公园山体造景全部采用建筑渣土;2020年第27题,绿色发展天津,建设宜居生态市。这些题都涉及对可持续发展思想和途径的考查。侧重"人地协调发展"的考查充分反映人地矛盾最终须落实到协调发展这一原则上,做到因地制宜,实现社会经济发展与生态相协调。

3.地协调观试题设计存在的主要问题

(1)"人地协调观"考查分值占比较少,且呈下降趋势

2011年至2020年,天津市各年初中地理学业考查试卷"人地协调观"考察的总分值依次为14分,20分,20分,12分,16分,18分,14分,14分,6分,16分,平均分为15分。考查分值总体上有下降的趋势。天津市学业水平考查试卷在一定程度上弱化了"人地协调观"的考查力度。不利于提高地理教师对"人地协调观"素养培育的重视程度。

(2)考点内容分配不均衡

根据对"人地关系"试题的考点内容统计分析,发现近十年考查"地对人的影响"相关知识内容偏少,集中在人口聚落问题上,统计分析可知,近十年会考试卷对"人地协调观"内容的考察分值结构分布不均衡,集中考查了科学的环境观与可持续发展观,而对科学的人口、交通的考查较少,尤其是科学人口观的考查总分值较低,仅2011年、2012年、2018年3年共6分涉及人口的问题,分别是

【案例1】2011年选择题第9题

日本本州岛的工业区多分布在沿海,与之无关的原因是( )(2分)

A.城市、人口集中　　　　　B.林林茂密、风景宜人

C.原燃料主要靠进口　　　　D.工业产品大量出口

【案例2】2012年填空题

读非洲北部图,回答下列问题(图略)。

该地区城市分布的特点是 _____。(2分)

【案例3】2018年第23题

影响台湾岛城市分布的因素是( )(2分)

A.地形,交通　　B.气候,植被　　C.植被,地形　　D.矿产,气候

人口的快速增长会产生人地矛盾,人地矛盾将会转化为人地关系问题,因此,人口问题是人地关系问题产生的重要因素。所以,为了更高水平的培养并评价学生的"人地协调观",天津市初中地理学业水平测试卷可对"科学人口观"的考查试题分值适量增加,而对"人地调节"考查的相关内容比重最大,主要集中在"环境保护"知识点上, 如2012年、2016年、2017年、2018年、2019年连续5年都有极地环境保护的试题。2013年:黄河的治理、巴西热带雨林遭到破坏的影响。2014年:天津小汽车限购、三江源的保护、黄土高原的生态问题。2015年:大气污染问题、缓解天津用水不足问题。2016年、2019年两年都有黄土高原的水土流失原因分析问题。2015年、2017年、2018年、2020年连续多年都涉及文明出行方式问题。2018年:三江源的保护等等。

近十年天津市初中学业水平试卷虽然考查的知识点较为齐全,但不均衡的考点内容会在某种程度上降低学业水平测试对学生"人地协调观"考查的水平,同样也会削弱学生对"人地协调观"知识的全面掌握能力,因此,为了更高水平的培养并评价学生的 "人地协调观",天津市初中地理学业水平测试卷可对 "科学人口

观"、科学资源观的考查分值适量增加。

(3)区域生态环境问题的考察不均衡

一是选材区域侧重于国内区域的考察,对国外区域的考查较少;二是所选区域大部分位于我国中西部地区,较少涉及东部地区。近十年天津市学业水平考查试卷仅2016年、2017年、2019年3年涉及东部地区生态环境问题,共10分。它们是

【案例4】2016年选择题第20~21题

海绵城市,即城市能够像海绵一样,下雨时吸水、蓄水、渗水、净水,需要时将蓄存的水"释放"并加以利用。天津也要建设海绵城市读图完成20~21题。

20.海绵城市能使天津在雨季时(　　)

A.减少积水　　B.吸烟除尘　　C.净化空气　　D.减少垃圾

21.屋顶绿色花园的功能主要是(　　)

A.美化城市环境　　　　　B.发展绿色农业

C.增加经济收入　　　　　D.增加粮食产量

【案例5】综合题第26题

(1)黄河下游形成"地上河",主要原因是由下黄上高原_____环境问题严重。(2分)

(2)长江中下游地区是著名的"鱼米之乡"。长江对该区域发展所起的作用是:(2分)

【案例6】2017年选择题第7题

长江三角洲地区适合发展(　　)(2分)

A.林业、渔业　　B.种植业、渔业　　C.畜牧业、渔业　　D.种植业、畜牧业

【案例7】2019年第24题

读天津南翠屏堆山公园等高线图(图略),回答下列问题。(12分)

南翠屏公园共种植树木33万余株,山体造景全部采用建筑渣土充分体现_____功能。(2分)

地球是人类共同的家园,世界生态环境是一个统一体,忽视了对全球生态环境与区域可持续发展问题的考察,不利于考查学生的生态环境责任意识。

（三）小结

近十年天津市初中地理学业水平测试题目中有关人地关系的试题，题目紧扣课程要求，与现实联系更加紧密，对新闻热点更加关注，考察形式更加丰富，侧重环境观念意识考察。可持续发展，人地协调内容增多。对人地关系知识点考察的分值比重有所增加。区域可持续发展部分的内容更受重视。试题难度有所降低，更适合于初中学生的认知水平。同时也存在着人地协调考察分值下降，考点内容分布不均衡的状况。

六、"人地协调观"素养的教学策略与命题建议

通过对近年来天津市初中地理学业水平测试"人地协调观"试题的分析，得出"人地协调观"在学业水平测试中的广度和深度均在加强，为了强化学生的"人地协调观"素养，结合初中生认知水平和思维能力水平，教学中，教师应不断更新教育观念，理论联系实际，把特定的情景及实际案例引入课堂，增加人地关系内容的吸引力，充分调动学生的学习兴趣，让"人地协调观"深入学生的心底并指导他们的生活实践。初中地理学业水平测试作为学生学习和教师教学的指挥棒，命题过程中应充分发挥水学业水平测试对地理学科核心素养教育的评价与导向作用，加大对"人地协调观"的考察力度，命题应更具有时代性，全面反映考生地理学科核心素养的发展状况。

（一）"人地协调观"素养的教学策略

1.提升自身教学教研水平

教师应树立终身学习、终身发展的目标，不断更新教育观念，丰富相关理论知识，全面理解核心素养提高自身对"人地协调观"的认识水平，用理论指导教学实践，引导学生全面认知"人地协调观"。

2.案例教学,引导学生领悟"人地协调观"

案例教学法,指教师为实现某一教学目标,精心选择或编制教学案例,在课堂学习中引导学生深入思考、分析、探究、归纳、总结的一种教学方法,这一方法与新课程理念相吻合,能够激发学生的学习兴趣,使学生主动地、有创造力地去学习。天津市初中地理学业水平测试的素材选取主要来源于具体案例,主要以案例中发生的真实人地关系问题为中心去提问,让学生提高运用学习的地理知识去分析解决地理问题的能力,以此考查学生的"人地协调观"水平。所以,教师在地理课堂教学中应注重对那些客观、具体的人地关系案例加以应用,使学生直观认识到人地问题,对"人类活动"与"地理环境"之间互相影响形成正确认知,逐渐提高对"人地协调观"的领悟能力。

合理利用资源与环境保护是近十年天津市初中地理学业水平测试的高频考点,也是"人地协调观"的重要知识点之一,为了增强学生对该问题的掌握能力,教学过程中应该合理运用多种方式方法,促使他们深层次领悟和理解"人地协调观"念。

3.创设情境,引导学生理解"人地协调观"

以情境为载体,考查学生的人地关系认识,是天津市初中地理学业水平测试"人地协调观"试题的一大特点。地理教学中要运用情境进行教学也是地理教师们一致的观点,但多数老师为了用情境而用,并不能体现出很好的教学效果。当前主要以课堂知识讲授为主,某些地理概念或地理事物较为抽象,学生理解较为困难,这时就需要创设具体而客观的情境,引导学生把地理现象更好地带入情境中,以情境发生的现象来进一步了解隐藏其中的地理原理,把抽象知识具体化,让知识更加直观,使学生充分理解地理知识。当然,教师也需注意要把抽象的知识原理和现实生活进行联系,以真实的情境为载体,引导学生发现地理问题并进行积极探索。促进学生探索意识的形成,进一步促进学生"人地协调观"素养的养成。

4.完善评价方式,引导学生内化"人地协调观"

价值观在对人们思想观念、行为动作等方面有着指导作用,它是一种信念、观点,是对人们思维方式、行动判断的衡量标准,作为一种价值观的养成目标,"人地协调观"在慢慢形成的过程中,不是能够直接展示出来的,是内显的,不能对它进行直接评价,但是可以通过一些外在的行为表现出来。因此,如果要评价一个人"人地协调观"素养的水平,可以从多方面入手,如语言表达、行为动作等方面丰富其形式。那么考查"人地协调观"素养的水平除了常规的布置作业、考试,还可以通过学生自评、互评、角色扮演等外显性质的方式来进行。通过以上方式评价学生"人地协调观"的养成状况,使学生将"人地协调观"逐渐内化,最终形成自身性格的一大重要组成部分。

(二)"人地协调观"试题命制建议

1.以"人对地的影响"立意,全面考查"人地协调观"

增强对"人地协调观"素养的考查力度,地理课程标准提出,要准确把握地理学科核心素养的水平划分,以学业质量标准为依据,科学测评考生的认知水平,以及价值判断能力、思维能力、实践能力等的水平,全面反映考生地理学科核心素养的发展状况。因此初中地理学业水平考试试题设计应以核心素养培养立意,发挥学业水平考试对地理学科核心素养教育的评价与导向作用。在试题设计时,应将"人地协调观"与地理基础知识相融合,在确保地理试题知识性的同时,提高试题对考生思维结构和观念养成方面的考察,全面考察考生对人口、资源、环境和发展问题的认识,引导考生从人与自然和谐共生的角度认识、分析和解决人地关系的问题。

另外,"人地协调观"即是否正确看待"地对人的影响""人对地的影响""人地协调"三个方面,因此对"人地协调观"的考查内容应从这三个方面涵盖的知识内容出发,缺一不可,尽量有侧重但也均衡的考查这些内容。明确"人对地的影响"非常之重要,人类作为自然地理环境的产物,它的生存、发展和自然地理环境是不可分割的,并且随着人类活动对自然界的影响范围越来越大,影响能力越来越强,若没有采取及时可取的措施,后果是不可设想的,自然界也会日益突出它对人类的报复性。因此,要全面准确地对学生掌握"地对人的影响""人对地的影响""人地协调"知识进行评价,需要提高考查水平,实现对"人地协调观"的全面评价,引导学生树立爱护环境、保护资源的思想。

2.以"科学人口观"为主线,增强"人地协调观"考查力度

资源、环境和可持续发展问题出现的根源就在于人口问题。引导学生关注地

区出现的人口问题,认识到其带来的不利影响,有利于学生持有科学的人口观念,从而节约资源、保护环境,树立"人地协调观"念。以人口问题为主线,引导考生树立科学的人口观、资源观、环境观和发展观。例如,这些年我国旅游业发展迅速,旅游业所带来的问题,如游客数量大、游客不文明行为增多、景区环境污染等,都在影响着我国旅游业的可持续发展,2013 年,第 27 题(3)小题就以天津市宝坻区发展度假旅游为背景,考查学生对于旅游区"人地协调观"问题的认识和解决措施,从而渗透人口、资源、环境、发展之间的关系,培养了学生的"人地协调观"念。

3.以区域发展问题为背景,考查具有时代性的人地关系问题

区域性是地理学的特点之一,人地关系问题总是发生在特定的区域,因此,人地关系问题具有一定的区域性。初中地理学业水平考试应重视不同区域存在的发展问题,全面考查考生对区域发展问题的认识,引导考生树立正确的人地观。例如,近十年会考卷对全球及我国东部地区发展问题的考查较少,而相关研究表明,我国西部地区由于人口较少产业活动较少。区域发展问题趋于好转,但农村空心化和留守儿童问题急迫,而我国东部地区由于人口密集。工业化发展较快,成为生态环境恶化区域,区域发展问题较为严峻,因此初中地理学业水平考试,试题命制应均衡试题选材区域,评价考生对当下我国及全球人地关系问题的全面认知程度和区域协调发展的合理途径。

总之,"人地协调观"作为地理学科核心素养的内涵,在初中地理学业水平考查试卷中已经布子成棋、落地生花。提升学生的核心素养,培养学生的人生智慧,即是教育所需也是当务之急,因此,要深刻认识初中地理学业水平考查试卷试题的命题主旨,在教学实践中把学科核心素养融入真实的地理情境之中,使之成为测试学生感知多彩世界、探究未知空间、升华地理情感,实现地理教育价值的测试标准和优秀文化传承的典范。

参考文献

[1] 张素娟."人地协调观"内涵的解析及与教学内容的对接[J].中学地理教学参考 2018(01):21-22.

[2] 杨修志,贾素知.初中地理"人地协调观"素养培养策略[J].中学地理教学参考,2017(06):41-43.

[3] 戴资星.新课程理念下初中毕业学业考试地理试题命制的新变化[J].中学地理教学参考,2006(12):42-46.

[4] 朱丹.基于PISA2015科学素养的初中地理学业水平考试研究——以长沙市近十年地理中考试题为例[J].地理教学,2018(07):50-54.

[5] 詹秀娣,袁孝亭.人地关系思想对地理教学中"正确阐明人地关系"的指向性要求[J].中学地理教学参考,2012(12):15-17.

[6] 詹秀娣,袁孝亭.高中地理教科书正确阐明人地关系的视角及其运用[J].课程·教材·教法,2012;32(4):60-62.